VIETNAM

REISEFÜHRER

Entdecken Sie das Beste von Vietnam: Kultur, Geheimtipps, Küche und unvergessliche Reisen von Hanoi nach Ho-Chi-Minh-Stadt

Max F. Lukas

INHALTSVERZEICHNIS

KAPITEL VIERZEHN

PRAKTISCHE INFORMATIONEN

KAPITEL FÜNFZEHN

REISEROUTEN UND REISEROUTE

HAFTUNGSAUSSCHLUSS

Bitte beachten Sie:

Obwohl wir in diesem Leitfaden nur geschätzte Preise angegeben haben, können die tatsächlichen Kosten je nach persönlichen Vorlieben, Reiseveranstalter und saisonalen Schwankungen variieren. Für ein optimales Reiseerlebnis empfehlen wir Ihnen, vor der Buchung die aktuellen Preise und die Verfügbarkeit zu überprüfen.

Ein Reiseführer der anderen Art:

Vielleicht fällt Ihnen etwas Besonderes an diesem Reiseführer auf: Er enthält keine Hochglanz-Fotostrecken. Das ist Absicht. Wir glauben, dass die wahre Magie des Reisens in der Fantasie beginnt. Indem wir auf Bilder verzichten, laden wir Sie ein, tiefer einzutauchen und Vietnams atemberaubende Küsten, die reiche Tierwelt und die zeitlosen Traditionen mit Ihren eigenen Augen zu betrachten.

Anstatt einfach nur Fotos durchzublättern, erleben Sie Vietnam durch lebendige Geschichten und detaillierte Beschreibungen, die jeden Moment zum Leben erwecken. Bei diesem Ansatz geht es nicht nur darum, anders zu sein – es geht darum, Ihnen eine Reise zu bieten, die Neugier weckt, Staunen weckt und Sie noch lange nach Ihrer Rückkehr in Erinnerung behält.

BARCODE FÜR KARTE

SCHRITTE ZUM ZUGRIFF AUF IHRE KARTE

1. Gehen Sie zu Ihrer Telefonkamera
2. Klicken Sie auf das Goggle Lens Icon
3. Richten Sie Ihre Kamera auf den Barcode, um ihn zu erfassen.
4. Tippen Sie auf den Auslöser, um die Website zu öffnen.

EIN HINWEIS AN UNSERE LESER

So holen Sie das Beste aus diesem Handbuch heraus

Lieber Reisender,

Beim Durchstöbern dieses Handbuchs werden Sie feststellen, dass einige wichtige Informationen an mehreren Stellen auftauchen. Das ist kein Zufall – es ist ein durchdachter Teil des Designs, der Ihnen die Planung erleichtert und sicherstellt, dass Sie die wichtigsten Details immer griffbereit haben.

Warum Sie Informationen mehr als einmal sehen

Reiseplanung ist nicht immer ein geradliniger Prozess. Vielleicht beginnen Sie mit der Suche nach Unterkünften, dann nach Transportmöglichkeiten und später nach Sicherheitstipps für verschiedene Viertel. Um Ihrer natürlichen Planung gerecht zu werden, haben wir dafür gesorgt, dass wichtige Informationen immer dort angezeigt werden, wo Sie sie benötigen.

Einige Beispiele:

- Sicherheitshinweise finden Sie im Kapitel „Sicherheitsrichtlinien" sowie in den Nachbarschaftsberichten.
- Die Öffnungszeiten der Restaurants sind sowohl im Restaurantführer als auch in den Abschnitten zu den Abendaktivitäten aufgeführt.
- Transportmöglichkeiten werden unter „Fortbewegung" und in den Beschreibungen der wichtigsten Sehenswürdigkeiten angezeigt.

Wie Ihnen das hilft:

- Kein endloses Hin- und Herblättern zwischen den Kapiteln.

- Wichtige Informationen sind immer griffbereit, wenn Sie sie brauchen.
- Sie erhalten die richtigen Details am richtigen Ort – ohne lange suchen zu müssen.
- Es passt zu jedem Planungsstil, egal, ob Sie nur beiläufig stöbern oder sich intensiv mit Einzelheiten befassen.
- Jedes Kapitel fühlt sich wie eine vollständige, eigenständige Ressource an.

Tipps zur Verwendung dieses Handbuchs:

- Springen Sie in jeden Abschnitt, der Ihr Interesse weckt – es gibt keinen falschen Weg, ihn zu erkunden.
- Vertrauen Sie darauf, dass wichtige Informationen genau dort angezeigt werden, wo Sie sie benötigen.
- Betrachten Sie wiederholte Informationen als hilfreiche Erinnerung und nicht als Unordnung.

Unser Versprechen an Sie

Wir haben diesen Leitfaden so gestaltet, dass er praktisch, intuitiv und reisefreundlich ist. Durch die sorgfältige Wiederholung wichtiger Punkte stellen wir sicher, dass Ihre Planung von Anfang bis Ende reibungslos, stressfrei und angenehm verläuft.

EINFÜHRUNG

WILLKOMMEN IN VIETNAM

A. Warum Vietnam besuchen?

Als ich zum ersten Mal Vietnam betrat, war ich überwältigt – aber anders als man vielleicht erwarten würde. Es war nicht der Verkehr oder die Hitze, die mich zuerst trafen. Es war das Leben. Dieses Leben, das an jeder Ecke, an jedem Imbissstand, in jeder Gasse und in jedem Lächeln eines Fremden brummt, der Ihre Sprache nicht spricht – und Ihnen trotzdem beim Überqueren einer belebten Straße hilft.

Vietnam ist kein Land, das man passiv besucht. Es zieht einen in seinen Bann. Es möchte, dass man probiert, fragt, sich bewegt und neugierig wird. Dieses Land lädt nicht nur zum Erkunden ein – es fordert einen heraus, es zu spüren.

Sobald man in Hanoi einen kleinen Hocker auf einem Bürgersteig gereicht bekommt und eine heiße Schüssel Phở für 1,50 Dollar serviert bekommt, beginnt man zu verstehen, was diesen Ort so unvergesslich macht. Es sind nicht nur die Landschaften (obwohl sie atemberaubend sind), die jahrhundertealte Geschichte (die reichhaltig ist) oder die Strände (einige der schönsten Südostasiens). Es sind die alltäglichen Momente – das Klirren von Eiskaffeegläsern in Saigoner Cafés, das Rascheln eines konischen Hutes auf einem Reisfeld, das Gemurmel singender Mönche im Morgengrauen in Hue.

Die Leute fragen oft: „Lohnt sich eine Reise nach Vietnam?" Ich sage: Wenn Sie ein Reiseziel suchen, das Reisende belohnt, die Respekt und Neugier zeigen, einen Ort, an dem die Welt langsamer voranschreitet und Überraschungen schneller werden, dann ist Vietnam nicht nur eine Reise wert. Es ist unverzichtbar.

B. Ein Einblick in die Kultur und den Geist des Landes

Vietnam ist ein Land, das von Kontrasten – und Ausgewogenheit – geprägt ist. Tradition und Moderne harmonieren hier wie ein altes Paar, das den Rhythmus des anderen kennt. Sie werden einen Mönch auf einem Motorrad sehen. Sie werden alte Pagoden im Schatten gläserner Wolkenkratzer besuchen. Und Sie werden unter flackernden Neonlichtern ein jahrhundertealtes Rezept für Bánh Xèo essen.

Der vietnamesische Geist ist robust und herzlich. Einheimische sagen oft: „Khách đến nhà, không trà thì rượu“ (Wenn Gäste kommen, bieten Sie Tee an; wenn nicht, dann Reiswein). Gastfreundschaft ist eine Lebenseinstellung, keine Formalität.

Aber täuschen Sie sich nicht – die vietnamesische Kultur ist auch praktisch, stolz und voller stillem Witz. Ob Sie auf einem Markt feilschen, durch ländliche Dörfer radeln oder bei einer Gastfamilie lernen, Frühlingsrollen zuzubereiten, Sie werden immer wieder dieselben Grundwerte bemerken: Familie, Einfallsreichtum, Respekt und einen ausgeprägten Sinn für Humor.

Eines meiner unvergesslichsten Erlebnisse hatte ich in einem Fischerdorf in der Nähe von Nha Trang. Eine Einheimische namens Linh lud mich zum Essen mit ihrer Familie ein. Wir sprachen zwar nicht die gleiche Sprache, aber sie reichte mir mit so viel Stolz eine Schüssel Cơm Tấm, dass ich mich wie ein Ehrengast fühlte. Ihr jüngster Sohn fragte mich mit einer Übersetzungs-App: „Warum bist du so weit hergekommen?“ Und ohne nachzudenken, antwortete ich: „Um zu lernen, ein bisschen besser zu leben.“ Er nickte, als hätte er verstanden – und ehrlich gesagt, ich glaube, das tat er.

C. Die wichtigsten Gründe, Vietnam jetzt zu erkunden

Warum also jetzt? Weil sich Vietnam weiterentwickelt – und zwar rasant. Hochgeschwindigkeitszüge verbinden Städte schneller denn je. In Hanoi und Ho-Chi-Minh-Stadt entstehen in versteckten Winkeln neue Kunstszenen. Da Nang entwickelt sich zu einem Technologiezentrum. Und dennoch gibt es im Mekong immer noch schwimmende Märkte, auf denen Bargeld von Boot zu Boot getauscht wird.

In Vietnam herrscht derzeit ein Gleichgewicht zwischen Wachstum und Authentizität. Zwischen erschwinglichem Reisen und unberührter Tradition. Sie können morgens mit dem Roller durch ein altes Dorf fahren und bei Sonnenuntergang am Strand Cocktails schlürfen.

Das macht diesen Moment so besonders:

- Erschwingliches Reisen: Von Schlafsälen für 10 $ bis zu Boutique-Hotels für 40 $ und Straßenimbissen für 2 $ können Sie mit jedem Budget die Gegend gründlich erkunden.
- Sicher, einsteigerfreundlich und einladend: Egal, ob Sie ein digitaler Nomade oder ein Rentnerpaar sind, Vietnam rollt Ihnen die Matte aus.
- Abwechslungsreiche Landschaften: Terrassenförmige Reisfelder, versteckte Wasserfälle, weiße Sandinseln und Kalksteinberge – alles in einem langen, schmalen Land.
- Lebendige Jugendkultur: Cafékultur, Musik-, Mode- und Kunstszene boomen. Junge Vietnamesen prägen das moderne Vietnam.

Egal, ob Sie wegen des Essens, der Kultur, des Chaos, der Ruhe oder wegen all dieser Dinge kommen, dieser Reiseführer hilft Ihnen, mehr über Vietnam als nur die Broschüre zu erfahren.

KAPITEL EINS

WICHTIGE REISEINFORMATIONEN

1.1. Anreise nach Vietnam

Für Reisende, die ihre erste Reise nach Vietnam planen, beginnt die Reise lange bevor sie die chaotischen Straßen Hanois betreten oder die Halong-Bucht erkunden. Die Anreise nach Vietnam ist Teil des Abenteuers, und die Wahl des richtigen Einreiseortes – per Flugzeug, Land oder Schiff – kann das gesamte Erlebnis prägen. Nachfolgend finden Sie eine übersichtliche Übersicht über die Einreise in das Land mit persönlichen Einblicken, praktischen Tipps und Informationen zu besonderen Orten, die Ihre Ankunft reibungsloser und bedeutungsvoller gestalten.

1.1.1 Internationale Flughäfen in Vietnam

Wenn Sie Ihre erste Reise nach Vietnam planen, landen Sie höchstwahrscheinlich auf einem der drei wichtigsten internationalen Flughäfen des Landes – jeder mit seinem eigenen Charakter, seinen Vorzügen und seiner Nähe zu wichtigen Zielen. Betrachten Sie diese Flughäfen nicht nur als Verkehrsknotenpunkte, sondern als Ihren ersten Eindruck von einem Ort voller Leben, von der Landebahn über die Seitengassen der Altstadt bis hin zu den Fischerbooten vor der Küste von Da Nang.

1. Internationaler Flughafen Noi Bai (HAN) – Tor nach Nordvietnam

- Standort: Phu Minh, Soc Son, Hanoi
- Website: https://noibaiairport.vn
- Entfernung zur Altstadt von Hanoi: 28 km (ca. 17 Meilen)
- Öffnungszeiten des Flughafens: 24/7 geöffnet
- Transport in die Stadt: Taxi 15–18 USD, Bus Nr. 86: ca. 1,50 USD (verkehrt von 5:30 bis 22:30 Uhr)

Für Reisende, die in Hanoi starten oder in die Halong-Bucht oder ins Hochland von Sapa reisen, ist Noi Bai der bevorzugte Einstiegspunkt. Es ist sauber, gut organisiert und wurde in den letzten zehn Jahren deutlich verbessert. Wenn Sie Terminal 2 – das internationale Terminal – verlassen, erwartet Sie eine ruhige, aber effiziente Ankunftshalle. Die Zollabfertigung verläuft in der Regel zügig, und die Beschilderung ist selbst für Erstbesucher klar.

Am besten erreichen Sie die Stadt mit dem Bus Nr. 86, einem komfortablen, klimatisierten Verkehrsmittel, das an wichtigen Punkten im Zentrum von Hanoi hält. Wenn Sie jedoch gerade von einem langen Flug zurück sind und müde Augen haben, lohnt es sich, ein Taxi von Mai Linh (grün) oder Taxi Group (weiß mit rot-blauen Streifen) zu nehmen – diese sind seriös und verfügen über ein Taxameter. Die Fahrt in die Altstadt dauert je nach Verkehr 40–50 Minuten.

Tipp von Einheimischen: Wenn Sie früh landen und nicht gleich ins Chaos der Innenstadt von Hanoi eintauchen möchten, gönnen Sie sich einen vietnamesischen Eiskaffee im Café Sky Garden, gleich hinter der Brücke des Inlandsterminals. Es ist von 6:00 bis 22:00 Uhr geöffnet und bietet Ihnen einen atemberaubenden Blick auf den Flugbetrieb – seltsam beruhigend und mit einem Koffeinkick.

2. Internationaler Flughafen Tan Son Nhat (SGN) – Ihre Willkommensmatte im Süden

- Standort: Truong Son, Bezirk 2, Bezirk Tan Binh, Ho-Chi-Minh-Stadt
- Website: https://vietnamairport.vn/tansonnhatairport/en
- Entfernung zum 1. Bezirk: 6 km
- Öffnungszeiten des Flughafens: 24/7 geöffnet
- Transport in die Stadt: Taxi 7–10 USD, Grab ~6 USD, Bus Nr. 109: ~1 USD (verkehrt von 5:45 bis 23:45 Uhr)

Tan Son Nhat ist der verkehrsreichste Flughafen des Landes und notorisch überlastet. Dennoch hat es etwas seltsam Berauschendes, in die schwüle Hitze Saigons hinauszutreten und schon von weitem Motorräder surren zu hören. Ob Sie ins Mekong-Delta, nach Phu Quoc oder einfach nur in Vietnams wirtschaftlichem Zentrum reisen, hier landen Sie.

Taxis und Grab-Busse sind zwar eine schnelle Möglichkeit, das Stadtzentrum zu erreichen, aber wenn Sie zur Hauptverkehrszeit ankommen, lohnt es sich oft, im Voraus einen Abholservice zu organisieren. Der Flughafen ist hier sehr überfüllt – allein das Verlassen des Terminalparkplatzes kann 15 Minuten dauern. Unternehmen wie Saigon Transfer oder VN Transfers bieten private Abholungen für 10–12 USD mit Namensschildern und klimatisierten Limousinen an.

Tipp von Einheimischen: Wenn Sie Hunger haben und vor Ihrer Abreise in die Stadt etwas Zeit haben, besuchen Sie Pho 24 im zweiten Stock des Terminals für Inlandsflüge. Eine heiße Schüssel Phở gà (Hühnernudelsuppe) kostet etwa 2,50 US-Dollar und bietet Ihnen einen Blick vom Dach auf landende Flugzeuge. Das Restaurant ist von 6:00 bis 21:00 Uhr geöffnet und zählt zu den besseren Flughafen-Mahlzeiten in Vietnam.

3. Internationaler Flughafen Da Nang (DAD) – Der Charme des Zentrums

- Standort: Duy Tan Street, Bezirk Hai Chau, Da Nang
- Website: https://vietnamairport.vn/danangairport/en
- Entfernung zum Stadtzentrum: 3 km
- Öffnungszeiten des Flughafens: 24/7 geöffnet
- Transport: Taxi 4–6 USD, Grab ~3,50 USD, Shuttle nach Hoi An ~8–10 USD (45 Min.)

Der Flughafen von Da Nang ist zwar kleiner, erfreut sich aber zunehmender Beliebtheit bei digitalen Nomaden und Strandurlaubern, die aus Bangkok, Seoul, Kuala Lumpur oder Singapur anreisen. Was diesen Flughafen auszeichnet, ist nicht seine Größe, sondern seine

Lage: Sie sind nur 10 Minuten von der Innenstadt von Da Nang und 45 Minuten von den laternenbeleuchteten Straßen von Hoi An entfernt.

Wenn Sie direkt nach Hoi An reisen, buchen Sie am einfachsten einen Shuttle von Hoi An Express oder VM Travel. Diese fahren täglich für etwa 9 USD. Die meisten großen Hotels in Hoi An bieten Flughafentransfers zu ähnlichen Preisen an, oft im Preis inbegriffen.

Tipp von Einheimischen: Das internationale Terminal von Da Nang ist kompakt, aber funktional. Bevor Sie losfahren, holen Sie sich ein Bánh Mì im Bánh Mì Ba Lẹ im Terminal (geöffnet von 6:00 bis 21:00 Uhr). Das Baguette mit Schweinepastete ist reichhaltig, knusprig und kostet etwa 1,20 US-Dollar – so gut kann Flughafenessen sein.

1.1.2 Durchquerung Vietnams auf dem Landweg

Wenn Sie aus einem Nachbarland anreisen, bietet Vietnam Grenzübergänge auf dem Landweg von Kambodscha, Laos und China aus an.

1. Von Kambodscha: Grenze Bavet–Moc Bai (beliebteste Route)

- Wo: Bavet (Kambodscha) nach Moc Bai (Vietnam)
- Am besten für: Direkte Überlandreisen zwischen Phnom Penh und Ho-Chi-Minh-Stadt
- Überfahrtzeiten: täglich 7:00 – 22:00 Uhr
- Einreisebestimmungen: Gültiges E-Visum oder vietnamesisches Visum (vorher ausdrucken)
- Anreise: Giant Ibis, Mekong Express und Kumho Samco bieten täglich Busse von Phnom Penh nach HCMC an.
- Kosten: 25–30 USD pro Person
- Dauer: insgesamt 6–7 Stunden (inkl. Grenzstopp)

Diese Route ist die einfachste und wird von Reisenden und Geschäftsreisenden am häufigsten genutzt. Wenn Sie von Phnom Penh kommen, fahren die Busse ab 6:30 Uhr morgens ab und machen vor Erreichen der Grenze einen kurzen Zwischenstopp. Die

Grenzüberquerung ist unkompliziert, Sie müssen jedoch mit etwa einer Stunde Wartezeit für Visa- und Gepäckkontrollen rechnen.

Geheimtipp: Versuchen Sie, vorne im Bus zu sitzen, um bei der Einreise ganz vorne mit dabei zu sein. Wenn Sie nach Saigon fahren, setzt Sie der Bus normalerweise in der Nähe der Pham Ngu Lao Straße ab, dem Backpacker-Zentrum voller Cafés, Geldwechsler und günstiger Hostels.

2. Von Laos: Grenze zwischen Lao Bao und Dansavanh

- Wo: Dansavanh (Laos) nach Lao Bao (Vietnam)
- Am besten für: Reisende, die nach Hue oder Dong Ha in Zentralvietnam reisen
- Überfahrtzeiten: 6:00 – 18:00 Uhr
- Visum: E-Visum wird nur akzeptiert, wenn Lao Bao als Einreisepunkt aufgeführt ist
- Buslinien: Busse von Savannakhet oder Pakse (18–25 USD)
- Reisezeit: 7–10 Stunden, abhängig vom Herkunftsort

Der Grenzübergang Lao Bao ist deutlich ruhiger als der Grenzübergang Moc Bai, aber auch deutlich stimmungsvoller. Die Straße schlängelt sich durch bewaldete Hügel und verstreute Dörfer ethnischer Minderheiten und bietet einen ersten Eindruck von Vietnams komplexer Kulturlandschaft. Der Grenzübergang ist im Allgemeinen ruhig, die Infrastruktur auf beiden Seiten ist jedoch einfach. Nach der Einreise nach Vietnam ist Dong Ha die nächstgelegene Stadt, von der aus Sie mit Bus oder Minivan (3–5 USD) nach Hue gelangen.

Empfehlung von Einheimischen: Wenn Sie es nicht eilig haben, verbringen Sie eine Nacht in Khe Sanh, etwa 20 km von der Grenze entfernt. Es ist historisch bedeutsam, da hier eine der heftigsten Schlachten des Vietnamkriegs stattfand. Das Khe Sanh Combat Base Museum (geöffnet von 7:30 bis 11:00 Uhr und von 13:30 bis 16:30 Uhr, Eintritt 1 USD) ist ein ernüchternder Besuch mit verrosteten

Panzern, Bunkern und Geschichten aus erster Hand, die in die Schautafeln eingraviert sind.

3. Von China: Grenze Dongxing–Mong Cai (Nordvietnam)

- Wo: Dongxing (China) nach Mong Cai (Vietnam)
- Am besten für: Abenteuerlustige Reisende, die die Ha Long-Bucht über Land besuchen möchten
- Überfahrtzeiten: 7:00 – 20:00 Uhr
- Visum: Sie müssen über ein gültiges vietnamesisches Visum verfügen (E-Visa werden an diesem Grenzübergang nicht akzeptiert)
- Anreise: Bus oder Zug nach Fangchenggang, dann eine kurze Fahrt zur Grenze Dongxing
- Kosten: Züge von Nanning nach Fangchenggang ca. 12 USD; lokale Taxis oder Busse kosten zusätzlich 5–8 USD

Diese Überfahrt ist bei chinesischen Touristen beliebt, bei westlichen Reisenden jedoch weniger bekannt. Von Mong Cai aus fahren Busse oder Minivans Richtung Süden nach Halong-Stadt (4–5 Stunden, ca. 8–10 USD). Die Route bietet eine einzigartige Landschaft, darunter Ausblicke auf die Bai Tu Long-Bucht, die ruhigere und wohl schönere Schwester der Halong-Bucht.

4. Von Laos: Grenze Nam Can (Zugang nach Vinh und Phong Nha)

- Wo: Nam Can (Laos) nach Nam Can (Vietnam)
- Am besten für: Überlandzugang zum Phong Nha-Ke Bang Nationalpark oder nach Vinh City
- Überfahrtzeiten: 6:00 – 18:00 Uhr
- Visum: E-Visum wird akzeptiert, wenn Nam Can Ihr angegebener Einreisehafen ist
- Route: Busse von Phonsavan oder Sam Neua über Xieng Khouang
- Kosten: ca. 20 USD, rechnen Sie mit langen Reisezeiten (10–12 Stunden)

Dieser Grenzübergang ist weniger frequentiert, was bedeutet, dass die Warteschlangen bei der Einreise kürzer sind, die Verkehrsanbindung jedoch unregelmäßiger. Sie erreichen einen abgelegenen Teil der Provinz Nghe An und können von dort aus Richtung Süden nach Phong Nha weiterreisen, wo sich das größte Höhlensystem der Welt befindet. Um von der Grenze dorthin zu gelangen, nehmen Sie einen lokalen Minibus nach Vinh (4–6 USD) und anschließend einen Zug oder Nachtbus nach Phong Nha (10–15 USD).

1.2. Die beste Reisezeit

Vietnam ist kein Reiseziel für alle Jahreszeiten – es erstreckt sich über 1.600 Kilometer von Norden nach Süden und bietet Klimazonen, die von nebligen Bergen bis zu sonnenverwöhnten Stränden reichen. Die Wahl des Reisezeitpunkts hängt maßgeblich davon ab, wohin Sie reisen und welche Erwartungen Sie an Ihre Reise haben.

Hier ist eine Aufschlüsselung nach Regionen und persönlichen Erfahrungen, die Ihnen dabei helfen soll, den richtigen Zeitpunkt zu finden:

1. Nordvietnam (Hanoi, Sapa, Ninh Binh, Halong-Bucht)

- Beste Zeit: Oktober bis April
- Wetter: Trocken und kühl, insbesondere von November bis Februar. In Sapa kann es richtig kalt werden – packen Sie eine Fleecejacke ein.
- Warum Sie jetzt hinfahren sollten: Der Dunst lichtet sich, die Reisterrassen sind im Oktober golden und Bootsfahrten in Ninh Binh fühlen sich an, als würden Sie durch ein Aquarellgemälde schweben.
- Persönlicher Favorit: Wandern durch das Dorf Lao Chai im November, wenn die Luft frisch ist, die Menschenmassen verschwunden sind und die Mahlzeiten bei der Gastfamilie schmecken, als wären sie nur für Sie zubereitet worden.

2. Zentralvietnam (Hue, Da Nang, Hoi An)

- Beste Zeit: Februar bis August
- Wetter: Warm, sonnig, wenig Regen. März bis Mai sind ideal, um antike Ruinen zu erkunden, ohne dabei ins Schwitzen zu geraten.
- Warum jetzt hinfahren: Die laternenbeleuchteten Gassen von Hoi An wirken unter klarem Himmel magisch. Sie können mit dem Fahrrad durch die Reisfelder zum An Bang Beach fahren, ohne Regenwolken ausweichen zu müssen.
- Tipp von Einheimischen: Besuchen Sie die Altstadt von Hoi An frühmorgens zwischen 7:00 und 9:00 Uhr, bevor die Fußgängerzonen überfüllt sind. Zu dieser Zeit ist der Fluss spiegelglatt und die Einheimischen fegen die Schaufenster.

3. Südvietnam (Ho-Chi-Minh-Stadt, Mekong-Delta, Phu Quoc)

- Beste Zeit: Dezember bis April
- Wetter: Trocken, heiß und feucht, aber überwiegend klar.
- Warum Sie jetzt hinfahren sollten: Die schwimmenden Märkte in der Nähe von Can Tho erwachen bei Sonnenaufgang zum Leben und Sie können in Sandalen zwischen den Strandbars von Phu Quoc hin- und herhüpfen, ohne einen Regenschirm dabei zu haben.
- Geheimtipp: Machen Sie um 6:00 Uhr morgens eine Bootstour zum schwimmenden Markt von Cai Rang – beobachten Sie den Sonnenaufgang über den Drachenfruchtbooten, während Sie direkt auf dem Wasser Nudelsuppe schlürfen. Unvergesslich.

1.3. Visa und Einreisebestimmungen

Reisen nach Vietnam sind im Laufe der Jahre deutlich einfacher geworden. Lassen Sie sich jedoch nicht vom vereinfachten Verfahren täuschen – die Beantragung Ihres Visums ist eine der wichtigsten Voraussetzungen vor Ihrer Ankunft. Die Regeln sind zwar nicht übermäßig kompliziert, aber spezifisch, und Sie möchten vermeiden, mit dem falschen Dokument oder, schlimmer noch, ohne Visum in der Warteschlange der Einreisebehörde festzustecken. Hier finden Sie alles, was Sie wissen müssen, einschließlich einiger persönlicher Tipps von Mitreisenden, die auf die harte Tour gelernt haben.

1. Visumfreie Einreise (Kurzzeitbesuche)

Vietnam bietet Bürgern aus 24 Ländern visumfreies Reisen an – allerdings nur für einen kurzen Aufenthalt.

Wer ist qualifiziert?

- Großbritannien, Deutschland, Frankreich, Italien, Spanien, Japan, Südkorea und einige andere.
- Dauer: 15 Tage
- Verlängerung: Nicht möglich. Nach Ablauf Ihrer 15 Tage müssen Sie das Land verlassen – auch wenn es nur ein kurzer Abstecher nach Laos oder Kambodscha ist – bevor Sie wieder einreisen können.

Wichtiger Hinweis:

Tag 1 zählt als der Tag Ihrer Landung, nicht als der darauffolgende Tag. Wenn Sie also um 23:50 Uhr ankommen, zählt das immer noch als ein ganzer Tag. Überstürzen Sie Ihre Abreisepläne nicht.

2. E-Visum (für die meisten Reisenden empfohlen)

Für die meisten Nationalitäten ist dies Ihr goldenes Ticket. Das Vietnam-e-Visum ist eine schnelle, zuverlässige und vollständig digitale Lösung – kein Anstehen in Warteschlangen, kein umständliches Abstempeln von Dokumenten an der Grenze.

Teilnahmeberechtigte Länder:

Mehr als 80 Nationalitäten sind qualifiziert, darunter die USA, Kanada, Australien, Neuseeland, Indien, die meisten europäischen Länder und andere.

Kosten:

- Einmalige Einreise, 30 Tage: 25 USD
- Mehrfache Einreise, 90 Tage: 50 USD

Bearbeitungsdauer:

- Normalerweise 3–5 Werktage
- Während der Feiertage (wie Tết) können Verzögerungen bis zu 7+ Tage betragen

Wo bewerben:

- Nur offizielle Website: https://evisa.xuatnhapcanh.gov.vn

(Verwenden Sie keine Websites von Drittanbietern, auch wenn diese seriös aussehen – sie verlangen oft zu viel oder liefern zu spät.)

Erforderliche Unterlagen:

- Ein digitales Passfoto (weißer Hintergrund, keine Hüte oder Brillen)
- Ein Scan der Infoseite Ihres Reisepasses
- Eine funktionierende E-Mail-Adresse zum Empfangen der Bestätigung
- Zahlung per Kredit-/Debitkarte

Tipp aus Erfahrung:

Drucken Sie zwei Kopien Ihres E-Visums aus – eine für die Einreise und eine für Ihr Gepäck. Als ich einmal in Hanoi ankam, musste ich feststellen, dass das WLAN am Flughafen ausgefallen war. Der Ausdruck ersparte mir viel Ärger.

3. Visum bei Ankunft (VOA)

Dies war die gängige Methode, bevor das E-Visum eingeführt wurde. Es ist technisch immer noch verfügbar, gilt aber nur für Ankünfte per Flugzeug und erfordert ein Vorabgenehmigungsschreiben.

Und so funktioniert es:

- Sie beantragen über ein Reisebüro oder einen Online-Visumservice einen Genehmigungsbescheid (10–20 USD).
- Legen Sie den Brief bei der Ankunft am Flughafen vor (nur Hanoi, Saigon oder Da Nang).
- Zahlen Sie eine Stempelgebühr am Visaschalter: 25 USD für eine einmalige Einreise, 50 USD für eine mehrfache Einreise
- Bringen Sie zwei Passfotos (4x6 cm) mit

Standorte, an denen VOA verfügbar ist:

- Internationaler Flughafen Noi Bai (HAN), Hanoi
- Internationaler Flughafen Tan Son Nhat (SGN), Ho-Chi-Minh-Stadt
- Internationaler Flughafen Da Nang (DAD), Da Nang

Wichtiger Vorbehalt:

Das Visum für die Einreise nach Vietnam ist weder an Land- noch an Seegrenzen verfügbar, sondern nur auf dem Luftweg. Dieser Vorgang kann zudem zeitaufwändig sein, insbesondere an stark frequentierten Flughäfen. Wenn Sie eine reibungslose und schnelle Einreise wünschen, ist das E-Visum die bessere Wahl.

4. Grenzübertritt über Land und über Land

Reisen Sie über Land? Vielleicht sind Sie mit dem Rucksack durch Kambodscha oder Laos unterwegs und möchten die Grenze mit dem Bus überqueren. Stellen Sie sicher, dass Ihre Visa-Angelegenheiten geklärt sind, bevor Sie zum Kontrollpunkt fahren.

Zu den wichtigsten Landübergängen gehören:

- Moc Bai (aus Bavet, Kambodscha) – beliebt bei Reisenden auf dem Weg nach Saigon
- Lao Bao (aus Savannakhet, Laos) – Einreisepunkt nach Zentralvietnam

- Dong Dang (aus Pingxiang, China) – Einreise nach Nordvietnam

Sie benötigen:

- Ein ausgedrucktes E-Visum mit der genauen Angabe Ihres Einreisehafens
- Reisepass gültig noch mindestens sechs Monate
- Gedruckte Reisebestätigung oder Unterkunftsadresse (gelegentlich angefordert)

Als Tipp:

Manche Grenzbeamte arbeiten langsam oder versuchen, Ihnen gegen eine „Servicegebühr" beim Ausfüllen von Formularen zu helfen. Lehnen Sie höflich ab. Bleiben Sie standhaft, seien Sie geduldig und geben Sie Ihren Reisepass niemals ab, ohne einen offiziellen Schalter aufzusuchen.

5. Einreise- und Einwanderungstipps vor Ort

- Ankunfts-/Abreisekarte: Vietnam verlangt diese Karte für Ankünfte mit dem Flugzeug an großen Flughäfen nicht mehr.
- Nachweis der Weiterreise: Wird selten verlangt, Billigflieger fragen jedoch beim Boarding danach. Ein 10-Dollar-Ticket (online erhältlich) kann ausreichen, wenn Sie sich über Ihre Pläne nicht sicher sind.
- Aufenthaltsdauer: Überschreiten Sie nicht die zulässige Aufenthaltsdauer. Schon ein zusätzlicher Tag kann zu einer Geldstrafe (mindestens 25 USD pro Tag), einer Befragung und in einigen Fällen zu einem Wiedereinreiseverbot führen.
- Gültigkeit des Reisepasses: Muss sechs Monate über den geplanten Aufenthalt hinaus gültig sein und mindestens zwei leere Seiten enthalten.

6. Lokale Einwanderungsbehörden

Wenn Sie Ihren Aufenthalt verlängern oder Ihre Visadaten ändern möchten, wenden Sie sich an die örtliche Einwanderungsbehörde. Einige Reisende haben bereits erfolgreich Touristenvisa über Visaagenturen verlängert, die Regeln ändern sich jedoch häufig.

Zu den wichtigsten Büros gehören:

Einwanderungsbehörde Hanoi:

- Tran Phu Straße 44-46, Bezirk Ba Dinh, Hanoi
- Mo–Fr, 7:30–11:30 Uhr, 13:30–16:00 Uhr

Einwanderungsbehörde von Ho-Chi-Minh-Stadt:

- 196 Nguyen Thi Minh Khai Straße, Bezirk 3
- Mo–Fr, 7:30–11:00 Uhr, 13:00–15:30 Uhr

Sie sprechen nicht immer fließend Englisch, also gehen Sie entweder mit einem vietnamesischen Freund oder bezahlen Sie einen Visa-Service, der Ihnen hilft.

1.4. Geldangelegenheiten: Währung, Geldautomaten und Kosten

Geld prägt den Alltag in Vietnam auf ganz praktische Weise. Und für Reisende kann das Verständnis seines Umgangs – wo man es bekommt, wie man es ausgibt und wie man unnötige Überraschungen vermeidet – den Unterschied zwischen einem reibungslosen Ablauf und einer Reihe peinlicher Momente an einem Marktstand oder am Bahnhof ausmachen. Hier erfahren Sie alles, was Sie über kluges Geldausgeben in Vietnam wissen müssen – mit ein paar Geschichten von unterwegs, wo ich vom Dong (₫) einiges gelernt habe.

Währung: Den vietnamesischen Dong (VND) verstehen

In Vietnam wird der vietnamesische Dong verwendet, und ja – Sie werden mit vielen Nullen zu tun haben. Der aktuelle durchschnittliche Wechselkurs liegt bei etwa 24.000 VND für 1 USD.

Banknoten gibt es im Wert von 1.000 VND bis 500.000 VND. Alle Banknoten bestehen aus Polymerkunststoff, mit Ausnahme der seltenen kleinen Stückelungen (wie 200 oder 500 VND). Der 500.000-VND-Schein (ca. 20,80 US-Dollar) ist der höchste und am häufigsten vorkommende große Schein. Viele Reisende, mich eingeschlossen, haben versehentlich einen solchen Schein in die Hand gedrückt, weil sie dachten, es handele sich um 50.000 VND (2,10 US-Dollar). Die Farben sind ähnlich. Nehmen Sie sich also Zeit beim Geldzählen – besonders an belebten Ständen.

Es werden keine Münzen verwendet. Alles wird mit Scheinen bezahlt, was Ihr Portemonnaie dicker macht und Ihr Kopfrechnen mit jedem Einkauf verbessert.

Die besten Orte zum Geldwechseln

Sie können an verschiedenen Orten Geld umtauschen, aber nicht alle sind gleich:

- Banken (am besten für Sicherheit und offizielle Kurse): Vietcombank, BIDV und Techcombank sind zuverlässig. Die meisten sind montags bis freitags von 8:00 bis 16:30 Uhr geöffnet.
- Goldgeschäfte (beste Kurse): Besonders in der Altstadt von Hanoi und im Bezirk 1 von Saigon. Obwohl nicht immer offiziell, nutzen viele Touristen und Einheimische diese Geschäfte, um etwas bessere Wechselkurse zu erhalten.
- Flughäfen (am wenigsten günstig): Die Kurse an den Flughäfen Noi Bai, Tan Son Nhat und Da Nang sind etwa 2–5 %

schlechter als bei Banken. Tauschen Sie nur kleine Beträge für Taxis und wichtige Dinge um.
- Hotels (praktisch, aber teurer): Normalerweise im Notfall in Ordnung, aber rechnen Sie mit einem schlechteren Preis.

Empfohlener Goldladen in Hanoi:

Ha Trung Straße, Altstadt, Hanoi– Diese Straße ist bei Einheimischen und erfahrenen Reisenden für ihre Bankwechselkurse bekannt. Es gibt mehrere Wechselstuben entlang des Blocks, aber eine der am häufigsten genutzten ist:

- Quoc Trinh Jewelry, 27 Ha Trung Street
- Täglich geöffnet von 9:00 bis 18:00 Uhr

Geldautomaten: Wo und wie man Geld abhebt

Geldautomaten sind in Großstädten, Gemeinden und sogar vielen Dörfern weit verbreitet. Sie finden sie vor Banken, neben Supermärkten und in Einkaufszentren.

Top-Banken mit zuverlässigen Geldautomatennetzen:

- Vietcombank
- BIDV
- ACB (Asiatische Handelsbank)
- Agrarbank
- Sacombank

Die meisten Geldautomaten akzeptieren internationale Karten (Visa, Mastercard, Maestro) und bieten Optionen in englischer Sprache.

Wichtige Details:

- Die Auszahlungslimits liegen zwischen 2.000.000 VND und 5.000.000 VND pro Transaktion (ca. 85–210 USD).
- Die Gebühren variieren, liegen aber normalerweise zwischen 40.000 und 60.000 VND pro Transaktion (1,70–2,50 USD).

- Wählen Sie immer die Abrechnung in VND – bei Auswahl von USD oder Ihrer Heimatwährung ist der Wechselkurs oft schlechter

Reisetipp: Vietcombank-Geldautomaten sind oft am zuverlässigsten, aber die ACB hat höhere Abhebungslimits für ausländische Karten. Ich habe einmal einen Vietcombank-Geldautomaten in der Nähe des Nachtmarkts von Hội An benutzt, und er hat meine Karte verschluckt – an einem Samstagabend. Lektion gelernt: Meiden Sie Geldautomaten außerhalb der Öffnungszeiten, insbesondere in ländlichen Gebieten. Wenn etwas schiefgeht, ist möglicherweise bis Montag niemand da, der Ihnen helfen kann.

Alltagskosten und reale Beispiele

Vietnam ist eines der preisgünstigsten Länder in Südostasien und man kann mit sehr wenig Geld im Überfluss leben.

Artikel	Durchschnittspreis (USD)
Streetfood-Mahlzeit (Pho, Banh Mi)	1,50 $ – 2,50 $
Café Kaffee (Eierkaffee, Eiskaffee)	1,20 $ – 2 $
Flasche Wasser (500ml)	0,25 $ – 0,50 $
Bier (lokales Bia Saigon oder Hanoi)	0,80 $ – 1,50 $
Hotelzimmer (Mittelklasse, 3 Sterne)	25 – 50 $ pro Nacht
Bett im Hostel-Schlafsaal	6 – 12 $ pro Nacht
Grab-Fahrt (Stadtzentrum zum Flughafen)	6 – 10 US-Dollar
Überlandbus (Hanoi nach Ninh Binh)	6 – 8 US-Dollar
SIM-Karte mit Daten (30-Tage-Plan)	5 $ – 8 $

Diese Preise bleiben relativ stabil, aber während Tết (Mondneujahr) können die Preise für Transport und Hotels um 50 % oder mehr ansteigen.

Trinkgeld und Verhandeln

Trinkgeld ist nicht obligatorisch, aber kleine Gesten werden gerne gesehen. In Restaurants oder Cafés ist ein Trinkgeld von 5–10 % willkommen. Bei Gastfamilien oder bei der Nutzung lokaler Reiseführer können Sie als Dankeschön ein paar Dollar pro Tag geben.

Feilschen gehört auf Märkten, an Straßenständen und in Souvenirläden zur Kultur. Ich erinnere mich noch gut daran, wie ich in Sapa mit einer alten Frau um einen handgewebten Schal feilschte. Sie begann mit 250.000 VND. Ich bot 150.000. Wir trafen uns in der Mitte – bei etwa 190.000 – und sie gab mir augenzwinkernd noch ein Armband dazu.

Hier ist der Schlüssel: Verhandeln Sie höflich, lächeln Sie und streiten Sie nicht über kleine Beträge. Der letzte Dollar könnte dem Verkäufer viel mehr bedeuten als Ihnen.

Bargeld vs. Karte: Was Sie wissen müssen

Vietnam ist nach wie vor eine überwiegend bargeldbasierte Wirtschaft. Während gehobene Hotels und große Restaurants Kreditkarten akzeptieren, sind viele alltägliche Ausgaben – Mahlzeiten, Eintrittsgelder, Busfahrkarten und Souvenirs – bar zu bezahlen.

Wann Sie Karten verwenden sollten:

- Hotelzahlungen (insbesondere 3-Sterne und höher)
- Online-Buchungen für Touren oder Flüge
- Einkaufszentren und Supermarktketten (VinMart, Lotte Mart)

Wenn Bargeld unverzichtbar ist:

- Lokale Restaurants und Cafés
- Straßenimbissverkäufer

- Märkte und Busbahnhöfe
- Kleinere Städte und Dörfer

Letzter Tipp: Tragen Sie kleine Scheine wie 10.000, 20.000 und 50.000 VND bei sich – insbesondere für Taxis, Trinkgelder und Verkäufer, die möglicherweise kein Wechselgeld für einen 500.000-VND-Schein haben. Bewahren Sie große Scheine in einem Geldgürtel oder in einer Tasche im Hotelsafe auf.

1.5. Reiseutensilien: Was Sie einpacken sollten

Beim Packen für Vietnam geht es nicht darum, den Koffer vollzustopfen – es geht darum, das Wesentliche zu wissen. Mit seinen unterschiedlichsten Klimazonen, der lebendigen Straßenkultur, der Tempeletikette und spontanen Abenteuern erfordert Vietnam eine gewisse Balance zwischen Komfort, Zweckmäßigkeit und Respekt für lokale Gepflogenheiten. Ob Sie mit dem Roller über den Hai-Van-Pass fahren oder in einem Café in Da Lat Kaffee trinken – hier finden Sie einen persönlichen und präzisen Leitfaden zum richtigen Packen für Vietnam.

1. Kleidung: Leichte Kleidung, richtige Kleidung

- Atmungsaktive Hemden und Oberteile: Die hohe Luftfeuchtigkeit in Vietnam, insbesondere von April bis September, lässt Sie mittags durchnässt sein. Entscheiden Sie sich für weite Hemden aus Baumwolle oder Leinen statt synthetischer Kleidung. Ich habe einmal ein Polyesterhemd auf dem Ben-Thanh-Markt in Ho-Chi-Minh-Stadt getragen und genau 14 Minuten durchgehalten, bevor ich mir an einem Stand ein trockenes Baumwoll-T-Shirt kaufen musste.
- Dezente Kleidung für Tempel: Bringen Sie mindestens ein langärmeliges Hemd und eine Hose oder einen langen Rock mit. Tempel wie die Jadekaiser-Pagode (73 Mai Thi Luu, Distrikt 1, HCMC; 6:00–18:00 Uhr, freier Eintritt) erfordern

dezente Kleidung, und Sie werden oft Einheimische sehen, die selbst bei Hitze respektvoll gekleidet sind.

- Leichter Pullover oder Jacke: In Nordvietnam, insbesondere in Sapa und Ha Giang, können die Temperaturen zwischen Dezember und Februar bis auf 4 °C sinken. Wenn Sie wandern oder nach Dalat (auch „Stadt des ewigen Frühlings“ genannt) reisen, sollten Sie nachts eine warme Oberbekleidung tragen.

2. Schuhwerk: Bereit zum Gehen und Fahren

- Robuste Sandalen: Für Stadterkundungen und Tempelbesuche eignen sich Sandalen mit Klettverschluss oder Schnallenriemen, die auch einem plötzlichen Regenguss standhalten. Die Bürgersteige in Hanois Altstadt sind berüchtigt für Pfützen und unebene Pflastersteine.
- Geschlossene Wanderschuhe oder Turnschuhe: Diese benötigen Sie für längere Spaziergänge, Motorradtouren oder Trekkingtouren. Die 500 Stufen hinauf zum Aussichtspunkt Mua Cave in Ninh Binh (Öffnungszeiten: 6:00–19:00 Uhr; Eintritt: 100.000 VND oder ca. 4 USD) erfordern guten Halt und Fußunterstützung.
- Flip-Flops: Ideal für schnelle Besorgungen, Duschen im Hostel oder Strandtage. An Bang Beach in Hoi An ist einer meiner Lieblingsstrände. Man sollte schnell in die Schuhe schlüpfen und sie wieder ausziehen, da es üblich ist, die Schuhe vor dem Betreten von Häusern und manchen Geschäften auszuziehen.

3. Toilettenartikel und Gesundheitsartikel

- Sonnenschutz: Unverzichtbar, aber in Vietnam überraschend teuer. Bringen Sie Ihren eigenen mit – vorzugsweise mit Lichtschutzfaktor 50+. Lokale Produkte enthalten oft Bleichmittel.

- Mückenschutz: Besonders nützlich im Mekong-Delta oder in Hue während der Regenzeit. Ein natürlicher Citronella-Balsam hat bei mir beim Kajakfahren in Tam Coc Wunder gewirkt.
- Erste-Hilfe-Set: Pflaster, Rehydratationssalze, Antihistaminika und persönliche Medikamente. Die Grundausstattung ist in Apotheken erhältlich, die Marken können jedoch variieren.
- Handdesinfektionsmittel und Feuchttücher: Streetfood ist schon das halbe Abenteuer – wie zum Beispiel gegrillte Spieße in der Bùi Viện Straße in Saigon. Aber nicht jeder Verkäufer bietet Servietten oder einen Waschplatz an.

4. Technik und Reiseutensilien

- Netzadapter: In Vietnam werden 220 V und die Steckertypen A, C und F verwendet. Mit einem Universaladapter können Sie Ihre Geräte aufladen.
- Tragbare Powerbank: Grab-Treiber, GPS-Apps und Übersetzungstools verbrauchen schnell Akkuleistung. Ein 10.000-mAh-Ladegerät ist sein Geld wert.
- Entsperrtes Smartphone + SIM-Karte: Sie können eine Viettel-SIM-Karte mit 10–15 GB Datenvolumen am Flughafen Noi Bai oder in Geschäften in der Stadt für 5–8 USD kaufen.

5. Dokumente und Sicherheitsgegenstände

- Passkopien (physisch und digital): Nützlich für den Check-in im Hotel, die SIM-Registrierung und für den Fall, dass Sie das Original verlieren.
- Kleine Umhängetasche oder diebstahlsicherer Rucksack: In touristisch stark frequentierten Gebieten wie dem Hoan-Kiem-See in Hanoi kommt es häufig zu Kleindiebstählen. Halten Sie wichtige Dinge stets griffbereit und sichern Sie Reißverschlüsse.

6. Extras, die viel bewirken

- Wiederverwendbare Wasserflasche: Die meisten Hotels und Cafés bieten Filter-Nachfüllflaschen an. Vietnam rät aktiv von Einwegplastik ab. Ich habe meine durch sechs Städte mitgenommen und so Geld und Müll gespart.
- Faltbarer Tagesrucksack: Für spontane Wanderungen oder Shoppingtouren. Sie werden es sich danken, nachdem Sie über den Nachtmarkt von Hoi An geschlendert sind oder sich am Wochenende durch die Menschenmassen auf der Night Walking Street in Hanoi gekämpft haben.
- Leichter Regenponcho: Plötzliche Regengüsse sind eine häufige Erscheinung – besonders von Mai bis Oktober. Ponchos gibt es für etwa 1 Dollar an jeder Ecke, aber wenn Sie Ihren eigenen mitbringen, werden Sie weniger nasse Reue verspüren.
- Geschenke von zu Hause: Mit einer kleinen Aufmerksamkeit (Schlüsselanhänger, Kugelschreiber, Kühlschrankmagnete) werden Sie bei ländlichen Privatunterkünften wie denen im Dorf Ta Van in der Nähe von Sapa sofort beliebt. Ich schenkte meiner Großmutter eine kleine Anstecknadel, und sie kochte mir den knusprigsten Reispfannkuchen, den ich je gegessen habe.

KAPITEL ZWEI

HANOI ERKUNDEN

2.1 Top-Attraktionen

Hanoi bietet nicht nur Sehenswürdigkeiten, sondern auch Erlebnisse, die lange in Erinnerung bleiben. In dieser Stadt kann ein ruhiger Moment an einer jahrhundertealten Pagode mehr wert sein als hundert Schnappschüsse an einem berühmten Denkmal. Nachfolgend finden Sie die Top-Attraktionen, die Hanoi von seiner besten Seite zeigen. Es geht nicht nur um Schönheit oder Geschichte – es geht um Momente. Echt, intim, manchmal chaotisch und immer unvergesslich.

1. Hoan-Kiem-See und Ngoc-Son-Tempel

- Standort: Dinh Tien Hoang Straße, Bezirk Hoan Kiem
- Öffnungszeiten: 8:00 – 18:00 Uhr
- Eintritt: 30.000 VND (ca. 1,25 $)

Hier atmet Hanoi auf. Ob Senioren beim Tai Chi bei Sonnenaufgang oder Teenager, die sich bei Eistee in der Abenddämmerung Geheimnisse erzählen – der Hoan-Kiem-See ist das pulsierende Herz der Stadt. Mitten im Zentrum liegt der Ngoc-Son-Tempel, der auf einer kleinen Insel thront und über die rot lackierte Huc-Brücke erreichbar ist. Der Tempel selbst ist nicht riesig, aber seine Schönheit liegt in seiner Stille. Ich habe einmal einen Großvater beobachtet, wie er niederkniete, drei Räucherstäbchen anzündete und ein Gebet für sein Enkelkind flüsterte, das gerade mit dem Studium begonnen hatte. Diese stille Ehrfurcht bleibt im Gedächtnis.

2. Der Tempel der Literatur (Van Mieu – Quoc Tu Giam)

- Standort: 58 Quoc Tu Giam, Bezirk Dong Da
- Öffnungszeiten: 8:00 – 17:00 Uhr
- Eintritt: 30.000 VND (ca. 1,20 $)

Der Literaturtempel ist mehr als nur ein schöner Ort. Er ist Vietnams erste Universität, gegründet 1070. Fünf Innenhöfe führen Sie tiefer in die Umgebung, vorbei an alten Pavillons, Lotusteichen und Steinstelen mit den Namen von Gelehrten. Er ist auch ein eindrucksvolles Symbol dafür, wie wichtig Bildung in der vietnamesischen Kultur ist.

Als meine Führerin Linh mich hierherführte, erzählte sie mir, wie ihre Großmutter sie vor jeder Schulprüfung zum Beten mitnahm. Ich beobachtete einen jungen Schüler, der unter einem Banyanbaum Räucherstäbchen anzündete und sich dreimal verbeugte. Dieser Ort ist nicht nur für Besucher – er ist ein spiritueller Ankerpunkt für die Einheimischen.

3. Ho-Chi-Minh-Mausoleumskomplex

- Standort: Hung Vuong Straße 2, Bezirk Ba Dinh
- Öffnungszeiten: 7:30 – 10:30 Uhr (nur Di–Do und Sa–So)
- Eintritt: Frei

Onkel Ho, wie ihn die Vietnamesen liebevoll nennen, liegt hier aufgebahrt, einbalsamiert in einem Glassarg in einem hoch aufragenden grauen Mausoleum. Besucher müssen sich respektvoll kleiden, schweigen und eine strikte Ordnung einhalten. Es mag streng klingen, aber der Gang in diesen kühlen, stillen Raum – wo vietnamesische Bürger noch immer stundenlang Schlange stehen, um ihm die letzte Ehre zu erweisen – war einer der demütigsten Momente meiner Reise.

Um das Mausoleum herum befinden sich der Präsidentenpalast, das Pfahlhaus, in dem Ho Chi Minh ein einfaches Leben führte, und die Einsäulenpagode, ein lotusförmiger buddhistischer Tempel aus dem Jahr 1049. Alle diese Orte sind zu Fuß erreichbar und sorgen für ein bewegendes Halbtageserlebnis.

4. Hoa Lo Gefängnis (Hauptquartier)

- Standort: 1 Hoa Lo Street, Bezirk Hoan Kiem

- Öffnungszeiten: 8:00 – 17:00 Uhr
- Eintritt: 30.000 VND (ca. 1,50 $)

Ursprünglich von den französischen Kolonialisten zur Inhaftierung vietnamesischer Revolutionäre genutzt und später während des Vietnamkriegs als „Hanoi Hilton" bekannt, ist dieses Museum unverfälscht, emotional und ungefiltert. Die Guillotinekammer ist erschreckend. Die kleinen Zellen, die Ketten, die Fotos – dies ist kein glorifiziertes Kriegsmuseum. Es ist eine Erinnerung an den Schmerz, die Widerstandskraft und den Widerstand des Landes.

Was mich am meisten beeindruckte, war ein in die Wand eingraviertes Zitat: „Geschichte wird von denen geschrieben, die es wagen zu kämpfen." Es erinnerte mich daran, dass Hanoi nicht nur charmant und geschichtsträchtig ist – es ist tief gezeichnet und unglaublich stolz.

5. Long-Bien-Brücke

- Lage: Verbindet Hoan Kiem mit dem Bezirk Long Bien
- Öffnungszeiten: 24/7 geöffnet
- Eintritt: Frei

Diese rostige Stahlbrücke, erbaut 1902 von Gustave Eiffel, überspannt den Roten Fluss und ist bis heute einer der stimmungsvollsten Orte Hanois. Spazieren Sie bei Sonnenuntergang darüber, wenn sich der Himmel golden färbt und Motorräder mit Gemüsekörben an beiden Seiten vorbeidonnern. Unter Ihnen sehen Sie Bananenplantagen und Fischer, die ihre Netze auswerfen. Es ist chaotisch, schmutzig, echt – und genau deshalb sollten Sie hingehen.

Eines Abends erzählte mir ein Einheimischer: „Diese Brücke hat Bomben überstanden. Jetzt sieht sie uns dabei zu, wie wir den Verkehr überstehen." Es ist schwer, die Poesie darin nicht zu bewundern.

6. Die kaiserliche Zitadelle von Thang Long

- Standort: Hoang-Dieu-Straße 19C, Bezirk Ba Dinh

- Öffnungszeiten: 8:00 – 17:00 Uhr (montags geschlossen)
- Eintritt: 50.000 VND (ca. 2 USD)

Die Zitadelle gehört zum UNESCO-Weltkulturerbe und ist geprägt von 1.300 Jahren vietnamesischer Geschichte – von chinesischen Dynastien bis hin zu Kriegsbunkern. Verpassen Sie nicht die unterirdische Kommandozentrale aus dem Vietnamkrieg. Die meisten Touristen eilen durch diese Stätte, aber nehmen Sie sich Zeit, das Gelände in Ruhe zu erkunden. Lassen Sie Ihrer Fantasie freien Lauf – hier herrschten Könige, schmiedeten Generäle Pläne und wurde eine Nation gegründet.

7. Westsee und Tran Quoc Pagode

- Standort: Thanh Nien Road, Bezirk Tay Ho
- Öffnungszeiten: 7:30 – 18:00 Uhr
- Eintritt: Frei

Der größte See Hanois ist umgeben von Cafés, Tempeln und teuren Villen. Doch im Kern herrscht Ruhe. Mieten Sie ein Fahrrad, trinken Sie Lotustee am Wasser oder besuchen Sie die alte Tran-Quoc-Pagode, den ältesten buddhistischen Tempel der Stadt. Bei meinem Besuch lud mich ein Mönch ein, Räucherstäbchen anzuzünden und mich einen Moment hinzusetzen. Wir sprachen zwar nicht dieselbe Sprache, aber die Stille zwischen uns genügte.

2.2 Rundgang durch die Altstadt

Die Altstadt von Hanoi ist nicht nur ein Viertel – sie ist die lebendige Seele der Hauptstadt. Jeder Schritt durch die verwinkelten Gassen ist ein Spaziergang durch über tausend Jahre Handel, Widerstandsfähigkeit und lokales Leben. Für einen Erstbesucher kann die Altstadt eine Reizüberflutung sein: hupende Autos, schreiende Straßenhändler, brutzelnde Woks und Motorroller, die an den Knien vorbeischlängeln. Aber verbringen Sie einen Vormittag zu Fuß hier, und Sie werden verstehen, was diesen Teil von Hanoi so einzigartig auf der Welt macht.

Nachfolgend finden Sie einen sorgfältig zusammengestellten Rundgang für Reisende, die die Altstadt nicht nur durch Sehenswürdigkeiten, sondern auch durch Geschichten, Aromen und Begegnungen aus dem echten Leben erleben möchten. Nehmen Sie sich Zeit – diese Tour ist nicht zum Hetzen gedacht.

Startpunkt: Bach Ma Tempel

- Adresse: Hang Buom Straße 76, Bezirk Hoan Kiem
- Öffnungszeiten: 8:00 – 17:00 Uhr
- Eintrittspreis: Kostenlos (Spenden willkommen)

Beginnen Sie Ihren Spaziergang an einem der ältesten Gotteshäuser Hanois – dem Bach-Ma-Tempel aus dem 11. Jahrhundert. Der Legende nach erbaute ihn Kaiser Ly Thai To zu Ehren eines göttlichen weißen Pferdes, das ihn zu seiner neuen Hauptstadt führte. Treten Sie ein und Sie werden von jahrhundertealtem Weihrauch, rot lackierten Altären und knarrenden Holzbalken umgeben sein.

Wenn Sie frühmorgens vorbeikommen, treffen Sie vielleicht einen einsamen Wächter, der vorsichtig den gefliesten Hof fegt. Vielleicht bietet er Ihnen mit einem Nicken ein Räucherstäbchen an. Zünden Sie es an, verbeugen Sie sich einmal und lassen Sie sich von diesem Ritual für den Rest Ihres Spaziergangs leiten.

Hang Ma Street – Ein Aufruhr aus Farbe und Geist

- Beste Zeit: 9:00 – 17:00 Uhr
- Standort: Hang Ma Straße, parallel zu Hang Duong

Schlendern Sie Richtung Westen in Richtung Hang Ma, einem der optisch schönsten Abschnitte der Altstadt. Traditionell wurden in dieser Straße Papierwaren für Tempelopfer verkauft. Auch heute noch schmücken sie sich mit roten und goldenen Laternen, Votivpapier und

Festdekorationen. Wenn Sie das Glück haben, während des Neujahrsfestes oder des Mittherbstfestes hier zu sein, verwandelt sich die Straße in eine Open-Air-Parade aus Lichtern, Masken und handgefertigtem Spielzeug.

Viele Geschäfte werden von mehreren Generationen derselben Familie geführt. Eine Frau namens Thuy, deren Geschäft seit über 30 Jahren besteht, zeigt Ihnen vielleicht, wie man einen Goldbarren aus Papier für Ahnenopfer faltet. Ihre Hände bewegen sich schnell, als würde sie Origami-Erinnerungen falten.

Dong Xuan Markt – Wo Hanoi einkauft

- Adresse: Dong Xuan Straße, Bezirk Hoan Kiem
- Öffnungszeiten: 6:00 – 19:00 Uhr (Nachtmarkt geöffnet von Freitag bis Sonntag bis 23:00 Uhr)
- Eintrittsgebühr: Kostenlos

Weiter geht es Richtung Norden zum weitläufigen Dong Xuan Markt, der 1889 von den Franzosen erbaut wurde. Er ist chaotisch, laut und unverschämt lokal geprägt. Im Erdgeschoss stapeln sich Elektronikartikel, Trockenwaren und Plastikspielzeug, während in den oberen Stockwerken Stoffe, Schals und Souvenirs verkauft werden.

Verpassen Sie nicht die Dong Xuan Alley direkt neben dem Markt. Gegen Mittag verwandelt sie sich in eine wahre Streetfood-Oase. Nehmen Sie auf einem niedrigen Hocker Platz und bestellen Sie einen Teller Bánh Cuốn – gedämpfte Reisrollen gefüllt mit Judasohren und Schweinehackfleisch. Ein Gericht mit Wurst und Sojamilchgetränk kostet etwa 2 Dollar.

Hang Bac (Silberstraße) – Ein Einblick in die Handwerkskunst

- Beste Zeit: 10:00 – 18:00 Uhr
- Adresse: Hang Bac Street, verläuft von Ost nach West durch die Altstadt

Gehen Sie Richtung Westen zur Hang Bac, der „Silberstraße“, einst das Zentrum des vietnamesischen Edelmetallhandels. Während viele Geschäfte heute Massenschmuck verkaufen, gibt es noch einige echte Silberschmiede. Halten Sie Ausschau nach schmalen Schaufenstern, in denen Handwerker auf niedrigen Hockern mit Hämmern in der Hand hinter Glas arbeiten. Ein Kunsthandwerker, Herr Nam, arbeitet hier seit den 1970er Jahren und verkauft noch immer handgravierte Armbänder für etwa 10 Dollar. Wenn Sie eines kaufen, verrät er Ihnen vielleicht, aus welcher Provinz das Silber stammt – höchstwahrscheinlich aus Lào Cai, nahe der chinesischen Grenze.

Café-Pause: Café Giảng – Der Original-Eierkaffee

- Adresse: 39 Nguyen Huu Huan, Bezirk Hoan Kiem
- Öffnungszeiten: 7:00 – 22:00 Uhr
- Spezialgetränk: Eierkaffee – 2 $

Jetzt brauchen Sie bestimmt eine Pause. Besuchen Sie das Café Giảng, versteckt in einer engen Gasse hinter einem Bekleidungsgeschäft. Hier wurde Hanois legendärer Eierkaffee geboren – eine Erfindung aus Kriegszeiten, als Milch knapp war. Die Mischung aus starkem vietnamesischem Kaffee mit geschlagenem Eigelb und gesüßter Kondensmilch ergibt ein so gehaltvolles und kräftiges Getränk, dass Sie einen Löffel brauchen werden.

Setzen Sie sich, wenn möglich, nach oben. Die abgenutzten Stühle und verblichenen Wände haben sich seit Jahrzehnten kaum verändert, ebenso wenig wie das Familienrezept.

Ly Quoc Su Straße – Nudeln, Pagoden und lokaler Charme

- Highlight: Pho 10 Ly Quoc Su – 10 Ly Quoc Su Street
- Öffnungszeiten: 6:00 – 22:00 Uhr
- Kosten: 2,50 $ pro Schüssel

Auf dem Rückweg Richtung Süden sollten Sie zur Ly Quoc Su Straße gehen. Dort befindet sich Phở 10, einer der beliebtesten Orte für

Rindfleischnudelsuppe in der Stadt. Die Schlangen sind lang, der Umschlag ist schnell, und die Brühe ist kräftig und rein mit einem Hauch von Sternanis und geröstetem Ingwer.

Gleich nebenan befindet sich die Ly Quoc Su Pagode, ruhiger und spiritueller als andere Tempel. Einheimische kommen hierher, um Räucherstäbchen anzuzünden oder Gebete für ihre Lieben zu flüstern. Verweilen Sie einen Moment unter dem Bodhi-Baum und lauschen Sie kurz der Stille der Stadt.

Letzter Halt: St. Josephs Kathedrale

- Adresse: 40 Nha Chung Street, Bezirk Hoan Kiem
- Öffnungszeiten: 8:00 – 12:00 Uhr und 14:00 – 18:00 Uhr
- Gottesdienstzeiten: Täglich, sonntags stärker
- Eintrittsgebühr: Kostenlos

Beenden Sie Ihren Spaziergang an der St.-Josephs-Kathedrale, einer neugotischen Schönheit aus dem Jahr 1886, die den Stil von Notre Dame in Paris widerspiegelt. Ihre Buntglasfenster und die imposanten Zwillingstürme bilden einen dramatischen Kontrast zu den nahegelegenen vietnamesischen Häusern und Laternenläden.

Holen Sie sich einen Kaffee im La Place auf der anderen Straßenseite (2,50 $) und setzen Sie sich auf den Balkon, um einen letzten Blick auf diese poetische Ecke von Hanoi zu werfen.

2.3 Museen zum Besuchen

Hanois Museen sind mehr als nur Artefaktesammlungen – sie erzählen Geschichten. Durch die Darstellung von Widerstandsfähigkeit, Kunst, Revolution und Tradition ermöglichen diese Institutionen Reisenden einen tiefen Einblick in Vietnams turbulente Vergangenheit und lebendige Kultur. Ob düsterer Blick auf den Krieg oder eine Hommage an die ethnische Vielfalt – die Museen in Hanoi sind intim, eindrucksvoll und oft überraschend modern in ihrer Kuratierung. Jedes der unten aufgeführten Museen ist nicht nur wegen der Informationen, sondern auch wegen der Perspektive einen Besuch wert – sie bieten Einblicke in das, was Vietnam und insbesondere seine Hauptstadt so vielschichtig und komplex macht.

1. Vietnamesisches Frauenmuseum

- 36 Ly Thuong Kiet Street, Bezirk Hoan Kiem
- Täglich geöffnet von 8:00 bis 17:00 Uhr
- Eintritt: 50.000 VND (ca. 2 USD)
- www.baotangphunu.org.vn

Dieses Museum zeigt Ihnen nicht nur die Rolle der Frauen in der vietnamesischen Gesellschaft, sondern lässt Sie auch ihre Stärke spüren. Sie sehen die Gesichter und hören die Stimmen von Marktverkäufern, Reisbauern, Hebammen, Kriegskämpferinnen und stillen Familienankern. Eine Etage erzählt Geschichten von Frauen, die während des Widerstands Botschaften durch ihre Zöpfe schmuggelten; eine andere zeigt traditionelle Hochzeitskleidung ethnischer Minderheiten.

An einem ruhigen Morgen beobachtete ich eine Gruppe von Highschool-Mädchen, die vor einem Schwarz-Weiß-Foto einer Mutter, die ihr Kind barfuß durch den Dschungel trug, Tränen in den Augen hatten. Dieses Museum bleibt in Erinnerung. Wenn Sie eine kulturelle Stätte in Hanoi besuchen, dann diese.

2. Vietnamesisches Museum für Ethnologie

- Nguyen Van Huyen Straße, Bezirk Cau Giay
- Dienstag – Sonntag, 8:30 – 17:30 Uhr (Montags geschlossen)
- Eintritt: 50.000 VND (ca. 2 USD)
- www.vme.org.vn

Dieses Museum ist eine Liebeserklärung an die 54 ethnischen Gruppen Vietnams. Im Inneren finden Sie exquisite Textilien, zeremonielle Masken, Musikinstrumente und Werkzeuge für Landwirtschaft, Weberei und Rituale. Doch die Magie entfaltet sich draußen.

Der Garten ist voller echter, originalgetreuer traditioneller Häuser – von Handwerkern aus abgelegenen Dörfern erbaut und hier Brett für Brett zusammengesetzt. Sie können in ein Bahnar-Stelzenhaus klettern oder in ein rundes Ede-Langhaus schlüpfen, in dem noch immer geschwärzte Küchentöpfe hängen. Es ist wie ein anderes Vietnam, weit weg vom Chaos der Motorroller und der Lichter der Stadt.

Dies ist ein großartiger Ort für Familien und neugierige Wanderer gleichermaßen. Kinder lieben die Weite und Erwachsene verlieren sich in den Feinheiten von Kulturen, die selten in Reiseführern zu finden sind.

3. Hoa Lo Gefängnismuseum (Hauptquartier)

- 1 Hoa Lo Street, Bezirk Hoan Kiem
- Täglich geöffnet von 8:00 bis 17:00 Uhr
- Eintritt: 30.000 VND (ca. 1,25 USD)

Dies ist einer der ernüchterndsten Orte in Hanoi. Ursprünglich von den Franzosen erbaut, um vietnamesische Revolutionäre einzusperren, diente Hoa Lo später während des Vietnamkriegs zur Inhaftierung amerikanischer Kriegsgefangener – darunter auch John McCain.

Das Museum ist in zwei Hauptbereiche unterteilt. Der eine Teil ist roh und eindringlich: enge, dunkle Zellen, Eisenfesseln und Foltergeschichten. Sie sehen die originale französische Guillotine und lesen Zeugenaussagen, die einem das Blut in den Adern gefrieren lassen. Der andere Teil, der sich auf die amerikanischen Gefangenen konzentriert, zeigt Fluganzüge und Propagandabilder, die eine ganz andere Stimmung vermitteln.

Es ist kein einfacher Besuch – aber ein notwendiger. Die Spannung zwischen Erinnerung, Politik und Stolz ist hier spürbar. Leihen Sie sich den Audioguide für 50.000 VND aus – ohne ihn verpassen Sie wichtige Einblicke.

4. Vietnamesisches Kunstmuseum

- 66 Nguyen Thai Hoc Street, Bezirk Ba Dinh
- Dienstag – Sonntag, 8:30 – 17:00 Uhr (Montags geschlossen)
- Eintritt: 40.000 VND (ca. 1,50 USD)
- vnfam.vn

Direkt gegenüber dem Literaturtempel gelegen, ist dieses Museum Hanois ruhiger Kunsttempel. Sie sehen buddhistische Skulpturen aus Jackfruchtholz, Lackmalereien aus dem frühen 20. Jahrhundert und Kriegsskizzen von Soldaten und Studenten auf Reispapierfetzen.

Eine meiner Lieblingsecken ist der Raum mit den Mutter-Kind-Statuen aus verschiedenen Regionen – sanft, zart und voller Seele. Im Obergeschoss bietet eine Abteilung mit Propagandaplakaten einen faszinierenden Einblick in die Kunstnutzung während der Revolution.

Es ist nie überfüllt und der Raum strahlt eine ruhige, fast heilige Energie aus. Ideal für Künstler, Geschichtsinteressierte und alle, die nach dem Trubel der Altstadt etwas Ruhe suchen.

5. Vietnamesisches Nationalmuseum für Geschichte

- 1 Trang Tien Street, Bezirk Hoan Kiem
- Dienstag – Sonntag, 8:00 – 17:00 Uhr (Montags geschlossen)
- Eintritt: 40.000 VND (ca. 1,50 USD)
- baotanglichsu.vn

In einem wunderschön erhaltenen französischen Kolonialgebäude erzählt dieses Museum die lange, stolze Geschichte Vietnams – von der Vorgeschichte bis zur Nguyễn-Dynastie. Die Dong-Son-Bronzetrommeln sind ein Highlight, ebenso wie die detaillierte Galerie mit Cham-Skulpturen und antiken vietnamesischen Waffen.

Es ist eine ruhigere Alternative zum nahegelegenen Revolutionsmuseum und bietet einen umfassenderen Überblick über die Geschichte Vietnams, ohne die Besucher zu überfordern. Die

Beschilderung ist manchmal spärlich, aber die Sammlung spricht für sich.

Kommen Sie hierher, wenn Sie die Identität Vietnams von Grund auf erforschen möchten.

2.4 Lokales Leben: Parks, Cafés und Märkte

Hanoi zu erkunden bedeutet mehr, als nur Tempel abzuhaken oder durch Museen zu schlendern – es geht darum, in den Rhythmus des Alltags einzutauchen. Diese Stadt pulsiert vor menschlicher Präsenz: Großmütter, die bei Sonnenaufgang im Park Tai Chi praktizieren, Studenten, die in Cafés am See Liebesbriefe schreiben, Händler, die mit jahrzehntelangem Muskelgedächtnis Kräuter in Brühe rühren. Wenn Sie Hanoi nicht nur sehen, sondern auch spüren möchten, führt Sie dieser Reiseführer zu den Parks, Cafés und Märkten, wo die Persönlichkeit der Stadt zum Ausdruck kommt.

Parks: Wo Hanoi erwacht

1. Hoan-Kiem-See

- Adresse: Dinh Tien Hoang, Bezirk Hoan Kiem
- Öffnungszeiten: 24/7 geöffnet
- Eintritt: Frei

Gegen 5:30 Uhr morgens liegt eine stille Magie am Hoan-Kiem-See. Die Luft ist noch kühl, Vögel zwitschern in den Banyanbäumen, und die Stadt hat sich noch nicht an ihren Lärm erinnert. Hier sieht man Älteste, die sich strecken, in Formation zu vietnamesischem Retro-Pop tanzen oder langsam den See umrunden, um im Ngoc-Son-Tempel ihr Morgengebet zu sprechen.

Die Einheimischen nennen es die „Seele der Stadt“. Es ist nicht ungewöhnlich, dass ein Fremder ein freundliches Gespräch in langsamem, geübtem Englisch mit Ihnen beginnt. Wenn Sie Glück haben, wird Ihnen ein kleines Glas grüner Tee aus einer mobilen

Thermoskanne angeboten – eine Geste des Vertrauens, an die Sie sich noch lange erinnern werden.

2. Thong Nhat Park (Lenin Park)

- Adresse: Tran Nhan Tong, Bezirk Hai Ba Trung
- Öffnungszeiten: 6:00 – 22:00 Uhr
- Eintritt: 10.000 VND (ca. 0,40 $)

Weit entfernt von der touristisch geprägten Altstadt bietet der Thong Nhat Park viel Platz – im wahrsten Sinne des Wortes. Ein breiter See, Joggingstrecken und Paddelboote bilden die Kulisse für Hanois Familien. Kinder rasen auf Dreirädern, Paare schlendern Hand in Hand und Händler verkaufen Wachteleier und Reispapier-Snacks in der Nähe der Tore.

An Wochenenden finden Schachpartien unter schattigen Bäumen statt und Line Dancer wärmen ihre Schultern auf. Meine schönste Erinnerung hier? Wie ein älterer Mann seiner Enkelin behutsam das Rollschuhlaufen beibringt – mit kleinen Anstößen nacheinander.

3. Truc Bach See

- Standort: Bezirk Ba Dinh (westlich von Hoan Kiem)
- Öffnungszeiten: 24 Stunden geöffnet
- Eintritt: Frei

Truc Bach liegt hinter dem Westsee und ist weniger elegant, dafür aber deutlich intimer. Kleine Cafés säumen das Seeufer, und viele Einheimische angeln gemütlich am Ufer. Es ist ein ausgezeichneter Ort zum Nachdenken – im wahrsten Sinne des Wortes, denn das Wasser spiegelt oft das dunstige Morgenrot der Stadt.

Gönnen Sie sich ein Kokoseis bei Kem Tràng Tiền und suchen Sie sich eine Bank am Seeufer. Manchmal sind die lautesten Teile von Hanoi auch die, in denen es am stillsten ist.

Coffeeshops: Wo Gespräche beginnen

Hanois Cafékultur ist tief verwurzelt – in jedem Häuserblock gibt es mindestens eins, jedes mit seinem eigenen Charakter. Es sind nicht nur Boxenstopps. Hier lernt, flirtet und erinnert sich die Stadt.

1. Cafe Giang (Eierkaffee-Legende)

- Adresse: 39 Nguyen Huu Huan, Bezirk Hoan Kiem
- Öffnungszeiten: 7:00 – 22:00 Uhr
- Preis: ~40.000 VND (1,70 $)

Hier wurde der Eierkaffee geboren. Er wurde während der Milchknappheit der 1940er Jahre erfunden und ist eine schaumige Mischung aus Eigelb, Kondensmilch und Robusta-Kaffee. Steigen Sie das dunkle Treppenhaus durch einen unmarkierten Korridor hinauf. Drinnen finden Sie ramponierte Hocker und handgeschriebene Speisekarten – jeder Schluck eine Zeitkapsel.

Die Einheimischen kommen nicht nur aus Nostalgie hierher, sondern auch, weil der Kaffee unübertroffen ist. Ein älterer Herr erzählte mir, es erinnere ihn an die Sonntage mit seinem Vater – als das Leben langsamer war und der Kaffee immer heiß war.

2. Der Note Coffee

- Adresse: 64 Luong Van Can, Bezirk Hoan Kiem
- Öffnungszeiten: 7:00 – 23:00 Uhr
- Preis: 2–4 $

Jede Wand, jeder Stuhl und jede Tasse hier ist mit Haftnotizen bedeckt. Besucher hinterlassen alles Mögliche, von Lebensratschlägen bis hin zu Liebeskummer-Geständnissen. Es ist bunt, unbeschwert und ein wenig chaotisch – wie Hanoi selbst.

Setzen Sie sich mit einem Kokosnuss-Latte ans Fenster im obersten Stockwerk und lesen Sie ein paar Notizen, die Reisende wie Sie hinterlassen haben. Es ist bewegend, die Freuden und Sorgen von Fremden ordentlich auf Papierquadraten gestapelt zu sehen.

3. Tranquil Books & Coffee

- Adresse: 5 Nguyen Quang Bich, Bezirk Hoan Kiem
- Öffnungszeiten: 8:00 – 22:30 Uhr
- Preis: 2,50–4 $

Versteckt in einer ruhigen Gasse bietet Tranquil genau das, was sich jeder Introvertierte wünscht: leisen Jazz, Holztische und mit Büchern gefüllte Wände. Bestellen Sie einen starken schwarzen Kaffee mit Orangenschale oder die einzigartige Tranquil-Mischung und bleiben Sie eine Weile.

Es ist ein Zufluchtsort – Studenten schreiben, Liebende schreiben sich Notizen, Schriftsteller nippen schweigend an ihren Getränken. Mit etwas Glück erwischen Sie einen der gelegentlichen Open-Mic-Abende, bei denen Gedichte und Gitarrenakkorde bis unter die Dachsparren schallen.

Märkte: Wo die Stadt atmet

Hanois Märkte sind nicht gerade für Touristenaugen sterilisiert. Sie sind überfüllt, chaotisch, duftend und faszinierend. Hier feilschen Mütter um frische Kräuter, Teenager kaufen Bubble Tea und alte Onkel verkaufen handgefertigte Werkzeuge, die sie schon seit vor dem Krieg herstellen.

1. Dong Xuan Markt

- Adresse: Dong Xuan Straße, Bezirk Hoan Kiem
- Öffnungszeiten: 6:00 – 19:00 Uhr
- Eintritt: Frei

Dies ist Hanois größter überdachter Markt. Drinnen: hochgestapelte Stoffe, getrocknete Meeresfrüchte, Plastikeimer und Schmuckstände. Draußen: ein wahres Schlemmerparadies. Probieren Sie eine heiße

Schüssel Bún Riêu Cua (Krabbennudelsuppe) oder knusprige Nem Rán (frittierte Frühlingsrollen). Durchschnittlicher Preis: 1,50 $.

Wenn Sie Souvenirs kaufen, handeln Sie freundlich. Bieten Sie die Hälfte an, lächeln Sie und seien Sie geduldig – das gehört dazu.

2. Hom-Markt

- Adresse: Hue-Straße 79, Bezirk Hai Ba Trung
- Öffnungszeiten: 6:00 – 17:00 Uhr

Dieser Markt richtet sich eher an Einheimische als an Touristen. Hier erleben Sie das echte Hanoi – Fleischabteilungen, Aquarien mit lebenden Fischen und Frauen, die um 4:00 Uhr morgens bei Kerzenlicht Gemüse sortieren. Im Obergeschoss verkaufen Stoffhändler Meterware. Wenn Sie sich maßgeschneiderte Kleidung wünschen, denken Sie an einen Schneider vor Ort. Die Preise sind niedriger als in der Altstadt, und die Qualität ist ausgezeichnet.

3. Wochenend-Nachtmarkt (Old Quarter Night Market)

- Adresse: Von Hang Dao zum Dong Xuan Markt
- Öffnungszeiten: Freitag–Sonntag, 18:00–23:00 Uhr
- Eintritt: Frei

Dieser Nachtmarkt ist eine Feier des Hanoi nach Einbruch der Dunkelheit. Händler erleuchten die Straßen mit allem, von LED-Spielzeug bis hin zu gegrillten Oktopus-Spießen. Kinder jagen Luftballons, Straßenmusiker spielen Beatles-Cover auf Vietnamesisch und Paare schlendern Hand in Hand umher und halten für Chè (süße Dessertsuppe) an.

Hierher kommt man nicht wegen der hochwertigen Waren. Man kommt wegen der Atmosphäre. Für 5 Dollar kann man wie ein König essen und ein gefälschtes Paar Sandalen mit nach Hause nehmen.

2.5 Wo man essen kann

Essen in Hanoi ist nicht nur eine Aktivität – es ist ein tägliches Ritual, eingebettet in den Rhythmus der Stadt. Die Mahlzeiten werden gemeinsam eingenommen, sind tragbar und eng mit den Jahreszeiten und Straßen verbunden, aus denen sie stammen. Die besten Gerichte der Hauptstadt finden Sie nicht hinter eleganten Speisekarten, sondern auf Bürgersteigen, in Gassen und in familiengeführten Läden mit ein paar Tischen und einer Großmutter am Herd. Dennoch hat sich Hanois Gastronomieszene in den letzten Jahren erweitert und umfasst nun auch gehobene Küche, Fusion-Konzepte und gehobene Interpretationen traditioneller Gerichte. Egal, ob Sie 1 oder 100 Dollar ausgeben, Sie sind immer in der Nähe von etwas Unvergesslichem.

1. Pho 10 Ly Quoc Su

- Adresse: 10 Ly Quoc Su Straße, Hoan Kiem Bezirk
- Öffnungszeiten: 6:00 – 22:00 Uhr
- Durchschnittliche Kosten: 2,50 $ pro Schüssel

Dieses geschäftige Lokal serviert eine der beständigsten und leckersten Phở-Schalen in Hanoi. Die Brühe ist klar, aber sehr würzig, und die Rindfleischauswahl umfasst blutig, durchgebraten und Rinderbrust. Der Service ist schnell, die Sitzplätze werden geteilt und der Umsatz ist konstant – ein Beweis für die Beliebtheit des Restaurants. Kommen Sie früh zum Frühstück oder am späten Vormittag, um dem Mittagsstress zu entgehen.

2. Bun Bo Nam Bo Bach Phuong

- Adresse: Hang-Dieu-Straße 67, Bezirk Hoan Kiem
- Öffnungszeiten: 8:00 – 22:00 Uhr
- Durchschnittliche Kosten: 3,00 $ pro Schüssel

Dieses schlichte Restaurant ist berühmt für sein gleichnamiges Gericht: Bún Bò Nam Bộ – ein südländischer Nudelsalat mit gegrilltem Rindfleisch, Sojasprossen, eingelegter Papaya, Kräutern und gebratenen Schalotten. Er ist leicht, aromatisch und wird warm in einer großen Schüssel serviert. Durch die offene Küche können Sie zusehen, wie das Rindfleisch auf dem Grill brutzelt, während das Personal Kräuter und Soße mit nahezu militärischer Präzision zubereitet.

3. Xoi Yen (Klebreisgerichte)

- Adresse: 35B Nguyen Huu Huan Straße, Hoan Kiem Bezirk
- Öffnungszeiten: 6:00 – 23:00 Uhr
- Durchschnittliche Kosten: 2–3,50 $ pro Gericht

Hier wird Hanois beliebter Xôi Mặn (herzhafter Klebreis) serviert, ein beliebtes Gericht für Einheimische, die rund um die Uhr Appetit auf Hausmannskost haben. Wählen Sie als Beilage z. B. Hähnchenstreifen, chinesische Wurst, Spiegelei oder Schweinefleischfloss. Trotz des schnellen Service sind die Mitarbeiter höflich und hilfsbereit gegenüber Touristen.

4. Banh Mi 25

- Adresse: Hang Ca Straße 25, Bezirk Hoan Kiem
- Öffnungszeiten: 7:00 – 21:00 Uhr
- Durchschnittliche Kosten: 1,25–2,50 USD pro Sandwich

Bánh Mì 25, ein beliebter Straßenimbiss, der sich zu einer echten Marke entwickelt hat, serviert einige der besten vietnamesischen Sandwiches der Stadt. Die Baguettes sind frisch, mit gegrilltem Schweinefleisch, Pastete, Tofu und Ei gefüllt, und die optionale Chilisauce verleiht ihnen den besonderen Kick. Direkt gegenüber gibt es jetzt ein gemütliches Café mit Sitzgelegenheiten.

5. Nha Trang Hanh gegrillte Frühlingsrollen

- Adresse: 81 Cua Dong Straße, Hoan Kiem Bezirk
- Öffnungszeiten: 10:00 – 21:00 Uhr
- Durchschnittliche Kosten: 3–4,50 $ pro Platte

Dieses gemütliche Geschäft ist auf Nem Nướng spezialisiert – gegrillte Schweinefleischspieße aus Nha Trang, serviert mit Reispapier, Kräutern und Erdnusssauce für selbstgemachte Frühlingsrollen. Hier können Sie regionale Küche probieren, ohne Ihr Budget zu sprengen. Der Besitzer ist herzlich und erklärt Ihnen gerne, wie man alles richtig einwickelt und dippt.

2.6 Wo übernachten

Wo Sie in Hanoi übernachten, prägt Ihr Stadterlebnis. Hier ist das Chaos Teil des Charmes, doch eine ruhige Unterkunft kann den entscheidenden Unterschied machen. Ob Sie mitten in den geschäftigen Gassen der Altstadt wohnen, in einer Villa aus der Kolonialzeit übernachten oder von einer eleganten, modernen Suite aus den Blick auf den See genießen möchten – Hanois Unterkünfte bieten in jeder Preisklasse ein hervorragendes Preis-Leistungs-Verhältnis.

Nachfolgend finden Sie eine handverlesene Auswahl empfohlener Unterkünfte, sortiert nach den Kategorien: Luxus, Boutique, Mittelklasse und Budget. Jeder Eintrag enthält genaue Adressen, Kontaktinformationen und Preisklassen, damit Sie die passende Unterkunft für Ihre Reise finden.

Luxusoptionen

1. Sofitel Legend Metropole Hanoi

Beschreibung: Dieses Hotel aus der französischen Kolonialzeit beherbergt seit 1901 Diplomaten, Künstler und Mitglieder des Königshauses. Mit seinen Marmorböden, den historischen Aufzügen und dem freundlichen Service fühlt man sich wie in einem Roman von Graham Greene. Der Außenpool, die luxuriösen Zimmer und die tägliche Metropole Bomb Shelter Tour zeichnen dieses Hotel aus.

- Durchschnittliche Kosten: Ab 230 $/Nacht
- Adresse: 15 Ngo Quyen Street, Bezirk Hoan Kiem, Hanoi
- Website: www.sofitel-legend-metropole-hanoi.com

2. Hanoi-Kapelle

Beschreibung: Das von Bill Bensley entworfene Luxushotel Capella im Boutique-Stil ist eine visuelle Liebeserklärung an die Oper. Jedes Zimmer ist eine Hommage an Künstler, Komponisten und Legenden mit edlem Samt, dramatischer Beleuchtung und elegantem Flair. Perfekt für Reisende, die Kunst, Privatsphäre und Eleganz in einem suchen.

- Durchschnittliche Kosten: Ab 350 $/Nacht
- Adresse: 11 Le Phung Hieu, Bezirk Hoan Kiem, Hanoi
- Website: www.capellahotels.com/en/capella-hanoi

Mittelklasse-Optionen

3. La Siesta Classic Ma May

Beschreibung: Das La Siesta Classic gilt regelmäßig als eines der besten Boutique-Hotels in Hanoi und vereint Wärme, Komfort und Liebe zum Detail. Mitten in der Altstadt gelegen, ist es dennoch flüsterleise. Es bietet eine Dachbar, exzellente vietnamesische Küche und freundliches Personal, das seine Gäste wie Familienmitglieder behandelt.

- Durchschnittliche Kosten: Ab 80 $/Nacht
- Adresse: 94 Ma May Street, Hoan Kiem District, Hanoi

4. JM Marvel Hotel & Spa

Beschreibung: Das JM Marvel ist elegant, ohne unpersönlich zu wirken. Es bietet elegante Zimmer, ein entspannendes Spa und ein einladendes Café auf dem Dach. Die Hotelmitarbeiter helfen Gästen gerne bei Restaurantreservierungen, SIM-Karten und der Organisation von Tagesausflügen. Ein Favorit unter Paaren und Alleinreisenden.

- Durchschnittliche Kosten: Ab 70 $/Nacht
- Adresse: Hang Da Straße 16, Bezirk Hoan Kiem, Hanoi
- Website: www.jmmarvelhotel.com

Budgetfreundliche Optionen

5. Little Charm Hanoi Hostel

Beschreibung: Eines der saubersten und stilvollsten Hostels in Hanoi. Es bietet sowohl Schlafsäle mit Sichtschutzvorhängen als auch helle Privatzimmer. Es gibt einen Innenpool, exzellentes WLAN und hilfsbereites Personal an der Rezeption. Beliebt bei digitalen Nomaden und Alleinreisenden.

- Durchschnittliche Kosten: Schlafsäle ab 9 $; Privatzimmer ab 25 $
- Adresse: Hang Bong Straße 44, Bezirk Hoan Kiem, Hanoi

6. Hanoi City Backpackers Hostel

Beschreibung: Dieses preiswerte und zentral gelegene Hostel bietet ein hervorragendes Preis-Leistungs-Verhältnis mit täglichen kostenlosen Stadtführungen und geselligen Veranstaltungen. Die Zimmer sind einfach, aber klimatisiert und sauber. Privatzimmer verfügbar. Eine zuverlässige Wahl für Rucksacktouristen mit kleinem Budget.

- Durchschnittliche Kosten: Schlafsäle ab 6 $; Privatzimmer ab 18 $
- Adresse: 55B Luong Ngoc Quyen, Bezirk Hoan Kiem, Hanoi

KAPITEL DREI

HA LONG BUCHT UND WUNDER IM NORDOSTEN

3.1 Kreuzfahrten in der Ha Long Bucht

Es gibt Orte, die einen bleibenden Eindruck hinterlassen, wie die Halong-Bucht – wo der Himmel in smaragdgrünes Wasser übergeht und Kalksteinfelsen wie uralte Wächter aus dem Nebel auftauchen. Für Reisende, die Momente der Ehrfurcht suchen, ist sie Vietnams Kronjuwel. Und wie erlebt man sie am besten? Nicht aus dem Busfenster oder von einem Aussichtspunkt, sondern vom Deck eines Bootes, das sanft durch das ruhige Wasser gleitet.

Nachfolgend finden Sie alles, was Sie über Kreuzfahrten in der Halong-Bucht wissen müssen – nicht nur die Logistik, sondern auch die Gefühle, die Momente und die kleinen Dinge, die diesen Teil Vietnams unvergesslich machen.

3.1.1 Zur Auswahl stehende Kreuzfahrtarten

Wenn Sie die Halong-Bucht erkunden möchten, prägt die gewählte Kreuzfahrt Ihr Erlebnis. Ich habe alle drei Kreuzfahrten – Tages-, Übernachtungs- und Langzeitkreuzfahrten – mitgemacht, und jede hat ihren eigenen Charakter. Manche bieten nur einen Vorgeschmack auf die Schönheit der Kalksteinfelsen der Bucht, während andere zum Verweilen und Eintauchen in das Wasser, den Himmel und den ruhigen Rhythmus des Meeres einladen. Nachfolgend finden Sie eine Übersicht über die wichtigsten Kreuzfahrtoptionen mit ehrlichen Tipps, tatsächlichen Kosten und lokalen Favoriten.

1. Tageskreuzfahrten – Schnell, aber überfüllt

- Am besten für: Reisende mit wenig Zeit oder knappem Budget
- Dauer: 6–8 Stunden

- Abfahrtsort: Tuan Chau International Marina, Ha Long City
- Öffnungszeiten: 7:30 – 18:00 Uhr
- Durchschnittliche Kosten: 35–60 USD pro Person

Tageskreuzfahrten starten in der Regel zwischen 8:00 und 9:00 Uhr und kehren bis 16:30 Uhr zurück. Sie besuchen die beliebtesten Sehenswürdigkeiten: die Sung-Sot-Höhle (Überraschungshöhle), einen kurzen Strandaufenthalt auf der Insel Ti Top und vielleicht eine kurze Kajaktour um die Luon-Höhle. Bei den meisten Touren ist ein Mittagsbuffet an Bord inbegriffen.

Rechnen Sie mit Menschenmassen – diese Kreuzfahrten teilen sich oft die Routen mit Dutzenden anderer Boote. Aber auch wenn es Ihre einzige Chance ist, die Bucht zu sehen, lohnt es sich trotzdem.

Tipp: Buchen Sie über kleinere Anbieter wie L'Azalée Deluxe Cruises (www.lazalecruise.com), um das Gefühl eines großen Bootes zu vermeiden.

Tuan Chau Marina Adresse: Insel Tuan Chau, Stadt Ha Long, Provinz Quang Ninh

2. Kreuzfahrten mit Übernachtung – Das klassische Erlebnis

- Am besten für: Paare, Alleinreisende und alle, die ein umfassendes Erlebnis wünschen
- Dauer: 2 Tage / 1 Nacht
- Abfahrtszeit: Zwischen 11:30 und 12:30 Uhr

Durchschnittliche Kosten:

- Budget: 90–130 USD
- Mittelklasse: 140–180 USD
- Luxus: 250–400 USD+

Dies ist der ideale Ort für die meisten Reisenden. Auf einer Kreuzfahrt mit Übernachtung schlummern Sie beim Plätschern der Wellen ein und erwachen bei Sonnenaufgang zu Tai Chi. Sie haben Zeit zum

Kajakfahren, für den Besuch schwimmender Dörfer und für Kochkurse. Das Essen ist in der Regel fantastisch – vietnamesische Meeresfrüchte mit regionalem Touch.

Meine Wahl: Athena Luxury Cruise. Die Kabinen haben Balkone und die Crew behandelt Sie wie ein Familienmitglied.

3. 2-Nächte-Kreuzfahrten – Abseits der ausgetretenen Pfade

- Am besten für: Naturliebhaber, Slow Traveller und Fotografen
- Dauer: 3 Tage / 2 Nächte
- Durchschnittliche Kosten: 280–600 USD

Längere Kreuzfahrten führen tiefer in die Buchten Lan Ha oder Bai Tu Long, wo es weniger Boote und saubereres Wasser gibt. Sie fahren mit dem Kajak zu versteckten Lagunen, besuchen den Strand Ban Chan und genießen manchmal ein Barbecue-Abendessen am Strand. Diese Routen bieten ein Gefühl von Intimität, Gelassenheit und Seltenheit.

Versuchen Sie es mit Dragon Legend Cruises (www.indochina-junk.com), wenn Sie Fünf-Sterne-Service ohne Fünf-Sterne-Ego wünschen.

3.1.2 Sehenswürdigkeiten, die Sie während der Kreuzfahrt unbedingt sehen müssen

1. Sung Sot-Höhle (Überraschungshöhle)

- Standort: Insel Bo Hon
- Öffnungszeiten: 7:30 – 18:00 Uhr
- Eintrittsgebühr: In den meisten Kreuzfahrtpaketen enthalten

Im Herzen der Insel Bo Hon gelegen, ist dies die größte und beeindruckendste Höhle der Bucht. Nach einer kurzen Bergwanderung betreten Sie eine riesige Kalksteinkathedrale, die von uralten Stalaktiten übersät ist. Die zweite Kammer öffnet sich zu einem Raum, der so groß und stimmungsvoll ist, dass er fast heilig wirkt. Lokale Führer weisen oft auf natürliche Formationen hin, die an einen

Drachen, eine Schildkröte oder sogar ein sich umarmendes Liebespaar erinnern.

2. Die oberste Insel

- Lage: In der Nähe der zentralen Kreuzfahrtroute
- Öffnungszeiten: 7:00 – 17:00 Uhr
- Eintrittsgebühr: Bei den meisten Kreuzfahrten inbegriffen

Ti Top, benannt nach dem sowjetischen Kosmonauten German Titow, bietet den schönsten Panoramablick auf die Bucht – vorausgesetzt, Sie bewältigen die über 400 steilen Stufen. Der Strand darunter ist klein, aber malerisch, mit weichem, weißem Sand und Liegestühlen, die für etwa 2 US-Dollar gemietet werden können.

Adresse: Ti Top Island, Ha Long Bay, Provinz Quang Ninh

3. Luon-Höhle

- Zugang: Mit dem Kajak oder Bambusboot (oft 5–10 USD, wenn nicht im Preis inbegriffen)
- Öffnungszeiten: 7:00 – 16:30 Uhr

Ein Kalksteinbogen führt in eine ruhige Lagune, die von senkrechten Klippen umgeben ist. Sie paddeln hindurch oder werden von einer Einheimischen gerudert, meist einer fröhlichen Tante mit konischem Hut, die beim Steuern leise summt. Manchmal sieht man Affen, die in den Bäumen darüber baumeln.

Adresse: Bo Hon Island Cluster, Ha Long Bay

3.1.3 Praktische Ratschläge der Einheimischen

1. Buchen Sie nicht die billigste Kreuzfahrt, die Sie in Hanoi sehen

Die 35-Dollar-„Luxuskreuzfahrten", die in der Altstadt angeboten werden? Sie versprechen oft zu viel und halten zu wenig. Überfüllte Decks, fades Essen, überstürzte Reiserouten – Sie verdienen Besseres. Nutzen Sie stattdessen seriöse Anbieter wie Swan Cruises (www.swancruiseshalong.com) oder Indochina Junk (www.indochina-junk.com). Rechnen Sie mit 100 bis 180 US-Dollar für eine solide Nachtkreuzfahrt.

2. Kommen Sie früh in der Marina an

Egal, ob Sie in der Tuan Chau Marina (Insel Tuan Chau, Ha Long, Provinz Quang Ninh) oder im Hafen Hon Gai an Bord gehen, seien Sie bis 11:30 Uhr dort. Die Boote beginnen zwischen 12:00 und 12:30 Uhr mit dem Einsteigen und legen kurz darauf ab. Wenn Sie Ihren Check-in verpassen, verpassen Sie Ihre Kreuzfahrt.

3. Packen Sie leicht – und clever

Kabinen sind keine Hotelsuiten. Bringen Sie einen kleinen Rucksack mit Wechselkleidung, Badesachen, Flip-Flops, einer leichten Jacke und dem Nötigsten mit. Große Koffer lassen Sie nach Möglichkeit im Gepäckraum Ihres Hotels in Hanoi.

4. Sonne und Schuhe sind wichtig

Die Sonne in der Bucht kann unerbittlich sein. Sonnenschutzmittel mit hohem Lichtschutzfaktor, ein Hut und eine Sonnenbrille sind ein Muss. Für Höhlenbesuche und Inselwanderungen (wie Ti Top) sollten Sie rutschfeste Schuhe mitbringen – Flip-Flops reichen auf rutschigen Treppen nicht aus.

5. Getränke sind nicht inbegriffen

Bei den meisten Kreuzfahrten sind alle Mahlzeiten inbegriffen, Getränke werden jedoch extra berechnet. Wasserflaschen kosten durchschnittlich 1,50 USD, Bier 2,50 USD und Cocktails 5–8 USD. Bringen Sie Bargeld mit oder prüfen Sie, ob Ihre Kreuzfahrt Karten akzeptiert (manche Kreuzfahrten tun dies nicht).

6. WLAN ist lückenhaft. Akzeptieren Sie es.

Auf dem Wasser ist der Empfang lückenhaft. Nutzen Sie das als Ausrede, um abzuschalten. Bringen Sie ein Buch oder eine Zeitschrift mit oder setzen Sie sich einfach hin und genießen Sie die Stille der Bucht.

Beste Reisezeit für eine Kreuzfahrt

- Oktober bis April: Ideales Wetter, klarer Himmel, ruhige See
- Mai bis Juni: Heißer, aber weniger Touristen
- Juli bis August: Sturmsaison – Risiko der Stornierung von Kreuzfahrten
- September: Tolle Angebote, weiterhin angenehmes Wetter

Anreise von Hanoi

Dank der neuen Schnellstraße, die die Reisezeit auf nur 2,5 Stunden verkürzt, ist es jetzt einfacher denn je, die Halong-Bucht von Hanoi aus zu erreichen. Wenn Sie in der Altstadt von Hanoi übernachten, gibt es verschiedene Optionen für jedes Budget und jeden Reisestil:

Shuttlebusse:

Die meisten Kreuzfahrten bieten die Abholung vom Hotel in Hanoi mit luxuriösen Minivans mit WLAN und Klimaanlage an. Diese Shuttles fahren zwischen 8:00 und 9:00 Uhr und kosten etwa 12–18 USD pro Person. Sie werden direkt am internationalen Yachthafen Tuan Chau (Insel Tuan Chau, Ha Long, Provinz Quang Ninh) abgesetzt.

Private Autovermietung:

Für mehr Privatsphäre oder wenn Sie als Gruppe oder Familie reisen, kostet ein Privatwagen 85–100 USD pro Strecke. Viele Unternehmen bieten englischsprachige Fahrer an. Vereinbaren Sie die Abholung über Ihr Hotel oder einen vertrauenswürdigen Service wie den Hanoi Transfer Service (www.hanoitransferservice.com).

Öffentliche Busse:

Reisende mit kleinem Budget können vom Busbahnhof My Dinh einen öffentlichen Bus nehmen. Die Fahrkarten kosten 6–8 US-Dollar. Die Busse fahren stündlich von 6:00 bis 16:00 Uhr, benötigen jedoch oft länger und halten häufig.

3.2 Abenteuer auf der Insel Cat Ba

Die Insel Cat Ba ist kein ruhiger Rückzugsort von der Halong-Bucht. Sie ist eine faszinierende Alternative – und in vielerlei Hinsicht sogar eine bessere. Größer als erwartet, bietet diese Insel die gleiche majestätische Kalksteinlandschaft wie die Bucht, aber zusätzlich den Nervenkitzel von rauem Trekking, versteckten Stränden und dichten Dschungelpfaden. Hier entspannen sich die Einheimischen aus Haiphong, und erfahrene Reisende kommen hierher, wenn sie die Schönheit von Halong ohne Kreuzfahrtschiffe erleben möchten.

Im letzten Jahrzehnt hat sich Cat Ba langsam von einer verschlafenen Fischerinsel zu einem der abenteuerreichsten Reiseziele Nordvietnams entwickelt. Doch die gute Nachricht ist: Sein Charakter ist nicht verloren gegangen. Man kann immer noch Meeresfrüchte frisch vom Boot essen, in einem Bungalow am Strand schlafen und stundenlang wandern, ohne einer Menschenseele zu begegnen – wenn man weiß, wohin.

3.2.1 Anreise zur Insel Cat Ba

Die Anreise zur Insel Cat Ba ist Teil des Abenteuers. Dieses kalksteinbedeckte Juwel im Norden Vietnams liegt eingebettet zwischen der geschäftigen Hafenstadt Haiphong und den ruhigen Gewässern der Lan-Ha-Bucht. Ob Sie abgelegene Strände erkunden, neblige Wanderungen durch den Dschungel unternehmen oder ruhige Nächte in einem Fischerdorf verbringen möchten – die Reise beginnt mit einer wichtigen Entscheidung: Wie Sie dorthin gelangen.

1. Von Hanoi über Hai Phong (am schnellsten und bequemsten)

- Schritt 1: Buchen Sie eine direkte Bus-Fähre-Kombination bei Unternehmen wie Cat Ba Express (www.catbaexpress.com) oder Good Morning Cat Ba.
- Kosten: ca. 13–16 USD pro Person (inkl. Bus und Schnellboot)
- Dauer: insgesamt 3,5 bis 4 Stunden
- Abfahrtszeiten: Normalerweise täglich 7:30 Uhr und 14:00 Uhr von Hotels in der Altstadt von Hanoi
- Ankunft in: Cat Ba Town (Hauptgebiet für Hotels und Touren)

Diese Route ist unkompliziert, landschaftlich reizvoll und ideal für Alleinreisende oder Paare. Die Busse sind komfortabel, klimatisiert und verfügen über Liegesitze. Das Schnellboot vom Ben Binh Pier (Hai Phong) benötigt etwa 40–50 Minuten und durchquert üppige Mangroven und die offene Bucht.

2. Von Halong City mit der Tuan Chau Fähre

- Option: Fahren Sie mit dem Auto oder nehmen Sie ein Taxi zum Fährterminal Tuan Chau
- Fährgebühr: ~3 USD (öffentliche Fähre), fährt mehrmals täglich
- Ankunft: Gia Luan Pier (25 km von Cat Ba Town entfernt)
- Hinweis: Sie benötigen ein Taxi oder einen Bus (30–45 Minuten) vom Pier in die Stadt

Dies ist ideal, wenn Sie eine Kreuzfahrt in der Halong-Bucht beenden und anschließend Cat Ba erkunden möchten. Öffentliche Fähren können überfüllt sein, daher wird empfohlen, frühzeitig einzusteigen.

3. Von Hai Phong über den Got Pier (Zugang für Motorräder und Fahrzeuge)

- Preis für die Autofähre: ~2,50 USD pro Motorrad, ~1,50 USD pro Passagier
- Fährzeiten: 6:00 – 18:00 Uhr alle 30 Minuten

- Standort: Got Pier, Bezirk Cat Hai, Hai Phong

Diese Route ist ideal für alle, die Vietnams legendären Motorradweg von Nord nach Süd befahren. Die Straßen von Cat Ba sind malerisch und ruhig – achten Sie bei Sonnenuntergang auf Ziegen, die die Straße überqueren.

3.2.2 Was kann man auf der Insel Cat Ba unternehmen?

1. Erkunden Sie den Cat Ba Nationalpark

- Ort: Eingang zum Cat Ba Nationalpark, Insel Cat Ba, Hai Phong
- Öffnungszeiten: 7:00 – 17:00 Uhr
- Eintrittsgebühr: 80.000 VND (ca. 3,25 USD)

Dies ist kein typischer präparierter Naturpfad. Er ist wild, feucht und manchmal anspruchsvoll – aber genau das macht ihn so besonders. Die zweistündige Wanderung zum Ngu Lam Peak ist steil und verschlungen, mit Steinpfaden, die nach Regen rutschig werden. Doch der Blick vom Gipfel – zerklüftete Kalksteinkämme, so weit das Auge reicht – ist jeden Schweißtropfen wert.

Für eine längere Wanderung können Sie eine geführte Tour zum Dorf Viet Hai buchen, einem abgelegenen Ort, der nur zu Fuß oder mit dem Boot erreichbar ist. Die gesamte Wanderung (6–7 Stunden) schlängelt sich durch den Wald und hinunter in ein verstecktes Tal, wo die Einheimischen unabhängig vom Stromnetz leben, Landwirtschaft betreiben und Enten züchten. Machen Sie Halt bei einer Privatunterkunft für ein kühles Getränk und eine Hängemattenpause, bevor Sie mit dem Fahrrad zurück zum Hafen fahren.

2. Besuchen Sie die Hospital Cave

- Lage: 8 km nördlich von Cat Ba Town an der Hauptstraße zum Park
- Öffnungszeiten: 8:00 – 17:00 Uhr

- Eintrittsgebühr: 40.000 VND (ca. 1,65 USD)
- Gebühr für den Reiseleiter (optional): ~2 USD

Dieses geheime Krankenhaus, das während des Vietnamkriegs in einen Berg gehauen wurde, ist auf die beste Art und Weise eindringlich. Mit 17 Räumen auf drei Ebenen – inklusive Operationssaal, Kino und Soldatenunterkünften – war die Hospital Cave sowohl eine funktionierende medizinische Einrichtung als auch ein Luftschutzbunker.

Im Inneren ist es feucht und hallig, mit schwacher Beleuchtung und kalten Steinmauern. Man kann fast die Schritte der Sanitäter und die Stille der versteckten Patienten hören. Ein Führer erweckt den Ort zum Leben und zeigt, wie Vorräte hineingeschmuggelt wurden und was es bedeutete, unter ständiger Bedrohung zu leben.

Lieblingsdetail: Der unterirdische Kinoraum mit Betonbänken – er gab den Soldaten inmitten des Chaos ein Gefühl von Normalität.

3. Kajak oder Boot durch die Lan Ha Bucht

- Abfahrtsort: Ben Beo Pier, Cat Ba Town

Tourkosten:

- Halbtagestour: 20–25 USD
- Ganztägige Tour (mit Mittagessen): 30–40 USD

Empfohlene Betreiber:

- Cat Ba Ventures (https://catbaventures.com)
- Blue Swimmer Adventures (https://blueswimmeradventures.com)

Die Lan-Ha-Bucht ist die ruhigere und stillere Cousine von Cat Ba und zugleich ihr größter Naturschatz. Mit über 300 Inseln und Inselchen fahren Sie mit dem Kajak an schwimmenden Fischerdörfern, Kalksteinhöhlen und Stränden vorbei, die so versteckt sind, dass sie keine Namen haben. Einige Boote legen sogar in einer abgelegenen Bucht an, wo Sie ein BBQ-Mittagessen im Sand genießen können.

Verpassen Sie nicht eine Kajaktour durch die Dark Cave und die Bright Cave – das Wasser leuchtet grün, und die Klippen schließen sich wie eine Kathedrale. Die Guides haben wasserdichte Taschen und immer zusätzliche Paddel dabei. Es ist jedoch ratsam, Wasserschuhe zu tragen und die Kamera zu Hause zu lassen, es sei denn, sie ist wasserdicht.

4. Wandern oder fahren Sie zum Cannon Fort, um den Sonnenuntergang zu genießen

- Standort: Hügel über der Stadt Cat Ba
- Öffnungszeiten: 7:00 – 18:00 Uhr
- Eintrittsgebühr: 40.000 VND (ca. 1,65 USD)

Dieses alte Militärfort bietet mehr als nur Geschichte – es bietet den schönsten Panoramablick der Insel. Wenn die Sonne über der Lan-Ha-Bucht untergeht, können Sie Kreuzfahrtschiffe beobachten, die für die Nacht ankern, kleine Fischerboote nach Hause treiben und die ganze Stadt unter Ihnen langsam in Licht getaucht wird.

Der Weg nach oben ist asphaltiert, aber steil. Mieten Sie ein Motorrad für 5–7 USD pro Tag und fahren Sie bis zum Gipfel. Wenn Sie fit sind, können Sie den 30-minütigen Weg auch zu Fuß zurücklegen. Im Inneren finden Sie Tunnel, Bunker und verrostete Kanonen, die wie vergessene Kriegsrelikte wirken.

Lieblingsmoment: Den Sonnenuntergang beobachten und dabei mit Fremden, die zu Freunden geworden sind, auf dem Grashang vor dem Café in Gipfelnähe ein kaltes Getränk genießen.

3.2.3 Strände auf Cat Ba: Cat Co 1, 2 und 3

Die Strände von Cat Ba sind klein, aber charmant. Die drei wichtigsten – Cat Co 1, Cat Co 2 und Cat Co 3 – sind von der Stadt aus über einen Betonweg entlang der Klippen zu Fuß erreichbar. Cat Co 1 ist der größte, während Cat Co 2 ruhiger ist. Cat Co 3 gehört zu einem Resort, ist aber dennoch zum Schwimmen und Entspannen zugänglich.

1. Cat Co 1 Strand

Wenn Sie gerne Leute beobachten und mitten im Geschehen sein möchten, ist Cat Co 1 der richtige Strand für Sie. Er ist der größte und beliebteste der drei Strände und bietet einen breiten Sandstrand, ruhiges Wasser und ab dem Nachmittag herrscht reges Treiben.

Das Faulenzen hier hat etwas Filmisches: Kleine Boote treiben an Kalksteinklippen vorbei, lokale Händler verkaufen gegrillte Tintenfische am Spieß und Kinder planschen in der sanften Brandung, während ihre Eltern auf schattigen Liegen entspannen.

- Eintrittsgebühr: Kostenlos (geringe Gebühr für Liegen: 2 USD/Tag)
- Öffnungszeiten: 6:00 – 18:00 Uhr (Rettungsschwimmer normalerweise im Dienst)
- Ausstattung: Toiletten, Umkleidekabinen und Imbissstände vorhanden
- Tipp: Kommen Sie bis 8:00 Uhr, um die Ruhe und das sanfte Morgenlicht zu genießen.
- Adresse: Ende des Küstenpfades von Cat Ba Town, 5 Gehminuten von der 1/4 Street

2. Cat Co 2 Strand

Gleich um die Ecke von Cat Co 1 fühlt sich dieser Strand etwas abgeschiedener an. Er ist beliebt bei Paaren, Fotografen und allen, die eine ruhigere Atmosphäre mögen. Der Sand ist fein, und die halbmondförmige Bucht ist ideal zum Schwimmen oder Lesen mit den Füßen im Wasser.

Cat Co 2 wird teilweise von einem Resort verwaltet, ist aber öffentlich zugänglich. Der Wellengang ist sanft, und die Klippen rund um den

Strand bieten einen natürlichen Windschutz, sodass dieser Ort auch bei starkem Wind angenehm ist.

- Eintrittsgebühr: Kostenlos
- Öffnungszeiten: 6:00 – 18:00 Uhr
- Liegestühle: 2–3 USD/Tag
- Beste Besuchszeit: Später Nachmittag für Fotografie in der goldenen Stunde
- Favorit in der Nähe: Gönnen Sie sich einen Drink in der Beach Bar (direkt hinter dem Strand), wo es bequeme Sitzsäcke und Cocktails zum Sonnenuntergang für etwa 3 USD gibt.

3. Cat Co 3 Strand

Etwas weiter draußen und über einen Klippenpfad verbunden, ist Cat Co 3 ein Juwel, das den meisten Touristen noch verborgen bleibt. Er ist der malerischste und ruhigste der drei Strände, mit weniger Besuchern und einem exklusiveren Ambiente. Sie teilen sich den Platz wahrscheinlich mit ein paar Einheimischen, Resortgästen und Rucksacktouristen, die den Weg von den anderen Stränden auf sich genommen haben.

- Eintrittsgebühr: Kostenlos
- Öffnungszeiten: 6:00 – 18:00 Uhr
- Hinweise: Weniger kommerziell – bringen Sie Ihre eigenen Snacks und Wasser mit
- Zugang: Über den Küstenwanderweg oder mit dem Motorrad (kleiner Parkplatz in der Nähe des Resorts)

Zwischen den Stränden

Eine der Besonderheiten des Strandtrios von Cat Ba ist der Küstenwanderweg – ein Betonpfad, der sich an die Klippen schmiegt und alle drei Strände verbindet. Er ist in etwa 20 Minuten zu Fuß erreichbar und bietet einen atemberaubenden Blick auf die Bucht.

Vermeiden Sie Flip-Flops; an den Ecken kann es rutschig werden, besonders nach Regen.

3.2.4 Übernachtungsmöglichkeiten auf der Insel Cat Ba

Cat Ba bietet für jeden Geldbeutel etwas. Wenn Sie jedoch einen leichten Schlaf haben, meiden Sie die lauten Hotels entlang der Hauptstraße. Das beste Preis-Leistungs-Verhältnis bieten Boutique-Hotels und Öko-Lodges.

Luxusoptionen

1. Cat Ba Sunrise Resort

- Cat Co 3 Beach, Insel Cat Ba, Stadt Hai Phong
- Durchschnittliche Kosten: 90–130 USD pro Nacht

Dieses Resort liegt direkt am privaten Strand von Cat Co 3 und ist Cat Ba's klassische Luxus-Wahl. Die Zimmer bieten direkten Meerblick, Balkone mit Liegestühlen und das Rauschen der Brandung als Wecker. Das hoteleigene Restaurant serviert frische Meeresfrüchte und westliche Gerichte. Es gibt einen Salzwasserpool, eine Strandbar und sogar ein kleines Spa.

Warum hier übernachten: Ruhig, sauber, professionell geführt und nur wenige Schritte von einem der schönsten Orte der Insel für den Sonnenuntergang entfernt.

2. Flamingo Cat Ba Beach Resort

- Strand Cat Co 1, Insel Cat Ba, Stadt Hai Phong
- Durchschnittliche Kosten: 120–180 USD pro Nacht

Dieses neuere Resort thront über Cat Co 1 und verbindet modernen Luxus mit tropischer Landschaft. Die Suiten verfügen über Panoramafenster mit Meerblick, Infinity-Pools bieten Blick auf die Bucht und das Frühstücksbuffet bietet sowohl vietnamesische als auch internationale Gerichte. Die Spa-Behandlungen und Wellness-Pakete sorgen für zusätzlichen Genuss.

Warum Sie hier übernachten sollten: Für ein modernes, gehobenes Resort-Erlebnis mit unschlagbarem Blick auf die Bucht und erhöhter Privatsphäre.

Mittelklasse-Optionen

3. Cat Ba Oasis Bungalows

- 254 1/4 Straße, Cat Ba Stadt, Cat Ba Insel
- Durchschnittliche Kosten: 35–55 USD pro Nacht

Dieses entspannte Boutique-Hotel ist bekannt für seine hellen Bungalows, einen kleinen Pool und die einladende Gemeinschaftsatmosphäre. Es liegt nur wenige Gehminuten vom Stadtzentrum von Cat Ba entfernt, aber dennoch weit genug entfernt, um Ruhe zu finden. Die Bar und der Gartenhof erstrahlen abends in heiterem Licht bei Musik und freundlichen Gesprächen.

Warum hier übernachten: Reisende, die sowohl Komfort als auch Charakter suchen, werden die entspannte Backpacker-trifft-Boutique-Atmosphäre zu schätzen wissen.

4. Cannon Fort Cat Ba Hotel

- 243 Nui Ngoc Street, Stadt Cat Ba, Insel Cat Ba
- Durchschnittliche Kosten: 40–60 USD pro Nacht

Dieses Hotel liegt in der Nähe der Strände Cannon Fort und Cat Co und ist bekannt für seinen Panoramablick, sein hilfsbereites Personal und die Möglichkeit organisierter Touren. Die Zimmer sind sauber, hell und viele verfügen über einen Balkon. Das Dachrestaurant ist einer der besten Orte der Stadt für ein Bier bei Sonnenuntergang.

Warum hier übernachten: Eine solide Wahl im mittleren Preissegment mit einigen der besten Luftblicke auf die Lan-Ha-Bucht.

Budgetfreundliche Optionen

5. Duc Tuan Gästehaus

- Ben Beo Pier, Cat Ba-Stadt, Cat Ba-Insel
- Durchschnittliche Kosten: 12–18 USD pro Nacht

Nur einen kurzen Spaziergang vom Ben Beo Pier entfernt ist dieses familiengeführte Gästehaus eine lokale Institution. Die Zimmer sind einfach, aber sauber und bieten in den oberen Etagen gutes WLAN und Meerblick. Die Besitzer sind herzlich und hilfsbereit und helfen Gästen oft bei der Organisation von Bootstouren und Tickets zu fairen Preisen.

Warum hier übernachten: Zuverlässig und persönlich. Es fühlt sich eher wie ein Aufenthalt bei der Großfamilie an als wie ein Hotel.

6. Cat Ba Central Hostel

- 204 1/4 Straße, Cat Ba Stadt, Cat Ba Insel
- Durchschnittliche Kosten: Schlafsäle ab 7 USD | Privatzimmer ab 18 USD

Dieses lebhafte Hostel liegt mitten im Herzen von Cat Ba und richtet sich an gesellige Reisende. Es bietet Schlafsäle mit Sichtschutzvorhängen, preisgünstige Privatzimmer und eine Bar mit gelegentlicher Live-Musik. Freundliches Personal, Rollerverleih und Tourenbuchungen sind vor Ort möglich.

Warum hier übernachten: Ideal für Alleinreisende oder Gruppen, die eine saubere, gesellige Unterkunft zu einem sehr niedrigen Preis suchen.

3.2.5 Essen und Nachtleben

Das Essen und Nachtleben auf Cat Ba mag entspannter sein als in Hanoi oder Saigon, aber genau das macht seinen Charme aus. Es gibt keinen Zwang, sich schick zu machen, keine Verstellung – nur gutes

Essen, ehrliche Gesellschaft und gelegentlich ein Lagerfeuer am Strand.

Wo man essen kann: Lokale Spezialitäten und authentische Häppchen

1. Quan Yummy

- Adresse: 180 1/4 Straße, Cat Ba Town
- Öffnungszeiten: 10:00 – 22:00 Uhr
- Preisspanne: 3–7 $ pro Gericht

Cat Ba's am schlechtesten gehütetes Geheimnis. Dieses familiengeführte Lokal macht von außen keinen besonderen Eindruck, ist aber jeden Abend voll mit Reisenden und Einheimischen. Der gegrillte Tintenfisch ist butterzart und zart, und der Meeresfrüchte-Eintopf ist groß genug für drei Personen. Probieren Sie das karamellisierte Schweinefleisch im Tontopf und lassen Sie sich das hausgemachte Chiliöl nicht entgehen – feurig, aromatisch und unvergesslich.

2. Das BigMan Restaurant

- Adresse: 230 1/4 Straße, Cat Ba Town
- Öffnungszeiten: 9:00 – 23:00 Uhr
- Preisspanne: 4–10 $ pro Gericht

Eine lebhafte Option mit einer Meeresfrüchte-Auslage, auf die man zeigen und die man sich nach Wunsch zubereiten lassen kann. Besonders hervorzuheben sind die Muscheln in Knoblauchbutter und die frischen Garnelen mit Tamarindensauce. BigMan bietet auch Vegetariern eine gute Auswahl an Tofu und Gemüsepfannen. Der Service ist schnell, und die Mitarbeiter scheinen sich wirklich um die Zubereitung zu kümmern.

3. Green Mango Restaurant

- Adresse: 236 1/4 Straße, Cat Ba Town

- Öffnungszeiten: 8:00 – 22:00 Uhr
- Preisspanne: 6–12 $ pro Gericht

Wenn Sie nach Tagen voller Pho und gebratenem Reis Lust auf westliches Hausmannskost haben, ist Green Mango genau das Richtige für Sie. Freuen Sie sich auf Gourmet-Burger, Pizza aus dem Holzofen und guten Kaffee. Zwar ist es etwas teurer, aber die Terrasse und die Weinkarte sind den Preis wert. Ideal für Paare oder Alleinreisende, die abends eine ruhigere Atmosphäre suchen.

Wo man etwas trinken kann: Chillige Bars und nächtliche Treffpunkte

1. Oasis Bar

- Adresse: 254 1/4 Straße, Cat Ba Town
- Öffnungszeiten: 16:00 – 01:00 Uhr
- Getränke: Bier ab 1,50 $, Cocktails ab 4 $

Oasis gilt als geselliger Treffpunkt von Cat Ba und bietet Bierpong-Tische, Billard und Happy Hour-Angebote bis in die Nacht. Hier geht es ausgelassen zu, ohne aufdringlich zu sein, und ist ein toller Ort, um andere Reisende kennenzulernen. Probieren Sie den Cocktail „Cat Ba Sunset" – Rum, Limette und Wassermelonensaft. Er schmeckt genauso gut, wie er klingt.

2. Die gute Bar

- Adresse: 28 Nui Ngoc Straße
- Öffnungszeiten: 17:00 – 0:30 Uhr
- Getränke: Craft-Biere 2–3 $, Shots 1,50 $

Entspannt mit Reggae aus den Lautsprechern und lokalem Bier vom Fass. Die Good Bar schreit nicht nach Aufmerksamkeit, aber genau das macht sie so besonders. Besitzer Tam sitzt oft an der Bar und unterhält sich mit Gästen, und freitags gibt es Live-Akustikmusik. Es fühlt sich weniger wie eine Bar an, sondern eher wie das Wohnzimmer eines Freundes – wenn dieser wüsste, wie man einen perfekten Mojito mixt.

3. Rosenclub

- Adresse: In der Nähe des Nachtmarkts, Cat Ba Town
- Öffnungszeiten: 20:00 – 2:00 Uhr
- Getränke: Wodka-Mixer ab 2 $

Wenn Sie tanzen möchten, sind Sie hier genau richtig. Erst ab 22 Uhr wird es voll, aber um Mitternacht wimmelt es hier von Rucksacktouristen und Einheimischen. Nicht der eleganteste Veranstaltungsort, aber es ist lustig, laut und typisch Cat Ba.

Praktische Tipps

1. Ein Motorrad mieten

Eine der befreiendsten Möglichkeiten, Cat Ba zu erleben, ist mit dem Motorrad. Die Straßen hier sind meist ruhig, landschaftlich reizvoll und ideal für Fahrer aller Könnerstufen. Mit dem Motorrad können Sie üppige Dschungel im Landesinneren erkunden, abgelegene Strände erreichen und zum Cannon Fort hinauffahren, um atemberaubende Sonnenuntergänge zu genießen – ganz nach Ihrem eigenen Zeitplan.

- Mietkosten: 5–7 USD pro Tag (manuelle oder halbautomatische Fahrräder)
- Wo kann man Fahrräder mieten: Die meisten Pensionen und Hotels vermieten Fahrräder direkt; seriöse Optionen sind beispielsweise Cat Ba Central Homestay und Le Pont Hotel.
- Voraussetzungen: Die meisten Geschäfte verlangen Ihren Reisepass als Pfand. Überprüfen Sie vor der Abfahrt unbedingt Bremsen, Lichter und Reifen. Helme sind in der Regel im Preis inbegriffen, überprüfen Sie jedoch unbedingt die Gurte und den Sitz.

- Kraftstoff: Benzin ist an Straßenständen für etwa 1 USD/Liter erhältlich. Suchen Sie in der Nähe lokaler Geschäfte nach Wasserflaschen mit gelber Flüssigkeit.

2. Wäscheservice

Nach ein paar Tagen Trekking, Kajakfahren und Strandhopping brauchen Sie wahrscheinlich frische Kleidung. Glücklicherweise gibt es in Cat Ba in fast jedem Gästehaus und Hotel einen günstigen und schnellen Wäscheservice.

- Durchschnittliche Kosten: 1 USD pro Kilogramm
- Bearbeitungszeit: Normalerweise 24 Stunden; Express-Service (innerhalb von 6 Stunden) kann etwas mehr kosten
- Die Kleidung wird normalerweise gefaltet und leicht parfümiert zurückgegeben, das Trocknen auf der Leine ist jedoch üblich. Vermeiden Sie daher das Senden von Seide oder empfindlichen Stoffen.

3. Geldautomaten und Bargeld-Trinkgeld

Obwohl es in Cat Ba Town mehrere Geldautomaten gibt – die zuverlässigsten sind Vietcombank und BIDV – erheben einige Automaten für ausländische Karteninhaber Abhebungsgebühren von bis zu 5 US-Dollar.

- Tipp: Nehmen Sie zusätzliche vietnamesische Dong (VND) in bar mit, wenn Sie zu abgelegenen Stränden, Fischerdörfern oder Nationalparks reisen, wo keine Kartenzahlung akzeptiert wird.
- In einigen Hotels und Reisebüros ist auch ein Geldwechsel möglich, die Kurse können jedoch etwas höher sein als bei Banken.

4. Touristeninformationszentrum

Das Touristeninformationszentrum liegt nur einen kurzen Spaziergang vom Hafen entfernt und ist ein hervorragender erster Anlaufpunkt nach der Ankunft.

- Öffnungszeiten: 8:00 – 17:00 Uhr, täglich
- Sprache des Personals: Englisch sprechend und hilfsbereit
- Angebotene Dienste: Karten, aktuelle Bootsfahrpläne, Trekking-Tipps und Hilfe bei der Buchung von Fähren oder lokalen Busverbindungen.
- Sie bieten auch Führungen durch die Natur an und empfehlen lizenzierte Führer für Wanderungen in Nationalparks.
- Standort: In der Nähe des Hauptpiers in der Nui Ngoc Street, Cat Ba Town

3.3 Versteckte Juwelen: Bai Tu Long Bucht

Für Reisende, die echte Schönheit der überbewerteten Version vorziehen, ist Bai Tu Long der Ort, wo das Herz Nordvietnams noch immer leise schlägt.

1. Thien Canh Son Höhle – Marmorkathedrale der Natur

Versteckt unter einem Baumdach auf der Insel Hon Co ist die Thien Canh Son-Höhle einer der wenigen Orte in der Region, der noch immer wenig Beachtung findet. Der Eingang ist ein steiler Aufstieg – 90 Steinstufen schlängeln sich durch den moosigen Dschungel –, aber sobald man drinnen ist, fühlt es sich an, als würde man eine kühle, hallende Steinkathedrale betreten.

Stalaktiten hängen wie Kronleuchter und fangen das Licht ein, das Sie hereinbringen. Guides zeigen Ihnen die natürlichen Formationen in Form von Blumen, Elefanten oder Lotusblüten – Sie können aber gerne selbst entscheiden, was Sie sehen möchten. Drinnen ist es ruhig, eine willkommene Abwechslung von Sonne und Meer.

- Standort: Insel Hon Co, Bucht Bai Tu Long
- Öffnungszeiten: 7:00 – 17:00 Uhr (Zugang nur per Kreuzfahrt)
- In den meisten Bai Tu Long-Kreuzfahrten enthalten

2. Schwimmendes Dorf Vung Vieng – Leben auf dem Wasser

Anders als einige der eher von Touristen besuchten „Dörfer" rund um Ha Long ist Vung Vieng noch bewohnt. Echte Familien. Echte Kinder, die zur Schule paddeln. Hunde, die auf Decks faulenzen, und Großmütter mit konischen Hüten, die Gemüse in Eimern mit Meerwasser waschen.

Das Dorf liegt friedlich mitten in der Bucht, verbunden durch winzige Holzstege und Bambusboote. Ein einheimischer Führer, meist einer der Bewohner, paddelt Sie etwa 30 Minuten lang umher und beantwortet Ihre Fragen in leisem, gebrochenem Englisch. Es ist demütigend – und überraschend emotional – zu erleben, wie sich das tägliche Leben in solcher Abgeschiedenheit und doch mit so viel Würde abspielt.

- Lage: Zentrale Bai Tu Long Bucht (per Kreuzfahrt erreichbar)
- Geöffnet: Täglich von 8:00 – 17:30 Uhr
- Bambusboot-Tour: Normalerweise in Kreuzfahrten enthalten oder etwa 5 USD pro Person
- Tipp: Verpassen Sie nicht die schwimmende Schule und die Perlenfarm. Einige Touren spenden an lokale Programme – fragen Sie bei der Buchung nach

3. Cong Dam Area – Für echte Kajak-Liebhaber

Wenn Sie schon immer einmal mit dem Kajak an einen Ort fahren wollten, der Sie wie in einen Fantasy-Roman versetzt, ist Cong Dam der richtige Ort. Es steht nicht auf der üblichen Reiseroute, es sei denn, Sie entscheiden sich für eine zwei- oder dreitägige Kreuzfahrt. Dieser abgelegene Abschnitt von Bai Tu Long ist Teil eines geologischen Naturschutzgebiets, was bedeutet, dass die Felsformationen, die Sie hier sehen, zu den ältesten in Südostasien gehören – einige sind über 280 Millionen Jahre alt.

Was den Cong-Damm so besonders macht, ist nicht nur die Geologie. Es ist die Stille. Die Klippen ragen hier direkt aus dem spiegelglatten Wasser, und Ihr Paddel ist oft minutenlang das einzige Geräusch. Sie passieren geheime Lagunen und tunnelartige Höhlen und können vielleicht sogar einen Seeadler beobachten.

- Standort: Cong-Damm, östliche Bai Tu Long-Bucht
- Erreichbar über eine Ganztages- oder Nachtkreuzfahrt, normalerweise am Vormittag oder am späten Nachmittag
- In Mittelklasse-/Luxuskreuzfahrten inbegriffen (ansonsten Kajakmiete: 5–7 USD)
- Tipp: Bitten Sie Ihren Reiseleiter, Sie zum „versteckten Strand" in Cong Dam zu bringen – einem winzigen, privaten Sandstreifen, nicht größer als ein Tennisplatz

4. Ban Chan Beach – Weißer Sand, keine Menschenmassen

An einem Sommernachmittag fühlt sich Ban Chan wie eine eigene Privatinsel an. Es gibt keine Liegen, keine Snackbars und schon gar keine Jetskis. Was Sie finden: einen langen, goldweißen Sandstrand, seichtes türkisfarbenes Wasser und gelegentlich angeschwemmte Kokosnussschalen.

Manche Kreuzfahrtschiffe legen hier etwa eine Stunde an – genug Zeit zum Schwimmen, Fotografieren oder einfach nur zum Nichtstun. Es ist einer der wenigen Strände im Norden, an dem man beim Blick nach oben keine anderen Boote sieht.

- Lage: Südlicher Rand der Bai Tu Long Bucht
- Keine festen Öffnungszeiten – nur per Boot zwischen 8:00 und 17:00 Uhr erreichbar
- In den meisten 2-tägigen Kreuzfahrten enthalten

5. Der Bai Tu Long Nationalpark – Inseln in einem Salzgarten

Dieser Nationalpark erstreckt sich über den Distrikt Van Don und umfasst sowohl Meeres- als auch Waldökosysteme. Er bietet eine in Vietnam seltene Artenvielfalt. Mangroven, Korallenriffe, Seegräser und Primärregenwald verschmelzen mit einem Insellabyrinth und schaffen so ein wahres Paradies für Ökotouristen. Obwohl der größte Teil des Parks zum Schutz seines fragilen Ökosystems gesperrt ist, sind einige Teile mit einem ortskundigen Reiseleiter zugänglich.

Einer der wenigen Ausflüge ins Landesinnere ist eine Wanderung auf der Insel Quan Lan, bei der Sie Küstenpfade mit Besuchen alter Pagoden und ruhigen Waldwegen kombinieren können.

- Zugangspunkt: Van Don Island, 50 km östlich von Ha Long City
- Geöffnet: 8:00 – 17:00 Uhr (für einige Bereiche sind Genehmigungen oder Führungen erforderlich)
- Eintrittsgebühr: ca. 3 USD, variiert je nach Zone

So erreichen Sie die Bai Tu Long Bucht

Die meisten Bai-Tu-Long-Touren starten vom internationalen Hafen Hon Gai im Osten der Stadt Halong. Dieser Hafen ist nicht mit dem Yachthafen Tuan Chau identisch, von dem aus die meisten Ha-Long-Kreuzfahrten starten.

Von Hanoi:

- Limousinen (3,5 Stunden, 12–15 USD) oder Privatwagen (80 USD pro Gruppe). Die meisten Kreuzfahrten bieten eine Abholung von Hotels in der Altstadt von Hanoi an.

Direkt vom Flughafen Van Don:

- Der internationale Flughafen Van Don liegt nur 50 Minuten vom Hafen Hon Gai entfernt. Taxis vom Flughafen kosten etwa 18–22 USD.

Vertrauenswürdige Bai Tu Long-Kreuzfahrtanbieter

1. Indochina Dschunke – Dragon Legend Cruises

- Website: www.indochina-junk.com
- Pakete: 2 Tage/1 Nacht ab 180 USD, inklusive Kajakfahren, Besuch von Thien Canh Son und Dorf Vung Vieng

2. Schwanenkreuzfahrten

- Website: www.swancruiseshalong.com
- Pakete: 2 Tage/1 Nacht ab 130 USD, bekannt für kleinere Gruppengröße und freundliche Reiseleiter

KAPITEL VIER

SAPA UND DAS NÖRDLICHE HOCHLAND

4.1 Anreise nach Sapa

Im hohen Norden Vietnams, nahe der chinesischen Grenze, liegt Sapa versteckt und erschließt sich nicht so leicht – doch genau das macht seinen Zauber aus. Es gibt keinen Flughafen, keine Hochgeschwindigkeitszüge, keine Schnellverbindungen. Wer dieses Bergparadies erreicht, muss eine Route wählen, die fast so unvergesslich ist wie das Ziel selbst. Ob das leise Rattern eines Nachtzugs oder die offene Straße, die sich an nebelverhangenen Gipfeln vorbeischlängelt – die Reise nach Sapa ist ein Übergangsritus für Reisende, die mehr wollen als nur einen weiteren Zwischenstopp – sie wollen ein Erlebnis.

1. Nachtzug von Hanoi nach Lao Cai

- Abfahrtsbahnhof: Bahnhof Hanoi, 120 Le Duan, Hoan Kiem, Hanoi
- Ankunftsstation: Lao Cai Station (35 km von Sapa entfernt)
- Fahrplan: Die Züge fahren zwischen 20:00 und 22:00 Uhr ab und kommen bis 6:00 Uhr an.
- Preis: Soft Sleeper-Kabinen kosten je nach Klasse und Komfort zwischen 24 und 55 USD
- Transfer nach Sapa: Minivans und Sammeltaxis am Bahnhof Lao Cai kosten 2,50–4 US-Dollar und dauern etwa eine Stunde
- Empfohlener Service: Sapaly Express – ruhige Kabinen, warme Bettwäsche und kostenloser Tee

2. Direktbus von Hanoi nach Sapa

- Betreiber: Sapa Express, Eco Sapa Limousine

- Abfahrtspunkte: 12 Ly Thai To Street, Altstadt von Hanoi
- Dauer: 5,5 bis 6,5 Stunden
- Zeitplan: Morgens (7:00 Uhr), Abends (22:00 Uhr)
- Abgabe: Busbahnhof Sapa, 571 Dien Bien Phu, Stadt Sapa

Preis:

- Schlafbus: 11–14 USD
- Limousinenbus: 20–25 USD

Reisetipp: Limousinenbusse haben nur 9 Sitzplätze, was mehr Beinfreiheit und weniger laute Telefongespräche bedeutet.

4.2 Top-Sehenswürdigkeiten in Sapa

Sapa ist keine Stadt, die sich auf einmal offenbart – sie entfaltet sich langsam. Sie spüren es im Wind, der über den Gipfel des Fansipan streicht, im erdigen Duft frischer Kräuter, die die Frauen der Roten Dao sammeln, und im Geschrei der Kinder, die auf schmalen Bergpfaden spielen. Was Sapa unvergesslich macht, sind nicht nur die Höhe oder die Landschaft. Es ist die Lebendigkeit, mit der sich alles anfühlt. Hier ist ein authentischer, menschlicher Reiseführer zu den Top-Attraktionen von Sapa, gespickt mit persönlichen Favoriten, ehrlichen Einblicken und Details, die Sie erst erfahren, wenn Sie die Hügel selbst erwandert haben.

1. Fansipan – Das Dach Indochinas

- Ort: Fansipan Legend Seilbahnstation, Nguyen Chi Thanh Straße, Sapa
- Öffnungszeiten: täglich 7:30 – 17:30 Uhr
- Eintritt (Seilbahn): Erwachsene 30 $ | Kinder 22 $

Mit 3.143 Metern ist Fansipan Vietnams höchster Berg. Einst nur nach zwei bis drei Tagen anstrengender Wanderung erreichbar, fahren heute die meisten Reisenden mit der Seilbahn hinauf – eine 15-minütige Fahrt über wolkenverhangene Bergrücken und Täler, die so tief sind, dass man die Sprache vergisst. Die Seilbahnstation ist ein elegantes Bauwerk, doch auf dem Gipfel herrscht ein ursprüngliches Gefühl. Spritziger Wind. Steinige Treppen. Pagoden und Statuen scheinen im Nebel zu schweben. Packen Sie eine Jacke ein – die Kälte ist beißend.

Insider-Tipp: Gehen Sie vor 9:00 Uhr, um einen klaren Himmel zu haben. Mittags sind Wolken und Menschenmassen vorherrschend.

2. Muong Hoa Valley – Die ikonische Reisterrassenlandschaft

- Lage: Erstreckt sich von der Stadt Sapa durch die Dörfer Lao Chai, Ta Van und Y Linh Ho
- Eintrittsgebühr für das Tal: 3 USD (75.000 VND)

Kein Foto kann Muong Hoa gerecht werden. Hier wogt das Land in grünen Wellen, und jeder Schritt ist ein Stück Geschichte. Hmong-Familien haben diese Reisterrassen seit Generationen von Hand angelegt. Sie wandern vorbei an Wasserbüffeln, Ententeichen und barfüßigen Kindern, die Drachen jagen. Mit einem ortskundigen Führer erfahren Sie, welche Kräuter Husten heilen, wie Indigo noch immer zum Färben verwendet wird und warum jeder Terrassenrand wichtig ist.

3. Cat Cat Village – Stadtnah, leicht erreichbar

- Lage: Ende der Fansipan Road, 2 km von Sapa entfernt
- Öffnungszeiten: 7:00 – 17:00 Uhr
- Teilnahmegebühr: 2 USD (50.000 VND)

Dieses Dorf der Schwarzen Hmong hat sich dem Tourismus angepasst. Obwohl Cat Cat eher kommerziell geprägt ist, bietet es dennoch sanfte Hügel, Holzhäuser, funktionierende Webstühle und einen wunderschönen Wasserfall entlang des Weges. Kunsthandwerker demonstrieren Batikdruck und Hanfweberei. Gehen Sie an den Fotozonen vorbei und Sie finden ruhige Orte, an denen das echte Leben weitergeht – Kinder hüten Enten, Mütter kochen draußen.

Reisetipp: Mieten Sie am Eingang ein traditionelles Hmong-Outfit für weniger als 4 Dollar. Es ist zwar touristisch, aber es sorgt für einen unterhaltsamen, farbenfrohen Spaziergang durch das Tal und unterstützt die lokalen Händler.

4. Ham Rong Berg – Der Garten oberhalb von Sapa

- Standort: Hinter der Sapa-Kirche, Eingang in der Ham Rong Street
- Öffnungszeiten: 7:00 – 18:00 Uhr
- Teilnahmegebühr: 3 USD (70.000 VND)

Ham Rong, ein Landschaftspark, der in einen schroffen Hügel hinter der Stadt hineingebaut wurde, wirkt wie ein Märchengarten. Erklimmen Sie die verschlungenen Pfade, vorbei an Orchideengärten, Bonsai-Kiefern und Panoramablicken über Sapa. Am „Himmelstor" ziehen Wolken wie Seidenvorhänge über das Tal. Verpassen Sie nicht die Folklorebühne – am Wochenende stampfen und singen Red Dao-Tänzer in voller Montur.

Lokales Detail: An regnerischen Tagen kommen die Jugendlichen aus der Gegend hierher, um im Nebel Verstecken zu spielen. Einer erzählte mir, es sei ihr Lieblingsort, um „einfach mal für eine Weile zu verschwinden".

5. Silberner Wasserfall

- Lage: 12 km westlich von Sapa, entlang des Highway 4D
- Öffnungszeiten: 6:00 – 18:00 Uhr
- Teilnahmegebühr: 1 USD (20.000 VND)

Von der Straße aus sichtbar, donnert der Silberne Wasserfall 200 Meter über Felsen und Kiefern hinab. Eine kurze Treppe führt zu einer Aussichtsplattform, wo die Bergluft wie Menthol in die Brust strömt. Ein kurzer, aber erfrischender Stopp.

Hinweis: Kombinieren Sie dies mit einem Besuch des nahegelegenen Tram Ton Pass, Vietnams höchstem Gebirgspass, für eine malerische Halbtagesfahrt.

6. Liebeswasserfall

- Lage: In der Nähe des Tram Ton Pass, 14 km von Sapa
- Öffnungszeiten: 7:30 – 17:00 Uhr
- Teilnahmegebühr: 3 USD (70.000 VND)

Der Love Waterfall ist weder der größte noch der lauteste – aber der poetischste. Der Spaziergang durch den Wald dauert 20 Minuten auf einem Steinpfad, gesäumt von Moos und Wildblumen. Sanft stürzt der Wasserfall in ein Becken, in dem Schmetterlinge schwimmen und Legenden der Roten Dao flüstern.

7. Sapa-Steinkirche (Heilige Rosenkranzkirche)

- Lage: Direkt am Stadtplatz von Sapa
- Öffnungszeiten: 6:00 – 20:00 Uhr
- Eintritt: Frei

Diese kleine Kirche aus grauem Stein, 1935 von den Franzosen erbaut, ist ein ruhiger Ankerpunkt in einer ansonsten schnelllebigen Stadt. An Wochenenden füllt sich der Platz mit ethnischen Märkten, jungen Tänzern und sogar gelegentlichen Balzritualen, bei denen Hmong-Mädchen singen, um Verehrer anzulocken. Im Inneren finden Sie schlichte Holzbänke und Buntglasfenster, die wie leuchtende Geschichten leuchten.

Beste Zeit: Samstagabend für Livemusik und Tanzvorführungen gegen 18:30 Uhr.

8. Ta Phin Village – Red Dao Erbe und Kräutertraditionen

- Standort: Gemeinde Ta Phin, 12 km nordöstlich der Stadt Sapa
- Öffnungszeiten: täglich 7:00 – 17:30 Uhr
- Teilnahmegebühr: 2 USD (50.000 VND)

In Ta Phin duftet die Luft nach Holzrauch und wildem Ingwer. Hier leben die Red Dao, bekannt für ihre leuchtend roten Kopftücher, rasierten Augenbrauen und ihr tiefes, über Generationen weitergegebenes Kräuterwissen. Dieses Dorf ist nicht für Touristen gebaut – es ist eine arbeitende Gemeinde, in der Frauen der Red Dao Jacken von Hand besticken oder Kräuter in großen geflochtenen Körben für medizinische Bäder mischen.

Eines der intimsten Erlebnisse hier ist das Red Dao Kräuterbad, eine Tradition, die sowohl praktisch als auch spirituell geprägt ist. Nach langen Bergwanderungen ist es eine wohltuende Wohltat. Die Dorfbewohner sammeln über 20 Arten von Waldkräutern – wie Beifuß, Sternanis und Zimtrinde – und kochen sie stundenlang in einem Holzfass. Anschließend baden Sie in der dampfenden rotbraunen Flüssigkeit in einer tiefen Holzwanne. Danach werden Sie wie ein Baby schlafen.

- Preis für Kräuterbad: 5–8 $ pro Sitzung
- Empfohlenes Erlebnis: Chai Homestay

Insider-Tipp: Überstürzen Sie Ihren Besuch nicht. Setzen Sie sich mit einer Matriarchin der Roten Dao zusammen und fragen Sie nach ihren Stickereien – jedes Design ist spezifisch für Familienstammbäume und persönliche Meilensteine. Wenn sie Tee anbietet, nehmen Sie ihn an. Sie kaufen nicht nur einen handgefertigten Schal – Sie erfahren etwas über ihre Geschichte.

9. Tram Ton Pass (Himmelstor) – Wo das Wetter kollidiert

- Lage: 15 km westlich von Sapa, entlang des Highway 4D
- Öffnungszeiten: Ganztägig geöffnet
- Eintrittsgebühr: Kostenlos

Mit 1.900 Metern über dem Meeresspiegel ist der Tram-Ton-Pass – oft auch als Himmelstor bezeichnet – Vietnams höchster befestigter Gebirgspass. Was ihn jedoch wirklich bemerkenswert macht, ist der

Klimakonflikt. Auf der einen Seite zieht Nebel über die feuchten, dichten Wälder von Sapa. Auf der anderen Seite ist es trocken und sonnendurchflutet – als würde man in weniger als 30 Sekunden von einer Jahreszeit in die andere wechseln.

Auf einem Felsvorsprung befindet sich eine Aussichtsplattform, auf der Händler gegrillten Mais und Eier über glühenden Kohlen verkaufen. Sie ist ein beliebter Zwischenstopp für vietnamesische Biker, die nur wegen der Aussicht aus Hanoi hierherfahren.

10. O Quy Ho Pass – Der Drachenrücken

- Standort: Fortsetzung des Highway 4D hinter Tram Ton
- Öffnungszeiten: Offener Zugang

O Quy Ho ist der Name des Gebirgspasses, der Tram Ton umfasst und sich bis nach Lai Chau erstreckt. Die Straße schlängelt sich wie ein zusammengerollter Drache durch die Berge, und jede Kurve bietet Ausblicke, die weit über das hinausgehen, was jedes Objektiv einfangen kann.

Die Einheimischen sagen, der Name stamme von einer Liebesgeschichte zwischen einer Fee und einem Jungen aus dem Tal. Als sie getrennt wurden, verwandelte sich der Junge in den Wind, der noch heute durch den Pass heult. Und wenn man dort steht, mit wehendem Haar und kalten Händen von der Höhe – spürt man diese Geschichte auch im Wind.

- Beste Zeit: Zwischen 8:00 und 10:00 Uhr für Sichtbarkeit und Sicherheit
- Achtung: Nur erfahrene Motorradfahrer sollten diese Tour mit dem Motorrad wagen. Für alle anderen empfiehlt sich ein Mietwagen für eine malerische Rundfahrt (ca. 15–20 $ für 2 Stunden mit Fahrer).

- Café-Stopp: Chiêu Lầu Thi Coffee Shop – nippen Sie an einem heißen Ingwertee, während Sie am Rand der Klippe sitzen und zusehen, wie die Wolken wie Wellen über die Klippen rollen.

4.3 Trekking mit Führern ethnischer Minderheiten

Trekking in Sapa ist nicht nur eine Wanderung – es ist ein Einblick in das wahre Leben in den nebelverhangenen Bergen im Norden Vietnams. Am besten erlebt man diese Region, indem man an der Seite der Menschen wandert, die sie seit Jahrhunderten ihre Heimat nennen. Die Gemeinschaften der Schwarzen Hmong, Roten Dao und Giay bieten etwas, das kein Reiseführer nachahmen kann: eine menschliche Verbindung, erzählt durch Fußspuren und Geschichten entlang von Reisfeldern und schmalen Dorfpfaden.

Hier erfahren Sie, wie Sie es richtig machen und wo Sie eine Wanderung unternehmen können, an die Sie sich noch lange erinnern werden, nachdem Ihre Stiefel sauber sind.

Warum mit einheimischen Führern ethnischer Minderheiten wandern?

- Ortskenntnis: Die meisten unserer Reiseleiterinnen sind Frauen aus den Hmong- und Dao-Gemeinschaften, die in den Dörfern aufgewachsen sind, die Sie durchqueren. Ihr Wissen über das Land ist nicht lehrbuchmäßig – es ist gelebte Erfahrung.
- Sprache und Geschichten: Viele Reiseführer sprechen fließend Englisch und haben sich die Sprache durch ihre Wanderungen selbst beigebracht. Wundern Sie sich nicht, wenn Ihnen ein ruhiges junges Mädchen erzählt, wie sie mit dem Geld, das sie durch ihre Wanderungen verdient hat, das Haus ihrer Familie gebaut hat.
- Unterstützen Sie die richtigen Leute: Buchungen bei Genossenschaften wie Sapa Sisters oder Ethos Spirit gewährleisten eine faire Bezahlung und eine Wiederinvestition in die Gemeinschaft.

Beste Trekkingrouten

1. Lao Chai – Ta Van – Y Linh Ho (Mittel)

- Distanz: 10–12 km hin und zurück
- Gelände: Sanfte Reisfelder, Bambuswälder, schmale Dorfpfade
- Preis: 20–25 $ pro Tag mit einem ortskundigen Führer
- Startpunkt: Sapa-Kirche, Quang Truong St. 01.
- Highlights: Häuser der Familie Giay, Flussüberquerungen, Büffelpfade und Kinder, die „Hallo“ rufen, wenn sie vorbeigehen.

2. Ban Ho – Nam Toong – Thanh Phu (anspruchsvoll)

- Entfernung: 15–20 km, oft als 2-Tages-Trekking
- Preis: 55–65 $ pro Person (inklusive Mahlzeiten und Unterkunft in der Gastfamilie)
- Tipp für eine Gastfamilie: Übernachten Sie in einem Haus der Familie Tay mit Stelzen und geflochtenen Rattanmatten. Zum Abendessen gibt es oft Bergkräuter und über offenem Feuer gebratenes Schweinefleisch.

3. Sin Chai – Ta Giang Phinh (Remote)

- Distanz: 14–18 km je nach Route
- Erfordert: Halbstündiger Motorradtransfer (ca. 4 $)
- Am besten für: Fotografen und erfahrene Wanderer

Was Sie auf dem Trail erwartet

- Startzeit: Die meisten Wanderungen beginnen gegen 8:30 Uhr an Ihrer Unterkunft oder einem zentralen Treffpunkt.
- Tempo: Die Reiseleiter passen sich Ihrem Komfort an und legen häufige Pausen zum Ausruhen, Fotografieren und für Dorfbesuche ein.

- Mahlzeiten: Ein Lunchpaket ist oft im Preis inbegriffen. Ein typisches Mittagessen: Klebreis, gekochte Eier, Banane und gebratenes Gemüse.
- Endzeit: Die Wanderungen enden je nach Entfernung und Wetter gegen 15:00–16:00 Uhr.

Buchungskontakte

Sapa-Schwestern:

- Adresse: 11 Muong Hoa St., Sapa

Ethos-Geist:

- Adresse: 5A Thac Bac St., Sapa

4.4 Märkte und kulturelle Immersion

Diese Märkte sind nicht für Touristen gedacht; sie existieren für die Dorfbewohner – und doch bieten sie Reisenden eine der persönlichsten Möglichkeiten, den Herzschlag der nördlichen Highlands zu verstehen.

1. Bac Ha Sonntagsmarkt – Wo sich alles noch wild anfühlt

- Ort: Stadt Bac Ha, Provinz Lao Cai
- Öffnungszeiten: Jeden Sonntag, 6:00 – 13:00 Uhr
- Kosten: Eintritt frei; geführte Touren kosten durchschnittlich 20–30 $ inklusive Transport ab Sapa (ca. 3,5 Stunden pro Strecke).

Dies ist Sapas elektrisierendster und ungefiltertster Markt – chaotisch, fröhlich und ungekünstelt. Als ich Bac Ha zum ersten Mal besuchte, fühlte ich mich, als würde ich ein lebendiges Gemälde betreten. Flower-Hmong-Frauen stolzierten in leuchtenden Fuchsien- und Indigoröcken durch die Menge, ihre Kinder kicherten und lutschten Zuckerrohr. Auf dem Büffelmarkt inspizierten Männer Hufe und Zähne wie erfahrene Mechaniker. Hier findet man handbestickte Jacken (20–40 Dollar), Wasserbüffel (natürlich nicht für Touristen erhältlich),

Körbe mit schwarzen Pilzen, Tabak, Kräutermedizin und alte französische Münzen, die neben Schüsseln mit Thắng Cố (einem würzigen Eintopf aus Pferdefleisch und -eingeweiden) verkauft werden.

Tipp: Probieren Sie den mit Waldkräutern gefärbten Klebreis. Ich habe einen Beutel von einer Großmutter gekauft, die mit einer Hand im Topf rührte, während sie mit der anderen ihren Enkel hielt.

2. Coc Ly Dienstagsmarkt – Handel am Chay-Fluss

- Standort: Gemeinde Coc Ly, 95 km von Sapa entfernt
- Öffnungszeiten: Dienstags, 6:30 – 13:00 Uhr
- Kosten: Kostenlos; Tagestouren durchschnittlich 25–35 $ inklusive optionaler Bootsfahrt

Coc Ly ist kleiner als Bac Ha, aber ebenso faszinierend. Es zieht Hmong, Tay und Nung an, die zu Fuß, mit dem Motorrad oder einem Holzboot anreisen. Der Markt erstreckt sich über unebenes Gelände und ist in verschiedene Bereiche unterteilt: Textilien, Vieh, Obst und Gemüse und Lebensmittel. Sie werden Red Dao-Männer in schwarzen Tuniken und breitkrempigen Hüten sehen, die mit Tay-Frauen in schimmernden blauen Westen Gewürze tauschen.

Meine Reiseleiterin Chinh stellte mich ihrer Tante vor, die Heilwurzeln und selbstgemachtes Shampoo in recycelten Limonadenflaschen verkauft. Sie gab mir eine kleine Flasche umsonst und behauptete, sie würde gegen trockene Kopfhaut helfen. Und das tat sie.

Zusätzliches Erlebnis: Sie können den Markt mit einer Bootsfahrt auf dem Chay-Fluss (5–7 $) kombinieren, vorbei an Maisfeldern und Bambushainen. Es ist ruhig, abgesehen von der gelegentlichen Ente, die am Bug vorbeiflattert.

3. Can Cau Samstagsmarkt – Das Spektakel am Berghang

- Ort: Dorf Can Cau, 120 km nördlich von Sapa, nahe der chinesischen Grenze
- Öffnungszeiten: Samstags, 6:00 – 12:00 Uhr
- Kosten: Kostenlos; Touren mit Führer und privatem Fahrzeug kosten 45–60 $

Vor dramatischen Hängen gelegen, ist Can Cau einer der fotogensten Märkte Nordvietnams. Dorfbewohner der umliegenden Bergstämme kommen vor Sonnenaufgang in voller traditioneller Kleidung hierher. Die Hauptattraktion ist der Wasserbüffelmarkt, auf dem Geschäfte mit Händeschütteln, Kopfnicken und ernsthaftem Feilschen abgeschlossen werden. Anderswo quieken Ferkel aus Bambuskäfigen, und handgeschmiedete Werkzeuge klirren unter Planendächern.

Eine Frau aus den Roten Dao ließ mich ihren Kopfschmuck anprobieren – mehrere Lagen roten Stoffs, beschwert mit Silbermünzen, die sie von ihrer Großmutter geerbt hatte. Sie verlangte kein Geld; sie lachte nur und machte mit ihrem alten Nokia-Handy ein Foto von mir.

4. Sapa Town Market – Wo Einheimische ihren täglichen Bedarf decken

- Standort: Thach Son Straße, Sapa Stadt
- Öffnungszeiten: Täglich, 6:00 – 18:00 Uhr
- Kosten: Kostenlos

Der Markt von Sapa ist weder protzig noch touristisch, sondern der Ort, an dem sich das wahre Alltagsleben abspielt. Die Einheimischen kaufen hier alles – von Tofu und Flussfisch bis hin zu gefälschten DVDs und Schuluniformen. Wer tief in die Stoffabteilung eintaucht, findet Näherinnen aus Red Dao, die handgefertigte Kissenbezüge und Tischläufer für 3 bis 6 Dollar verkaufen. Eine Frau namens May hat meine Initialen von Hand in einen Schal genäht, während ich wartete.

Im Food Court im Obergeschoss habe ich meinen ersten Cơm Lam probiert – in Bambusrohren über offener Glut gegrillten Reis. Er kostete weniger als einen Dollar und dazu gab es gratis Nachschub an grünem Tee.

5. Ta Phin Village – Täglicher kultureller Austausch

- Lage: 12 km nordöstlich von Sapa Town
- Öffnungszeiten: Täglich, Spitzenzeit 7:00 – 10:00 Uhr
- Eintrittsgebühr: 2 $ (50.000 VND); Kräuterbad-Erlebnis 5–10$

Ta Phin ist kein Wochenmarkt, sondern ein lebendiges kulturelles Schaufenster. Die Frauen der Red Dao heißen Besucher in ihren Häusern und Läden willkommen und bieten handgewebte Waren, indigogefärbte Schals und Kräuterbadezutaten aus dem nahegelegenen Wald an. Eine Frau lud mich zu einer Tasse Tee ein, während sie an einem Gürtel arbeitete, dessen Fertigstellung sie zwei Wochen in Anspruch nehmen würde. Sie erzählte, dass jedes Stickmuster eine Bedeutung hat – Berge, Regen, Fruchtbarkeit, Frieden.

4.5 Wo man essen kann

Reisende, die Sapa und das umliegende nördliche Hochland besuchen, müssen nicht extra viel Geld ausgeben, um gut zu essen. Von warmen Schüsseln mit lokaler Nudelsuppe bis hin zu Cafés am Hang mit atemberaubender Aussicht zu günstigen Preisen bietet die Gegend zahlreiche köstliche und authentische Optionen. Im Folgenden finden Sie sieben sorgfältig ausgewählte Restaurants und Cafés, die die perfekte Balance zwischen Erschwinglichkeit, Atmosphäre und lokalem Flair bieten – jedes mit seiner eigenen Persönlichkeit und Geschichte.

1. Good Morning Vietnam Restaurant

- Adresse: 63C Fansipan Street, Sapa Town
- Durchschnittliche Kosten: 2,50 – 5 US-Dollar pro Mahlzeit
- Öffnungszeiten: 9:00 – 21:00 Uhr

Ein Favorit unter alleinreisenden Rucksacktouristen und Paaren, die authentisches vietnamesisches Hausmannskost suchen. Das freundliche Ehepaar spricht Englisch und erklärt gerne seine Gerichte. Das Bún Chả ist perfekt gegrillt, und der gebratene Tofu mit Zitronengras ist immer ein Hit. Freuen Sie sich auf großzügige Portionen, unkomplizierte Sitzgelegenheiten und nette Gespräche.

2. Kleines Sapa Restaurant

- Adresse: 18 Cau May Street, Sapa Town
- Durchschnittliche Kosten: 2 – 6 $ pro Gericht
- Öffnungszeiten: 10:00 – 22:00 Uhr

Versteckt in einer engen Gasse abseits der Hauptstraße von Sapa, ist dieser unauffällige Ort oft voll mit Einheimischen und erfahrenen Reisenden. Little Sapa serviert traditionelle vietnamesische Küche zu äußerst vernünftigen Preisen. Probieren Sie die frittierten Frühlingsrollen, Kürbissuppe und brutzelndes Rindfleisch mit Knoblauchreis. Das Ambiente ist schlicht, aber Geschmack und Preis-Leistungs-Verhältnis sind unschlagbar.

3. Moment Romantisches Restaurant

- Adresse: 26 Muong Hoa Street, Sapa-Stadt
- Durchschnittliche Kosten: 4 – 7 $ pro Mahlzeit
- Öffnungszeiten: 10:00 – 22:00 Uhr

Ideal für Reisende, die gemütlich essen möchten, ohne sich zu ruinieren. Dieses Mittelklasse-Juwel bietet eine warme, romantische Atmosphäre mit herrlichem Blick auf das Muong Hoa-Tal. Zu den Highlights zählen gegrillte Forelle mit Knoblauchbutter, gebratenes Büffelfleisch und ein cremiger Bananenpfannkuchen als Dessert. Die umfangreiche Speisekarte verbindet lokale Aromen mit westlichen Optionen.

4. Das Hill Station Signature Restaurant

- Adresse: Fansipan-Straße 37, Stadt Sapa
- Durchschnittliche Kosten: 5 – 9 $ pro Gericht
- Öffnungszeiten: 11:00 – 21:30 Uhr

Ein idealer Ort, um Sapas ethnisches kulinarisches Erbe in entspanntem, rustikal-elegantem Ambiente zu entdecken. Die Gerichte werden sorgfältig aus lokalen Zutaten zubereitet, mit Highlights wie Hühnchen nach Red-Dao-Art, geräuchertem Schweinebauch und Bambussprossensuppe. Obwohl es im oberen Mittelklassesegment angesiedelt ist, sind die Qualität und der kulturelle Reichtum den Preis durchaus wert.

5. Sapa 24 Restaurant

- Adresse: 24 Dong Loi Straße, Sapa Stadt
- Durchschnittliche Kosten: 3 – 6 $ pro Mahlzeit
- Öffnungszeiten: 9:00 – 21:30 Uhr

Dieses zwanglose, familiengeführte Restaurant ist bekannt für seine saubere Küche, den schnellen Service und die hervorragenden Eintopfgerichte. Der Hühnchen-Zitronengras-Eintopf für zwei Personen kostet insgesamt etwa 10 Dollar und wird mit frischem Gemüse, Kräutern und Dip-Saucen serviert. Die Portionen sind groß genug zum Teilen, und der kostenlose Tee ist eine nette Geste.

4.6 Wo übernachten

Bei der Wahl Ihrer Unterkunft in Sapa geht es um mehr als nur Komfort – sie bestimmt den Ton für Ihr gesamtes Erlebnis. Ihre Unterkunft hier prägt Ihren Umgang mit der Landschaft, den Einheimischen und dem Rhythmus des Berglebens.

Luxus-Optionen

1. Topas Ecolodge

Die Topas Ecolodge ist die bekannteste Luxusunterkunft in Nordvietnam und wurde nachhaltig auf einem malerischen Hügel in der Region Thanh Kim erbaut. Jeder Bungalow bietet einen Panoramablick auf terrassenförmig angelegte Reisfelder und abgelegene Täler. Die Lodge legt Wert auf umweltbewusstes Leben und bietet einen Salzwasser-Infinity-Pool, Bio-Küche und Wellnessanwendungen.

- Website: https://topasecolodge.com
- Durchschnittliche Kosten: Ab 240 USD/Nacht (inkl. Frühstück und Shuttle-Transfer)
- Adresse: Thanh Kim Village, Sa Pa, Lao Cai, Vietnam

2. Hotel de la Coupole – MGallery

Dieses 5-Sterne-Hotel von Accor im Zentrum von Sapa verbindet Art-déco-Pracht mit Hochlandmotiven. Es verfügt über einen beheizten Innenpool, ein Spa mit umfassendem Service und elegante Restaurants. Es ist ideal für Paare und anspruchsvolle Reisende, die Luxus genießen möchten, ohne die Stadt zu verlassen.

- Website: https://all.accor.com
- Durchschnittliche Kosten: Ab 180 USD/Nacht
- Adresse: 1 Hoang Lien Street, Sapa Town, Lao Cai

Mittelklasse-Optionen

3. Sapa Horizon Hotel

Dieses Boutique-Hotel bietet saubere, moderne Zimmer mit Balkon und Talblick. Das Personal ist bekannt für seinen herzlichen Service und die Liebe zum Detail. Das Frühstück ist reichhaltig und das Hotel liegt nur wenige Schritte von der Sapa-Kirche und den lokalen Märkten entfernt.

- Website: https://sapahorizonhotel.com
- Durchschnittliche Kosten: Ab 65 USD/Nacht
- Adresse: 018 Pham Xuan Huan Straße, Sapa Town, Lao Cai

4. Chapa Dew Boutique Hotel

Ein stilvolles Mittelklassehotel mit Zimmern mit Holzakzenten und ausgezeichnetem Restaurant. Es liegt nahe der Einfahrt zur Thac Bac Road und ist ideal für Tagesausflüge oder Besuche der Fansipan-Seilbahn. Die Zimmer sind geräumig und modern, viele mit Balkonblick.

- Durchschnittliche Kosten: Ab 75 USD/Nacht
- Adresse: 24 Thac Bac Street, Sapa Town, Lao Cai

Budgetfreundliche Optionen

5. Zizi Mekhoo Privatunterkunft

Diese Privatunterkunft im Dorf Ta Van bietet ein unvergessliches Erlebnis mit privaten Zimmern und Schlafsälen. Gäste werden wie Familienmitglieder empfangen, genießen hausgemachte Mahlzeiten und können geführte Wanderungen mit dem Gastgeber buchen.

- Durchschnittliche Kosten: 18 USD/Nacht (privat), 7 USD (Schlafsaal)
- Adresse: Dorf Ta Van, 10 km von der Stadt Sapa, Lao Cai

6. Sapa Stunning View Hotel

Dieses Budget-Hotel auf einem Bergrücken mit Blick auf das Muong Hoa-Tal bietet eine unschlagbare Aussicht und einfachen Komfort. Beliebt bei Wanderern und Alleinreisenden.

- Durchschnittliche Kosten: Ab 22 USD/Nacht
- Adresse: 63 Muong Hoa Street, Sapa Town, Lao Cai

KAPITEL FÜNF

NINH BINH UND LÄNDLICHE RÜCKZUGSORTE

5.1 Tam Coc Bootsfahrten und Höhlenerkundungen

- Standort: Tam Coc Wharf, Dorf Van Lam, Gemeinde Ninh Hai, Bezirk Hoa Lu, Provinz Ninh Binh, Vietnam
- Öffnungszeiten: Täglich, 7:00 – 17:00 Uhr
- Dauer der Bootsfahrt: ca. 1,5 – 2 Stunden

Kosten:

- Eintrittsgebühr: 120.000 VND pro Person (ca. 5 USD)
- Bootsgebühr: 150.000 VND pro Boot (ca. 6 USD) für 2 Passagiere
- Optionales Trinkgeld: 50.000–70.000 VND (ca. 2–3 USD)

Warum Tam Coc sich wie ein Traum anfühlt

Tam Coc schreit nicht, um gesehen zu werden. Es flüstert. Und es ist dieses Flüstern – das leise Flattern eines auffliegenden Reihers, das sanfte Platschen von Rudern, der erdige Duft von nassem Kalkstein –, das Sie noch lange nach Ihrer Abreise begleitet.

Nur sechs Kilometer südwestlich von Ninh Binh bietet Tam Coc Reisenden ein Erlebnis, das Natur, lokale Kultur und tiefe Ruhe vereint. Bekannt als die „Halong-Bucht an Land“, ist sie ein Abschnitt des Ngo-Dong-Flusses, eingerahmt von hoch aufragenden Karstbergen und gesäumt von Reisfeldern, deren Farbe je nach Jahreszeit wechselt.

Aber was Tam Coc so besonders macht, ist nicht nur die Aussicht, sondern die Art und Weise, wie man sich dort bewegt.

Die legendäre Sampan-Fahrt

Am Tam Coc Wharf angekommen, besteigen Sie einen kleinen, traditionellen hölzernen Sampan, der üblicherweise von einer einheimischen Frau gerudert wird – viele von ihnen sind Großmütter, die diesen Fluss seit Jahrzehnten befahren. Und hier beginnt die Magie: Anstatt mit den Händen zu paddeln, rudert sie mit den Füßen und stemmt sich mit bemerkenswerter Kontrolle und Rhythmus gegen die Ruder.

Die Fahrt schlängelt sich sanft entlang des Ngo Dong-Flusses und führt durch drei natürliche, in den Kalkstein gehauene Höhlen:

- Hang Ca (die erste und längste Höhle): 127 Meter kühle, triefende Stille.
- Hang Hai (die zweite Höhle): Kürzer, schmaler und voller schimmernder Felsformationen.
- Hang Ba (die letzte Höhle): Ruhig und kompakt, öffnet sie sich zu einem unberührten Streifen smaragdgrüner Reisfelder.

Jede Höhle hat ihre eigene Atmosphäre. Ich erinnere mich, wie ich mich leicht duckte, als wir Hang Ca betraten. Es war stockfinster, nur das schwache Licht, das vom Wasser vor uns reflektiert wurde, war zu hören. Die einzigen Geräusche waren unser Atem und das rhythmische Klopfen des Wassers auf den Stein. Es fühlte sich an, als würden wir ins Herz der Erde gleiten.

Beste Reisezeit

- Goldene Jahreszeit (Ende Mai–Anfang Juni): Kurz vor der Ernte sind die Reisfelder golden – ein atemberaubender Kontrast zu den dunklen Kalksteinbergen.
- Grüne Jahreszeit (Ende April): Die Reisfelder sind üppig und farbenfroh, ideal zum Fotografieren.

Uhrzeit:

- Frühmorgens (7:00–9:00 Uhr): Ruhig, neblig und magisch. Vermeiden Sie die Reisebusse.
- Später Nachmittag (15:30–17:00 Uhr): Goldenes Licht und weniger Boote.

Wie man dorthin kommt

Von Hanoi:

- Nehmen Sie einen Limousinenbus von der Altstadt von Hanoi (ca. 8 USD, 2–2,5 Stunden)
- Oder buchen Sie ein Privatauto (ca. 70 USD Hin- und Rückfahrt)

Von Ninh Binh Stadt:

- Taxi (ca. 3–5 USD)
- Fahrrad oder Roller vom Dorf Tam Coc (die meisten Privatunterkünfte bieten Fahrradverleih für 1–2 $/Tag an)

Der Eingang befindet sich am Ende**D. Tam Coc Straße**, vorbei am Dorf Van Lam.

Essens- und Rastplätze in der Nähe

Nach der Fahrt lohnt es sich, in einem der familiengeführten Restaurants entlang der Hauptstraße eine Pause einzulegen und etwas zu essen oder zu trinken:

Minh Khoi Restaurant:

- Gerichte von 2–5 USD
- Probieren Sie den Ziegen-Eintopf oder knusprige Frühlingsrollen
- Adresse: Tam Coc Wharf Area
- Geöffnet: 10:00 – 21:00 Uhr

Thuy Linh Café:

- Ruhiges Ambiente mit Fruchtshakes, Eiskaffee und Banh Mi
- Adresse: 50 Meter nördlich des Ticketschalters
- Geöffnet: 7:30 – 18:00 Uhr

Wo Sie übernachten können, um frühzeitigen Zugang zu erhalten

Tam Coc Garden Resort:

- Preis: 95–120 USD/Nacht
- Adresse: Weiler Hai Nham, Gemeinde Ninh Hai
- Ausstattung: Pool, private Terrassen, Bio-Gärten
- Website: www.tamcocgarden.com

Nguyen Shack Öko-Resort:

- Preis: 25–40 USD/Nacht
- Adresse: Khe Ha Hamlet, Ninh Xuan
- Bambusbungalows, Flussblick, kostenlose Fahrräder
- Website: www.nguyenshack.com

5.2 Landschaftskomplex Trang An

Eingebettet in die Kalksteingipfel Nordvietnams ist der Landschaftskomplex Trang An ein Ort, der seine Schönheit langsam entfaltet – nicht auf die kühne, laute Art berühmter Touristenstädte, sondern in leisem Flüstern, das durch dunkle Höhlen, über stille Flüsse und innerhalb der Mauern alter Tempel hallt. Trang An wird oft als „lebendes Museum" bezeichnet und vermittelt durch seine Mischung aus Natur und Kultur das Gefühl einer Landschaft, die zur Selbstbeobachtung geschaffen wurde.

Ob Sie alleine reisen, einen Tag lang von Hanoi aus anreisen oder hier zwischen Ihren Abenteuern eine Pause einlegen, Trang An umhüllt Sie mit Stille, Gelassenheit und spiritueller Tiefe. Und das macht es unvergesslich.

Lage und Erreichbarkeit

- Adresse: Trang An Wharf, Gemeinde Truong Yen, Bezirk Hoa Lu, Provinz Ninh Binh, Vietnam
- GPS: 20,2537° N, 105,9220° E
- Website: trangan.vn

Die Anreise ist einfach. Wenn Sie in Ninh Binh wohnen, ist Trang An nur 15 Minuten mit dem Motorrad oder Taxi entfernt. Wenn Sie in Tam Coc wohnen, rechnen Sie mit einer 20-minütigen Fahrt. Die meisten Hotels und Privatunterkünfte bieten einen Fahrradverleih (1–2 $ pro Tag) oder helfen Ihnen gerne bei der Organisation einer Grab-Fahrt oder eines privaten Fahrers.

Öffnungszeiten

- Täglich von 7:00 bis 16:30 Uhr

Kommen Sie früh, besonders am Wochenende, um Menschenmassen zu vermeiden. Der Morgennebel, der zwischen 7:00 und 8:00 Uhr über dem Fluss schwebt, ist pure Magie.

Eintritts- und Bootsfahrtgebühren

- Ticketpreis: 300.000 VND (ca. 12 USD) pro Erwachsenem
- Kinder unter 1,3 m: 150.000 VND (ca. 6 USD)
- Im Ticket sind die Bootsfahrt und alle Stopps entlang der Strecke enthalten.
- Option für ein privates Boot: Rund 1.200.000 VND (ca. 48 USD) pro Boot (für bis zu 4 Personen)

Tickets sind am offiziellen Schalter in der Nähe des Kais erhältlich. Jedes Boot bietet Platz für vier Passagiere und wird von Einheimischen gerudert – viele von ihnen sind Frauen, deren Gesichter von traditionellen Nón-lá-Hüten beschattet werden und deren Arme und Füße sich mit geübter Anmut bewegen.

Das Bootserlebnis

Die Bootsfahrt nach Trang An dauert je nach gewählter Route (Route 1, 2 oder 3) 2,5 bis 3 Stunden. Jede Route führt durch verschiedene Höhlensysteme, Tempel und versteckte Orte. Sie passieren natürliche Kalksteinbögen, tauchen durch tief hängende Höhlen und betreten kleine Inseln, auf denen stille Tempel warten. Einige der Höhlen – wie die Toi-Höhle (Dunkle Höhle) oder die Nau-Ruou-Höhle (Weinbrauerei-Höhle) – sind über 300 Meter lang.

Pro Tour durchqueren Sie neun bis zwölf Höhlen, deren Namen so poetisch sind wie ihre Formationen: Sang-Höhle (Lichthöhle), Dia-Linh-Höhle (Himmlischer Boden), Sinh-Höhle (Lebenshöhle). Drinnen liegt eine kühle Luft, Feuchtigkeit unter den Füßen und das sanfte Echo der Paddelschläge auf dem Wasser ist zu hören.

Wichtige Sehenswürdigkeiten entlang der Strecke

1. Trinh-Tempel

Dieser Tempel aus dem 10. Jahrhundert ist den Schutzgöttern des Königreichs Hoa Lu gewidmet. Sie steigen aus, um die alten Holzbalken, moosbewachsenen Statuen und das flackernde Weihrauchfass zu erkunden. Einheimische Pilger kommen noch heute hierher, um zu beten. Lassen Sie ein paar Dong zurück, verbeugen Sie sich dreimal und zünden Sie ein Räucherstäbchen an, wenn Sie Ihren Respekt erweisen möchten.

2. Suoi Tien Tempel

Der Suoi Tien (Tempel der Feenquelle) liegt an einem ruhigen Bach und wird von mächtigen Banyanbäumen beschattet. Hier fühlt man sich wie in der Zeit gefangen. Einheimische glauben, dass diese Quelle heilende Energie besitzt. Setzen Sie sich auf die niedrige Steinbank, tauchen Sie Ihre Finger ins Wasser und lassen Sie die Stille Ihren Geist erfrischen.

3. Kong: Skull Island Filmset

Diese skurrile Ergänzung stammt aus dem Hollywood-Film „Kong: Skull Island“ von 2017. Hölzerne Stammeshütten, Strohkostüme und hoch aufragende Requisiten sind auf einer ruhigen Insel inszeniert. Es ist seltsam, aber seltsam passend – Kunst, die das Leben an einem Ort imitiert, der sich bereits wie im Kino anfühlt. Kinder lieben es.

Restaurants in der Nähe

Nach der Bootsfahrt sind Sie hungrig – und etwas benommen von der Sinnesfülle. Direkt gegenüber vom Parkplatz befinden sich einige Restaurants, die von einheimischen Familien betrieben werden.

1. Trang An 1 Restaurant

- Adresse: Gegenüber dem Trang An Besucherzentrum
- Geöffnet: 9:00 – 19:00 Uhr
- Unbedingt probieren: Gegrillte Ziege mit Zitronengras, Bananenblütensalat, gedämpfter Reis in Lotusblättern
- Preise: Etwa 4–8 USD pro Mahlzeit

2. Thang Long Restaurant

- Lage: An der Hauptstraße in der Nähe der Ausfahrt
- Geöffnet: 10:00 – 20:00 Uhr
- Bekannt für: Frittierte Frühlingsrollen, gebratene Prunkwinden und eiskaltes lokales Bier
- Freuen Sie sich auf freundlichen Service, faire Preise und großzügige Portionen für 5–10 USD pro Person

Unterkünfte in der Nähe

1. Trang An Valley Bungalow

- Adresse: Gemeinde Ninh Xuan, Bezirk Hoa Lu
- Preis: 45–60 USD pro Nacht
- Inklusive: Frühstück, Fahrradverleih, Zimmer mit Gartenblick

- Perfekt für: Paare oder Alleinreisende, die Ruhe und Grün suchen

2. Emeralda Resort Ninh Binh

- Adresse: Van Long Naturschutzgebiet, Gemeinde Gia Van
- Preis: 95–150 USD pro Nacht
- Inklusive: Spa, Pool, Zimmer im Villenstil, Bio-Restaurant
- Ideal für: Familien oder diejenigen, die Annehmlichkeiten auf Resort-Niveau wünschen
- Website: emeraldaresort.com

Kurztipps für Besucher

- Früh starten: Die ersten Boote fahren um 7:00 Uhr ab. Morgens ist es ruhiger und kühler.
- Bringen Sie einen Hut und Sonnencreme mit: Auf dem Boot gibt es keinen Schatten.
- Tragen Sie leichte, schnelltrocknende Kleidung: In Höhlen besteht die Gefahr, nassgespritzt zu werden.
- Tragen Sie Kleingeld bei sich: Für Trinkgelder (ca. 2–3 USD) oder Spendenboxen.
- Respektieren Sie heilige Stätten: Sprechen Sie leise. In Schreinen ist das Fotografieren mit Blitz verboten.
- Benutzen Sie die Toilette vor dem Einsteigen: Keine Pausen während der Fahrt.

5.3 Bich Dong Pagode: Aussichtspunkt und spiritueller Zufluchtsort

- Standort: Gemeinde Ninh Hai, Bezirk Hoa Lu, Provinz Ninh Binh, Vietnam
- Öffnungszeiten: täglich 6:00 – 18:00 Uhr
- Eintrittspreis: Kostenlos (Motorradparkplatz: 10.000–20.000 VND / 0,50–1 USD)

Überblick

Die Bich-Dong-Pagode ist einer jener Orte, an denen sich die Luft etwas anders anfühlt – vielleicht dichter an Geschichte oder dünner an Ehrfurcht. Vor den steilen Kalksteinfelsen von Ninh Binh, nur 2,5 Kilometer von Tam Coc entfernt, wirkt die Pagode wie aus der modernen Welt gerissen. Sie ist nicht so prachtvoll wie die Tempel in Hue oder so elegant wie manche der Heiligtümer Hanois, aber genau das macht ihren Charme aus. Sie ist bescheiden, ruhig und in den Berghang eingebettet, als wäre sie schon immer dort gewesen.

Für viele Vietnamesen ist dies ein spiritueller Wegpunkt – ein Ort, um innezuhalten, nachzudenken und zu beten. Für Reisende ist es eine willkommene Abwechslung vom Trubel der Reisegruppen und Souvenirstände. Aber es ist mehr als nur ein Fotostopp; es ist ein Ort, der jeden belohnt, der bereit ist, langsamer zu werden und ein wenig aufzusteigen.

Was macht es besonders

- Dreistufige Reise: Bich Dong ist nicht nur eine Pagode – es sind drei, jede höher am Berghang gelegen: die Ha-Pagode (unten), die Trung-Pagode (Mitte) und die Thuong-Pagode (oben). Der Aufbau spiegelt den spirituellen Aufstieg wider, wobei jede Ebene eine andere Atmosphäre und eine bessere Aussicht bietet.
- Atmosphäre statt Opulenz: Hier gibt es keine goldenen Drachen oder prunkvollen Statuen. Was Sie finden, ist viel intimer – handgeschnitzte Altäre, alte Räuchergefäße aus Stein und verwitterte rote, mit Moos bedeckte Fliesen. Sie hören Vogelgezwitscher und das leise Rascheln der Blätter, bevor Sie überhaupt eine menschliche Stimme vernehmen.
- Die dunkle Höhle (Hang Tối): Zwischen der zweiten und dritten Pagode befindet sich eine natürlich geformte, kalte und feuchte Höhle mit einem bescheidenen Schrein im Inneren. Manche

Reisende finden sie unheimlich, andere meditierend. Bringen Sie eine Taschenlampe mit oder benutzen Sie Ihr Handy – es ist stockfinster.

Schritt für Schritt: Was es zu sehen gibt

1. Die Steinbrücke und das Steintor

Noch bevor Sie die erste Pagode erreichen, überqueren Sie eine bezaubernde Steinbrücke über einen Lotusteich. Im Frühling und Sommer blüht der Teich rosa und schwirrt vor Libellen. Das kunstvolle Tor dahinter – eingerahmt von zwei Banyanbäumen – ist nicht nur ein perfektes Fotomotiv, sondern markiert auch Ihren Übergang ins Heilige.

2. Ha-Pagode (Untere Pagode)

Dieser ebenerdig erbaute Teil des Komplexes ist der am besten zugängliche. Hier befindet sich die Hauptanbetungshalle, in der die Einheimischen Räucherstäbchen anzünden und sich vor ruhigen Buddha-Statuen verneigen. Wenn Sie frühmorgens (gegen 6:30 Uhr) ankommen, teilen Sie sich den Raum wahrscheinlich mit älteren Einheimischen, die mit leisem Flüstern ihre täglichen Gebete sprechen.

3. Trung-Pagode (Mittlere Pagode)

Eine kurze, aber steile Steintreppe führt zur mittleren Ebene. Dieser Bereich ist teilweise in die Felswand gebaut. Im Inneren verschmelzen die Tempelmauern buchstäblich mit dem Berg. Die Luft wird kühler, das Licht gedämpfter und die Stimmung besinnlicher. Kleine Altäre stehen in Nischen, ihre flackernden Kerzen werfen lange Schatten auf die Felsen.

4. Dunkler Höhlenschrein

Direkt neben der Trung-Pagode befindet sich der Eingang zur Hang Tối (Dunkle Höhle). Der Weg ist schmal und feucht, die Decke niedrig. Er ist nicht lang – etwa 20 Meter –, fühlt sich aber länger an, wenn man ihn schweigend entlanggeht. Am Ende steht ein kleiner Schrein mit Opfergaben: lotusförmige Kerzen, Münzen und manchmal kleine, in Bananenblätter gewickelte Reiskuchen.

5. Thuong-Pagode (Obere Pagode)

Der letzte Anstieg – etwa 40–50 unebene Stufen – führt zum Gipfel. Die Thuong-Pagode ist die friedlichste, direkt in den Fels gebaut. Von hier aus hat man einen weiten Blick auf das umliegende Tal: Reisfelder, den sich in der Ferne schlängelnden Tam Coc-Fluss und die Silhouetten der Karstlandschaft in der Ferne.

Wie man dorthin kommt

- Von Tam Coc: Nur 2,5 km entfernt, mit dem Fahrrad (15 Minuten) oder Motorrad (5 Minuten) erreichbar.
- Von Ninh Binh City: Etwa 7 km – nehmen Sie ein Taxi (ca. 4 USD) oder Grab.

Tipp: Wenn Sie in einer nahegelegenen Privatunterkunft oder Lodge übernachten, fragen Sie den Gastgeber nach einem Fahrrad. Vorbei an Büffelherden und Dorfhäusern ist der Weg genauso schön wie das Ziel.

Praktische Tipps

- Kleiden Sie sich respektvoll: Schultern und Knie sollten bedeckt sein. Bringen Sie einen Schal oder ein leichtes Tuch mit, wenn Sie Shorts tragen.
- Keine Ticketschalter: Es gibt keine offizielle Gebühr, aber bringen Sie kleine Scheine für Weihrauchopfer oder Tempel-Spenden mit.
- Vermeiden Sie die Mittagshitze: Kommen Sie vor 9:00 Uhr oder nach 16:00 Uhr, um das angenehmste Wetter und Licht zu genießen.
- Bringen Sie Wasser und festes Schuhwerk mit: Die Stufen sind steil und oft rutschig – besonders in der Regenzeit (Juli–September).

- Parken: Motorradparkplätze stehen vor dem Eingangstor zur Verfügung. Die Kosten betragen ca. 10.000 VND (ca. 0,50 USD).

Erfrischungen in der Nähe

Nach Ihrem Besuch finden Sie einige Getränkestände entlang des Feldwegs zurück zum Parkplatz. Ein kalter Zuckerrohrsaft (nuoc mia) kostet nur 15.000 VND (0,60 USD) und ist die perfekte Belohnung nach dem Aufstieg. Für etwas mehr Substanz:

Ngoc Linh Restaurant:

- Adresse: Bich Dong Road, Gemeinde Ninh Hai
- Spezialitäten: Gebratene Ziege, Zitronengras-Tofu
- Geöffnet: 9:00 – 20:00 Uhr
- Kosten: 4–6 USD pro Gericht

KAPITEL SECHS

HUE – DIE KAISERSTADT

6.1 Geschichte der Nguyen-Dynastie

Für jeden Besucher von Hue ist es unerlässlich, die Geschichte der Nguyen-Dynastie zu verstehen. Diese Dynastie hat die Stadt nicht nur geprägt, sondern erbaut. Und das Erbe ihrer 13 Kaiser ist nicht in verstaubten Büchern verborgen – es ist allgegenwärtig: in den geschwungenen Mauern der Zitadelle, den moosbedeckten Gräbern in bewaldeten Hügeln, den in abgenutzte Steinplatten eingravierten Königssymbolen und sogar in den Geschichten, die die Einheimischen beim Tee murmeln.

Die Nguyen-Dynastie regierte Vietnam von 1802 bis 1945 und wählte Hue unter Kaiser Gia Long, dem ersten Nguyen-Kaiser, zur Hauptstadt. Gia Longs Vereinigung des Landes erfolgte nach Jahrzehnten des Krieges, und seine Entscheidung, Hue zur Hauptstadt zu machen, war sowohl strategisch als auch symbolisch. Die Stadt, eingebettet am Parfümfluss und mit dem Ngu Binh-Berg im Hintergrund, galt als geomantisch perfekt – energetisch ausgeglichen, königlich geeignet.

Beginnen Sie Ihre Reise in der Kaiserstadt (Kinh Thành Huế), Đoàn Thị Điểm 23, Phú Hậu, Thành phố Huế. Diese UNESCO-Welterbestätte ist täglich von 7:00 bis 17:00 Uhr geöffnet. Der Eintritt beträgt 200.000 VND (ca. 8,20 USD). Innerhalb der dreifach ummauerten Festung verbirgt sich eine Welt, die einst den Königen vorbehalten war. Sie schreiten durch das Ngo-Mon-Tor, wo einst der Kaiser seinem Volk erschien. Steigen Sie auf die oberste Ebene, um über den Hof zu blicken und sich die Fanfaren vorzustellen, mit denen einst ausländische Gesandte begrüßt wurden.

Im Inneren der Zitadelle ist der 1805 erbaute Thai-Hoa-Palast ein eindrucksvolles Beispiel königlicher Architektur. Zwanzig rot und gold lackierte Eisenholzsäulen stützen das Dach, unter dem einst Kaiser ihre kaiserlichen Erlasse verkündeten. Wer still steht, kann beinahe das Rascheln seidener Gewänder und das leise Gemurmel der Mandarine hören, die über Staatsangelegenheiten beraten.

Die tief verwurzelten konfuzianischen Werte der Nguyen-Dynastie durchdrangen alles – von der Hofetikette bis zur Stadtplanung. Eines meiner Lieblingsdetails liegt im Grundriss der Zitadelle: Nur der Kaiser durfte den zentralen Weg durch das Mittagstor beschreiten; alle anderen, egal wie hochrangig, mussten außerhalb der Mitte gehen. Selbst im Bauwesen war die Hierarchie heilig.

Die Königsgräber von Hue bieten einen weiteren sehr persönlichen Einblick in die Persönlichkeit der Nguyen-Herrscher. Ein absolutes Muss ist das Grabmal von Kaiser Tu Duc in Thượng Ba, Thủy Xuân, Thành phố Huế. Es ist täglich von 7:00 bis 17:30 Uhr geöffnet und kostet 150.000 VND (6,15 USD). Inmitten von Pinien und Lotusteichen wirkt Tu Ducs Grab intim und besinnlich – passend zu einem Herrscher, der für seine Poesie und Einsamkeit bekannt war. Ich erinnere mich noch gut daran, wie ich in der Nähe seines Xung-Khiem-Pavillons saß, eine Übersetzung seines Gedichts las und erkannte, wie menschlich er wirklich war – sehnsüchtig, fehlerhaft und zutiefst belastet durch die Last der Krone.

Als Kontrastprogramm bietet sich das Grabmal von Khai Dinh an, das etwa 10 Kilometer außerhalb der Stadt auf einem Hügel thront. Dieses extravagante Grabmal im Stil einer Mischung aus Ost und West spiegelt die kolonialen Einflüsse wider, die während seiner Herrschaft in Vietnam Einzug hielten. Mosaike funkeln im Sonnenlicht, Drachen winden sich um Steinstufen, und eine Bronzestatue von Khai Dinh wacht still über sein Reich. Das Grabmal ist von 7:00 bis 17:30 Uhr geöffnet, der Eintritt beträgt ebenfalls 150.000 VND.

Wenn Sie zu den Reisenden gehören, die Tiefe in ihren Fotos schätzen, engagieren Sie einen ortskundigen Führer – oder noch besser: Sprechen

Sie mit einem pensionierten Lehrer in einem Café in der Nähe der Lê Lợi Straße. Viele von ihnen sind mit mündlichen Erzählungen über den letzten Kaiser, Bao Dai, und seine Abdankung 1945 aufgewachsen. Es ist etwas Unbezahlbares, Geschichte durch die Stimme eines Menschen zu hören, der sich an ihre Schatten erinnert.

6.2 Sehenswürdigkeiten, die man gesehen haben muss

Nachfolgend finden Sie eine kuratierte Liste der wichtigsten Sehenswürdigkeiten, die die eindrucksvollsten Momente in Hue bieten – voller gelebter Erfahrung, stiller Eleganz und echter menschlicher Verbundenheit.

1. Kaiserstadt (Zitadelle von Hue)

- 23 Doan Thi Diem, Phu Hau, Stadt Hue
- Täglich geöffnet: 7:00 – 17:00 Uhr
- Eintrittspreis: 200.000 VND (ca. 8 USD)

Sie sind erst wirklich in Hue angekommen, wenn Sie das Ngo-Mon-Tor durchquert und den ummauerten Palastkomplex betreten haben, der einst Kaiser, Konkubinen, Eunuchen und Mandarine beherbergte. Die Größe ist beeindruckend, aber es sind die Details, die in Erinnerung bleiben: Drachenmotive, die sich um Stützbalken winden, rot lackierte Säulen, die in der Sonne schimmern, das leise Knirschen des Kieses beim Betreten der Verbotenen Purpurnen Stadt.

Meine Lieblingsecke? Der ruhige Thai Binh Lesepavillon – ein versteckter Schatz mit Lotusteichen, wo Kaiser Thieu Tri einst Gedichte schrieb. Ein ruhiger Ort zum Durchatmen.

Um Hitze und Menschenmassen zu vermeiden, besuchen Sie das Gelände am besten gleich um 7:00 Uhr. Bringen Sie Wasser, Sonnenschutz und gute Wanderschuhe mit; das Gelände erstreckt sich über 500 Hektar.

2. Thien Mu Pagode (Pagode der Himmlischen Dame)

- Nguyen Phuc Nguyen Straße, Bezirk Huong Long, Stadt Hue
- Täglich geöffnet: 6:00 – 18:00 Uhr
- Freier Eintritt (Spenden willkommen)

Thien Mu, eine der ältesten und heiligsten Pagoden Vietnams, thront auf einer Klippe über dem Parfümfluss. Ihr ikonischer siebenstöckiger Turm wacht über die Stadt. Am besten erreicht man sie mit dem Drachenboot vom Toa Kham Pier aus. Die 30-minütige Fahrt kostet rund 150.000 VND (6 USD) für eine Hin- und Rückfahrt.

Suchen Sie im Tempelkomplex nach dem Austin, den Mönch Thich Quang Duc benutzte, der sich 1963 aus Protest gegen religiöse Verfolgung selbst verbrannte. Wenn ich ihn sehe – seine stille Würde, bewahrt hinter Glas –, bekomme ich immer einen Kloß im Hals.

Die Mönche singen hier oft gegen 16:30 Uhr. Wenn Sie kurz vorher ankommen, hören Sie, wie ihre Stimmen wie eine Welle aufsteigen, die auf der Flussbrise zu schweben scheint.

3. Grab von Kaiser Khai Dinh

- Gemeinde Thuy Bang, Bezirk Huong Thuy, 10 km südwestlich der Stadt Hue
- Täglich geöffnet: 7:00 – 17:30 Uhr
- Eintrittspreis: 150.000 VND (ca. 6,20 USD)

Dieses zwischen 1920 und 1931 erbaute Kaisergrab ist einzigartig in Vietnam. Mit seinem Flair, das europäische Gotik mit asiatischem Barock verbindet, ist es ein Traum für Mosaikliebhaber und ein konkretes Zeugnis des Überflusses.

Steigen Sie die 127 Stufen hinauf, vorbei an wilden Steinmandarinen, um zum Thien-Dinh-Palast zu gelangen, wo Khai Dinhs Statue auf seinem Grab unter einer Decke aus buntem Glas und Drachen thront. Es ist grell. Es ist großartig. Es ist unvergesslich.

Je früher Sie kommen, desto besser ist das Licht für Fotos – insbesondere vor 9:00 Uhr. Werfen Sie unbedingt einen Blick auf die bemalte Decke – die Künstler haben sechs Jahre daran gearbeitet.

4. Grab von Kaiser Tu Duc

- Dorf Thuong Ba, Bezirk Thuy Xuan, Stadt Hue
- Täglich geöffnet: 7:00 – 17:30 Uhr
- Eintrittspreis: 150.000 VND (ca. 6,20 USD)

Wenn Sie jemals Heimweh nach einem Ort verspürt haben, den Sie noch nicht verlassen haben, dann ist Tu Ducs Grab genau das Richtige für Sie. Der von Krankheit und politischen Fehltritten geplagte Dichterkaiser entwarf dieses ruhige Grab nicht nur für den Tod, sondern auch als Zufluchtsort im Leben.

Schlendern Sie unter Kiefern, über Steinbrücken und an lotusbedeckten Seen entlang. Setzen Sie sich an den Xung Khiem-Pavillon, wo Tu Duc einst Verse über die Schönheit der Vergänglichkeit schrieb. Es ist still hier – Vögel huschen durch die Banyanzweige, und sanfter Wind raschelt in den konischen Hüten älterer Gärtner.

Packen Sie einen kleinen Snack und eine Flasche Wasser ein. Überall im Komplex finden Sie schattige Bänke – perfekte Plätze zum Tagebuchschreiben oder einfach zum Entspannen.

5. Grab von Kaiser Minh Mang

- Gemeinde Huong Tho, Bezirk Huong Tra, 12 km westlich von Hue
- Täglich geöffnet: 7:00 – 17:30 Uhr
- Eintrittspreis: 150.000 VND (ca. 6,20 USD)

Tu Ducs Grab ist emotional, Minh Mangs mathematisch. Alles hier ist symmetrisch: die Tore, die Teiche, die Wege, sogar die Formschnitte. Dieses Grab spiegelt die konfuzianische Ordnung und die Werte wider, die Minh Mang während seiner Herrschaft verkörperte.

Sie passieren drei majestätische Tore, die Ihren Blick auf das nächste freigeben. Überqueren Sie den Trung-Minh-See auf einer geschwungenen Brücke, halten Sie am Hellen Pavillon inne und blicken Sie den Weg hinunter zum versiegelten Grabhügel – nie geöffnet, nie gestört.

Kommen Sie vor 10:00 Uhr, um den Komplex zu besichtigen, bevor die Reisegruppen eintreffen. Verpassen Sie nicht die Außengärten, in denen im Spätfrühling rosa Lotusblumen blühen.

6. Dong Ba Markt

- 2 Tran Hung Dao Straße, Phu Hoa, Hue Stadt
- Täglich geöffnet: 6:00 – 18:00 Uhr

Ja, es ist chaotisch. Ja, es ist laut. Und ja – Sie müssen unbedingt hingehen. Dong Ba ist Hues ältester und geschäftigster Markt. Hier finden Sie alles von getrockneten Lotussamen bis hin zu handgestickten Ao Dai.

Aber für mich sind es die Essensstände im Erdgeschoss, die diesen Ort unvergesslich machen. Schnapp dir einen kleinen Plastikhocker und bestelle eine Schüssel Bún thịt nướng (gegrilltes Schweinefleisch mit kalten Nudeln) für etwa 35.000 VND (ca. 1,50 USD). Geh dann nach oben und tausche Seidenschals oder Räuchergefäße.

Kommen Sie um 8:00 Uhr, um die Händler in vollem Gange zu sehen, bevor es richtig heiß wird. Halten Sie kleine Scheine bereit und lächeln Sie beim Feilschen – das hilft viel.

7. Thanh Toan Ziegeldachbrücke

- Gemeinde Thuy Thanh, Bezirk Huong Thuy, 8 km östlich von Hue
- Täglich geöffnet: 6:00 – 18:00 Uhr
- Freier Eintritt

Diese Holzbrücke wurde vor über 200 Jahren von einer Frau erbaut, die ihr eigenes Land und Geld spendete. Sie ist ein seltenes Beispiel alter vietnamesischer Architektur und wird noch immer täglich von den Einheimischen genutzt.

Der überdachte Gehweg überspannt einen kleinen Kanal, der von Reisfeldern und Dorfhäusern gesäumt ist. In der Nähe befindet sich ein kleines Landwirtschaftsmuseum (Eintritt gegen Spende), das traditionelle Werkzeuge wie Reisdrescher und Wasserräder ausstellt.

Am besten erkundet man die Stadt mit dem Fahrrad – leihen Sie sich in der Stadt ein Fahrrad für etwa 50.000 VND (ca. 2 USD/Tag) und radeln Sie morgens los, solange die Luft noch frisch ist. Unterwegs winken Ihnen die Dorfbewohner vielleicht zu oder bieten Ihnen Pampelmusen oder Zuckerrohr als Belohnung für die Fahrt an.

8. Hue Museum für königliche Altertümer

- 3 Le Truc Street, Bezirk Phu Hau, Stadt Hue
- Täglich geöffnet: 7:00 – 17:00 Uhr
- Eintrittspreis: 50.000 VND (ca. 2 USD)

Dieses unterschätzte Juwel wird oft zugunsten der Kaiserstadt übersehen, doch wenn Sie Wert auf die Beschaffenheit legen – darauf, die Dinge zu sehen, die Kaiser tatsächlich berührt haben –, ist dieses Museum ein Muss. Es befindet sich im Long An-Palast, einem wunderschön restaurierten Gebäude aus dem Jahr 1845, und versprüht einen eleganten, aber dennoch gealterten Charme. Der Duft von altem Holz vermischt sich mit der Lackierung königlicher Sänften und jadeverzierter Altäre.

Im Inneren finden Sie kaiserliche Siegel, mit Goldfäden verzierte Hoftrachten, Porzellan-Teeservice und sogar Musikinstrumente, die bei königlichen Zeremonien verwendet wurden. Jedes Artefakt hier hat persönliches und historisches Gewicht. Ein besticktes Gewand der

Kaiserinwitwe Tu Du ist so filigran hinter Glas ausgestellt, dass man sich fast vorstellen kann, wie ihre Finger die Ärmel umschlagen.

Die Mitarbeiter sind meist ruhig, aber hilfsbereit, wenn man sie darum bittet. Gehen Sie langsam durch das Museum. Dieses kleine Museum ist klein und belohnt Geduld. Auch der Gartenhof ist ein ruhiger Ort zum Verweilen – Bonsai-Bäume säumen den Weg, und oft finden Sie hier lokale Künstler, die schweigend skizzieren.

9. An Dinh Palast

- 97 Phan Dinh Phung, Bezirk Phu Nhuan, Stadt Hue
- Täglich geöffnet: 7:30 – 17:00 Uhr
- Eintrittspreis: 50.000 VND (ca. 2 USD)

Während die Kaiserstadt für Pracht steht, geht es im An Dinh-Palast um persönlichen Niedergang. Diese gelb-weiße Villa im Barockstil, einst die Heimat von Kaiser Bao Dai, Vietnams letztem Monarchen, erzählt die Geschichte eines in Vergessenheit geratenen Königshauses.

Die Fassade mit ihren filigranen Stuckreliefs und der deutsch beeinflussten Architektur ist atemberaubend, doch es sind die verfallenden Fresken im Inneren, die einen tieferen Eindruck hinterlassen. Sie werden Porträts der kaiserlichen Familie sehen, die von den Wänden abblättern, Marmortreppen, die vom Zahn der Zeit stumpf geworden sind, und Säle, in denen einst die Kaiser tanzten, heute von Stille widerhallen.

10. Nam-Giao-Esplanade (Nam-Giao-Altar)

- Tran Huy Lieu Straße, Bezirk Thuy Xuan, Stadt Hue
- Täglich geöffnet: 7:00 – 17:00 Uhr
- Eintrittspreis: 30.000 VND (ca. 1,25 USD)

Versteckt in einem Waldgebiet südlich der Stadt führten die Kaiser hier ihre Himmelsanbetungszeremonien durch, eine zutiefst spirituelle

Praxis, die sie als Vermittler zwischen Himmel und Erde einsetzte. Es ist weniger kunstvoll als Gräber oder Paläste, aber vielleicht heiliger.

Sie schreiten durch alte Tore und erklimmen grasbewachsene Terrassen zu einem dreistöckigen Altar, umgeben von hohen Kiefern. Die Atmosphäre hier ist anders – andächtig, friedlich, zeitlos. Es ist einer der wenigen Orte in Hue, an dem Sie wahrscheinlich völlig allein sind.

Einheimische kommen noch immer im ersten Mondmonat, um ihren Respekt zu erweisen. Wenn Sie die richtige Brise erwischen, hören Sie das Rascheln von Bambus und das leise Murmeln eines uralten Rituals, das einst die Harmonie des Landes sichern sollte.

6.3 Cyclo-Fahrten und Parfüm-Flusskreuzfahrt

In Hue erkunden Sie die Stadt nicht nur – Sie erleben sie langsam und intensiv, so wie sie entdeckt werden möchte. Zwei der unvergesslichsten Möglichkeiten, den Rhythmus dieser ehemaligen Kaiserstadt zu erleben, sind eine Cyclo-Fahrt durch die schattigen Straßen und eine Parfüm-Flusskreuzfahrt, bei der die Geschichte und Seele der Stadt wie der vom Wasser aufsteigende Nebel über Sie hinwegweht.

Cyclo Rides – Fahrt durch die Vergangenheit auf Augenhöhe

- Beste Zeit: 7:00 – 10:00 Uhr oder 17:00 – 20:00 Uhr
- Preis: Etwa 100.000–150.000 VND (4–6 USD) für eine 45–60-minütige Fahrt
- Abfahrt: In der Nähe der Tore der Kaiserstadt, Le Loi Straße, Gebiet Pham Ngu Lao

Eine Cyclo-Fahrt durch Hue ist wie ein Zeitlupen-Fotoalbum der Stadt. Diese dreirädrigen Fahrräder radeln seit Generationen. Der Fahrer sitzt hinten, während Sie sich nach vorne gerichtet auf einem Sitz niederlassen, abgeschirmt von der Außenwelt. Das ist Teil der Magie – kein Glas, kein Motor. Nur Sie, der Wind und Hue.

Nehmen Sie die Route, die um die Mauern der Kaiserstadt herumführt, die Truong-Tien-Brücke überquert und durch Seitenstraßen voller Lampionläden und lokaler Lebensmittelhändler schlängelt. Sie kommen an Villen aus der Kolonialzeit und moosbedeckten Pagoden vorbei und sehen Älteste, die unter Banyanbäumen Schach spielen. Mein Lieblingsmoment war, als mein Fahrer an einem Tempel anhielt und mir eine Geschichte über seinen Großvater erzählte, der für den letzten Nguyen-Kaiser gearbeitet hatte. Das war nicht einstudiert – es war persönlich.

Empfohlene Route:

- Beginnen Sie am Ngo Mon Gate (23 Doan Thi Diem)
- Fahren Sie die Le Huan Street entlang, vorbei an den äußeren Zitadellenmauern
- Überqueren Sie die Truong Tien-Brücke und schlendern Sie durch die Le Loi-Straße, die von riesigen Flammenbäumen beschattet wird
- Optionaler Stopp am Dong Ba Markt für eine schnelle Schüssel Chè oder Bánh Bèo

Buchungstipp: Fragen Sie Ihren Hotel-Concierge oder wenden Sie sich an Hue Smile Travel in der Nguyen Cong Tru Street 5/10.

Parfüm-Flusskreuzfahrt – Tauchen Sie ein in die Seele von Hue

- Betriebszeiten: 7:00 – 21:00 Uhr (Sonnenuntergangsfahrten ab 17:00 Uhr)
- Abfahrtspiers: Toa Kham Pier (gegenüber dem Saigon Morin Hotel), Le Loi Street

Preis:

- Kurze Stadtrundfahrt: ab 250.000 VND (10 USD) pro Boot (für 2–4 Personen)
- Erweiterte Kreuzfahrt zu Gräbern und Pagoden: 700.000–1.200.000 VND (28–48 USD)

Der Parfümfluss (Sông Hương) ist mehr als nur ein Wasserweg – er bildet das Rückgrat der Stadt und verbindet Pagoden, Gräber und Poesie. Der Name stammt von den duftenden Blüten, die im Frühling flussabwärts trieben. Wenn man in einem hölzernen Drachenboot darauf dahintreibt, offenbart sich Hue anders: besinnlich, melodisch, fast heilig.

Buchen Sie eine Sonnenuntergangsfahrt mit Halt an der Thien Mu Pagode (Nguyễn Phúc Nguyên, Hương Long) – geöffnet bis 18:00 Uhr. Sie sehen Mönche, die Räucherstäbchen anzünden, während die Sonne hinter den Bergen versinkt. Oder entscheiden Sie sich für eine längere Route, die Sie zum Minh Mang-Grab und zum Hon Chen-Tempel führt. Die Fahrt wird nicht kommentiert, aber das ist auch nicht nötig. Die Stille spricht Bände.

Add-On-Optionen:

- Abendessen an Bord: 800.000 VND (32 USD) pro Paar
- Traditionelle Musikshow: Zusätzlich 200.000 VND (8 USD)

Empfehlung des Reiseveranstalters:

- VM Travel – 66 Le Loi Street | www.vmtravel.com.vn

6.4 Wo man essen kann

Diese Stadt belohnt kulinarische Neugier. Hier wird erwartet, dass Sie Dinge probieren, von denen Sie noch nie gehört haben – und das sollten Sie auch tun. Ob Rindfleischnudelsuppe mit Zitronengras-Kick oder gedämpfte Reiskuchen mit getrockneten Garnelen – die Aromen hier sind vielschichtig, würzig und unverkennbar Hue.

1. Hanh Restaurant

- 11 Pho Duc Chinh Street, Phu Hoi, Stadt Hue
- Durchschnittliche Mahlzeit: 3–6 USD pro Person
- Täglich geöffnet: 9:00 – 21:00 Uhr

Dies ist Hues erste Adresse für eine Kostprobe der berühmten königlichen Gerichte der Stadt, serviert in kleinen Portionen. Es ist bekannt für exzellente Bánh Bèo (gedämpfte Reiskuchen), Bánh Nậm (flache Teigtaschen) und Nem Lụi (gegrillte Schweinefleischspieße). Das beste Preis-Leistungs-Verhältnis bietet die Kombiplatte: über ein Dutzend verschiedene lokale Gerichte für weniger als 6 Dollar. Das Ambiente ist leger, sauber und ideal für Alleinreisende und kleine Gruppen.

2. Madam Thu Restaurant

- 45 Vo Thi Sau Street, Phu Hoi, Stadt Hue
- Hauptgerichte: 3–6 USD
- Täglich geöffnet: 10:00 – 22:00 Uhr
- www.madamthu.com

Ein gemütliches, reisefreundliches Restaurant mit lokalen Gerichten, die traditionellen Rezepten treu bleiben. Probieren Sie den Bánh Khoái (knuspriger Reispfannkuchen) mit Garnelen und Schweinefleisch oder den vegetarischen Bún Thịt Nướng (gegrillter Tofu auf Reisnudeln). Es ist ein gemütliches, mittelpreisiges Restaurant mit englischsprachigem Personal und Speisekarten, die jedes Gericht detailliert erklären – perfekt für alle, die die zentralvietnamesische Küche noch nicht kennen.

3. Ninas Café

- 16/34 Nguyen Tri Phuong Straße, Phu Nhuan, Stadt Hue
- Durchschnittliche Mahlzeit: 3–5 USD
- Täglich geöffnet: 9:00 – 22:00 Uhr

Versteckt in einer kleinen Gasse ist dieses familiengeführte Restaurant gemütlich und einladend zugleich. Cơm hến (Muschelreis) und Nem rán (frittierte Frühlingsrollen) sind bei den Gästen sehr beliebt. Vegetarische und glutenfreie Optionen sind deutlich gekennzeichnet. Mit gemütlichen Sitzgelegenheiten und lächelnden Gastgebern ist es ein Ort, an den man gerne zurückkehrt, besonders nach einem langen Tag an den Gräbern.

4. Meine Tam Hue Rindfleisch-Nudelsuppe

- 5 Nguyen Du Straße, Hue City
- Schüssel Rindfleischnudelsuppe: 1,75–2 USD
- Täglich geöffnet: 6:00 – 11:00 Uhr

Hier gibt es kein Ambiente – nur dampfende Schüsseln mit Bún bò Huế, für die die Einheimischen täglich Schlange stehen. Diese würzige Rindfleischnudelsuppe ist eines der bekanntesten Gerichte von Hue, und My Tam wird ihr gerecht. Es ist beliebt bei Frühaufstehern und preisbewussten Reisenden, die Geschmackstiefe mehr schätzen als Dekoration. Kommen Sie früh, um dem Ansturm und der Hitze zu entgehen.

5. Bamboo House Restaurant

- 3/3 Vo Thi Sau Street, Phu Hoi, Stadt Hue
- Hauptgerichte: 2,50–6 USD
- Täglich geöffnet: 10:00 – 21:00 Uhr

Das Bamboo House liegt in einer ruhigen Gasse, aber in der Nähe der Touristenzone von Hue. Es bietet eine große Auswahl an lokalen und vietnamesischen Spezialitäten, darunter Cơm Gà (Hühnchenreis), Bánh Khoái und frische Säfte. Das Restaurant ist leger, aber sauber, mit Bambusdekor, freundlichem Personal und effizientem Service. Der Passionsfrucht-Mojito ist eine erfrischende Erfrischung nach dem Sightseeing.

6.5 Wo übernachten

Hue ist eine kompakte Stadt. Die meisten Unterkünfte liegen nur 5–15 Minuten von den wichtigsten Sehenswürdigkeiten entfernt. Die Stadt ist typischerweise in zwei Hauptbereiche unterteilt:

- Phú Hội und Phạm Ngũ Lão (Touristengebiet): Zentral gelegen, voller Restaurants und Geschäfte.
- Zitadellen- und Flussuferbereich: Ruhiger, malerischer, näher an historischen Stätten.

Hier finden Sie eine Liste von Unterkünften für jedes Budget mit genauen Adressen, Durchschnittspreisen und Insidertipps, wie Sie Ihren Aufenthalt optimal nutzen können.

Luxus-Optionen

1. Azerai La Residence Hue

- 5 Le Loi Street, Vinh Ninh, Stadt Hue
- Durchschnittliche Kosten: 180–300 USD pro Nacht
- www.azerai.com/la-residence-hue

Das Azerai La Residence ist Hues berühmtestes Luxushotel, ein restauriertes Herrenhaus aus der Kolonialzeit am Parfümfluss mit direktem Blick auf die Kaiserstadt. Das Art-déco-Design, der Salzwasserpool, die Bar am Flussufer und das hoteleigene Spa schaffen eine elegante Atmosphäre. Der Service ist diskret und aufmerksam, und die Zimmer im Heritage Wing bieten klassischen französischen Kolonialcharme mit modernen Annehmlichkeiten.

2. Pilgrimage Village Boutique Resort & Spa

- 130 Minh Mang Straße, Thuy Xuan, Stadt Hue
- Durchschnittliche Kosten: 95–160 USD pro Nacht
- www.pilgrimagevillage.com

In einem grünen Dorf etwas außerhalb des Zentrums von Hue gelegen, bietet dieses Öko-Luxus-Resort Holzvillen, ruhige Lotusteiche, einen großen Außenpool und eines der besten Wellness-Center der Stadt. Das Restaurant Junrei bietet perfekt zubereitete traditionelle Hue-Gerichte. Ein täglicher Shuttleservice in die Innenstadt ist inklusive.

Mittelklasse-Optionen

3. Scarlett Boutique Hotel

- 17/1 Ben Nghe Street, Bezirk Phu Hoi, Stadt Hue
- Durchschnittliche Kosten: 45–60 USD pro Nacht

Versteckt in einer ruhigen Gasse im Touristenviertel bietet das Scarlett Boutique einen romantischen und ruhigen Rückzugsort mit Themenzimmern, weicher Bettwäsche und persönlichem Service. Restaurants, Bars und der Parfümfluss sind fußläufig erreichbar. Das Frühstück wird auf dem Zimmer oder im gemütlichen Café serviert.

4. Hue Riverside Boutique Resort & Spa

- 588 Bui Thi Xuan Straße, Bezirk Thuy Bieu, Stadt Hue
- Durchschnittliche Kosten: 70–110 USD pro Nacht
- www.hueriversideresort.com

Dieses Boutique-Resort liegt am Ufer des Parfümflusses und bietet einen ruhigen Blick auf den Fluss, einen Fahrradverleih und einen großen Außenpool. Es ist eine großartige Option für Paare oder Familien, die eine malerische und entspannte Atmosphäre in der Nähe wichtiger kultureller Sehenswürdigkeiten wie der Thien Mu Pagode suchen.

Budgetfreundliche Optionen

5. Jade Hotel Hue

- 43 Hung Vuong Street, Bezirk Phu Nhuan, Stadt Hue
- Durchschnittliche Kosten: 20–30 USD pro Nacht

Das familiengeführte Jade Hotel ist für seine herzliche Gastfreundschaft bekannt und wird von preisbewussten Reisenden regelmäßig gelobt. Die Zimmer sind einfach, aber sauber, und das Frühstück ist im Preis inbegriffen. Die Rezeption ist oft besonders hilfsbereit und hilft Gästen bei der Buchung von Transportmöglichkeiten oder empfiehlt versteckte Restaurants.

6. Mosaic Garden Hostel

- 56 Nguyen Cong Tru Street, Bezirk Phu Hoi, Stadt Hue
- Schlafsaalbetten ab 6 USD | Privatzimmer ab 18 USD

Das Mosaic Garden ist ein farbenfrohes Hostel mit viel Kunst, ideal für Rucksacktouristen und Alleinreisende. Mit Schlafsälen und gemütlichen Privatzimmern herrscht eine gesellige Atmosphäre, ohne laut zu sein. Es werden Gruppenessen, Fahrradverleih und preisgünstige Touren durch Hue angeboten.

KAPITEL SIEBEN

HOI AN – DIE CHARMANTE ALTE STADT

7.1 Die UNESCO-Stadt zu Fuß erkunden

Die Altstadt von Hoi An ist ein Ort, in den man sich sanft hineinversetzt und den man lebendig in Erinnerung behält. Ihre ockerfarbenen Wände, hölzernen Fensterläden, nach Weihrauch duftenden Ecken und baumelnden Laternen schreien nicht nach Aufmerksamkeit – sie flüstern und laden dazu ein, innezuhalten und die Details zu betrachten. Die Altstadt, anerkannt als UNESCO-Weltkulturerbe, lässt sich am besten zu Fuß erkunden. Es gibt keinen besseren Weg, ihre Seele zu spüren, als durch die engen, für Motorräder gesperrten Gassen zu schlendern, die Atmosphäre aufzusaugen, mit Einheimischen zu plaudern und das wechselnde Licht an den 200 Jahre alten Gebäuden zu beobachten.

Nachfolgend finden Sie die wichtigsten Sehenswürdigkeiten, die Sie bei einem Spaziergang durch die UNESCO-geschützte Stadt Hoi An erkunden können – und sollten.

1. Eintrittskarte für die Altstadt & wie sie funktioniert

- Bezugsquellen: Offizielle Ticketschalter in der Le Loi Street 78 oder der Nguyen Thai Hoc Street 10
- Öffnungszeiten: 8:00 – 17:00 Uhr
- Kosten: 120.000 VND (ca. 5 USD)

Mit diesem Ticket erhalten Sie Zugang zu fünf von über 20 Sehenswürdigkeiten Ihrer Wahl. Bewahren Sie die Ticketabschnitte auf; sie werden an jeder Sehenswürdigkeit eingelöst. Die meisten Einheimischen benötigen das Ticket nicht, Touristen jedoch schon. Sie können problemlos einen ganzen Tag damit verbringen, diese Sehenswürdigkeiten zu erkunden.

2. Japanische überdachte Brücke (Japanische überdachte Brücke)

- Adresse: Nguyen Thi Minh Khai Straße
- Öffnungszeiten: 8:00 – 17:00 Uhr
- Eintritt: Im Altstadtticket enthalten (1 Abschnitt)

Diese elegante Holzbrücke, die im 17. Jahrhundert von japanischen Kaufleuten erbaut wurde, ist zum Wahrzeichen von Hoi An geworden. Besonders friedlich ist sie am frühen Morgen, wenn die Straße ruhig ist und die Einheimischen ihre Türen fegen. Im Inneren der Brücke befindet sich ein kleiner Schrein, der Tran Vo Bac De gewidmet ist, einer nordischen Gottheit, die angeblich vor Überschwemmungen schützt. Gehen Sie langsam darüber – sie knarrt leise unter Ihren Füßen – und blicken Sie hinauf zum kunstvoll geschnitzten Dach. Es fühlt sich an wie ein Moment aus der Vergangenheit.

3. Tan Ky Altes Haus

- Adresse: 101 Nguyen Thai Hoc Straße
- Öffnungszeiten: 8:00 – 17:30 Uhr
- Eintritt: Im Ticket enthalten

Dies ist kein Museum, sondern ein Wohnhaus, das seit sieben Generationen derselben Familie gehört. Ich erinnere mich noch gut an den stillen Stolz in der Stimme des älteren Herrn, der mich durch die geschnitzten Türen führte und auf die fast bis zur Decke reichenden Überschwemmungsspuren und das antike Porzellan zeigte, das wie ein Schatz überliefert wurde. Die hölzernen Innenräume, die chinesischen und japanischen architektonischen Elemente und die wunderschön erhaltenen Möbel geben einen lebendigen Einblick in die Handelsgeschichte von Hoi An.

4. Phuc Kien Versammlungshalle (Fujian)

- Adresse: Tran Phu Straße 46
- Öffnungszeiten: 8:00 – 17:00 Uhr
- Eintritt: 1 Eintrittskarte

Man riecht diesen Ort schon, bevor man ihn sieht – dichter, süßer Weihrauch steigt aus dem Inneren auf die Straße. Diese 1690 erbaute Halle war ein Gemeinschaftsraum für chinesische Einwanderer aus Fujian und ist bis heute eines der kunstvollsten Gotteshäuser der Stadt. Riesige Weihrauchspiralen hängen über Ihrem Kopf, wenn Sie durch die rosa Tore zum Altar der Meeresgöttin Thien Hau gehen. Viele Einheimische kommen hierher, um für Familienschutz oder Glück zu beten, insbesondere Fischer, bevor sie aufs Meer hinausfahren.

5. Zentralmarkt von Hoi An

- Standort: Tran Phu Street und Hoang Dieu Kreuzung
- Öffnungszeiten: 6:00 – 18:00 Uhr

Beginnen Sie Ihren Spaziergang früh und machen Sie diesen zu Ihrem ersten Halt. Der Markt duftet nach Kräutern, Sternanis, Fischsauce und brutzelndem Öl. Hier beginnt jeden Morgen das Leben in Hoi An. Gönnen Sie sich eine schnelle Schüssel Mì Quảng oder ein Bánh Mì mit Schweinefleisch und beobachten Sie, wie Metzger mit rhythmischem Geschick Fleisch zerlegen und Obstverkäufer Drachenfrüchte in symmetrischen Stapeln anordnen. Dies ist kein inszeniertes Erlebnis – es ist echt, unverfälscht und lebendig.

6. Museum für Volkskultur

- Adresse: 33 Nguyen Thai Hoc Straße
- Öffnungszeiten: 7:00 – 21:00 Uhr
- Eintritt: 1 Eintrittskarte

Dieses eher unauffällige Museum beherbergt über 500 Exponate zu Volkskunst, Fischerei und Landwirtschaft in der Region Quang Nam.

Im Obergeschoss stehen Schaufensterpuppen in traditioneller Kleidung neben Fischernetzen und Webstühlen. Es ist ruhig, schlicht und charmant in seiner Authentizität. Bei einem Besuch traf ich einen einheimischen Führer, der jedes Stück mit der Begeisterung eines Menschen erklärte, der mit diesem Wissen aufgewachsen ist. Man bleibt vielleicht nicht lange, aber es bietet eine fundierte Perspektive.

7. Durch die Laternenstraßen schlendern

- Beste Zeit: Etwa 18:00–20:00 Uhr, insbesondere am 14. Tag des Mondmonats (Vollmondfest)

Obwohl es nicht zu den offiziellen Sehenswürdigkeiten gehört, ist ein nächtlicher Spaziergang durch die Altstadt eine ganz besondere Attraktion. Mit Einbruch der Dunkelheit leuchten Laternen in Gold, Rot und Orange. Die Straßen sind größtenteils Fußgängerzonen, und der Fluss Thu Bồn reflektiert jedes Licht wie ein Spiegel. Kaufen Sie eine kleine Laterne von einer alten Frau in der Nähe der Brücke für etwa 10.000–20.000 VND (0,40–0,80 $) und lassen Sie sie auf dem Fluss treiben, während Sie sich etwas wünschen. Diesen Moment werden Sie nie vergessen.

Tipps, um das Beste daraus zu machen

- Beginnen Sie früh (7:30–8:00 Uhr), um der Hitze und den Menschenmassen zu entgehen.
- Tragen Sie bequeme Schuhe: Steinstraßen können uneben sein und Sie werden viel laufen.
- Verwenden Sie Ihre Eintrittskarten mit Bedacht: Wählen Sie eine Mischung aus Architektur, Tempeln und Museen.
- Respektieren Sie die Einheimischen: Lächeln Sie, begrüßen Sie sie mit „Xin chào“ und fragen Sie, bevor Sie Fotos machen.
- Bringen Sie Wasser mit – es gibt nur wenige öffentliche Brunnen.

- Vermeiden Sie die Mittagssonne – machen Sie zwischen 11:30 und 14:00 Uhr eine Pause in einem Café und erkunden Sie anschließend die Gegend weiter.

7.2 Laternenfeste und Vollmondnächte

Wenn es in Hoi An eine Nacht gibt, in der die Zeit stehen bleibt, dann ist es die Nacht des Vollmond-Laternenfests. Dieses monatliche Fest findet am 14. Tag jedes Mondmonats statt und verwandelt die Altstadt in eine leuchtende Traumlandschaft. Motorräder verschwinden. Elektrisches Licht wird gedimmt. Die alten gelben Mauern der Kaufmannshäuser erstrahlen in einem warmen Farbton, nur erleuchtet vom Flackern der Seidenlaternen. Was bleibt, ist ein Raum, der nicht der Gegenwart, sondern der Erinnerung und Tradition angehört.

Hier erfahren Sie, was jeder Reisende wissen sollte, um es mit Staunen und Respekt zu erleben.

Wann und wo Sie das Festival besuchen können

- Termine: Jeder 14. Tag des Mondkalenders (siehe Hotellobbys oder den Kalender des Hoi An Center for Culture)
- Beste Ankunftszeit: Zwischen 18:00 und 21:00 Uhr
- Hauptbereich: Nguyen Thai Hoc Street, Bach Dang Street, die japanische überdachte Brücke und entlang des Thu Bồn Flusses

Einheimische Familien, buddhistische Gläubige und aufgeregte Reisende versammeln sich am Fluss, um Papierlaternen mit Kerzenlicht steigen zu lassen. Sie im Wasser treiben zu lassen, soll Unglück vertreiben und Segen bringen. Man sieht Kinder, die stille Wünsche äußern, Ältere, die sich mit Weihrauch in der Hand verneigen, und Paare, die Fotos von ihren nebeneinander dahintreibenden Laternen machen.

Eine Laterne schweben lassen

- Wo man es kaufen kann: Ältere Frauen am Flussufer verkaufen handgefertigte Laternen aus Bambuskörben
- Kosten: 10.000–20.000 VND (ca. 0,50–0,85 USD)
- So geht's: Zünden Sie die Kerze an (Sie werden Ihnen dabei helfen), knien Sie sich sanft ans Flussufer, wünschen Sie sich etwas und lassen Sie es los. Einfach, heilig, unvergesslich.

Bootsfahrt unter dem Laternenhimmel

- Abfahrtspunkte: Am Flussufer in der Nähe der Japanischen Überdachten Brücke und der An Hoi Brücke
- Kosten: 4–6 USD pro Person für eine 15-minütige Sampanfahrt
- Öffnungszeiten: Die Boote verkehren von 18:00 bis 21:30 Uhr

Bei der Bootsfahrt haben Sie den besten Platz. Zwischen Hunderten vorbeiziehender Lichter dahintreiben, sanfte Musik vom Ufer hören und das sanfte Eintauchen der Ruder hören – ein friedliches Erlebnis, das selbst inmitten der Menschenmassen den Geist beruhigt.

Live-Kulturveranstaltungen

- Ort: An Hoi Sculpture Garden (auf der anderen Seite der Fußgängerbrücke)
- Zeitplan: Beginn ca. 19:30 Uhr, Eintritt frei
- Was Sie sehen werden: Traditioneller Bài Chòi-Gesang (stellen Sie sich eine Mischung aus vietnamesischer Volksoper und Bingo vor), Löwentänze, Kalligrafie und manchmal Gedichtlesungen bei Kerzenschein

Bleiben Sie nah dran, auch wenn Sie die Texte nicht verstehen. Das Lachen, der Rhythmus und das Klatschen sind ansteckend. Bei manchen Aufführungen sind Touristen, insbesondere Kinder, herzlich eingeladen, mitzumachen – seien Sie also nicht schüchtern.

Lokaler Einblick: Ein beliebter Ort

Suchen Sie sich den hinteren Teil des Zentralmarkts, in der Nähe der ruhigeren Abschnitte der Hoang Van Thu Straße. Von hier aus können Sie die Spiegelung der Laternen auf der anderen Seite des Flusses sehen, ohne dass der große Andrang herrscht. Eine großmütterliche Verkäuferin verkauft hier Lotustee in kleinen Keramiktassen. Setzen Sie sich auf den Bordstein, trinken Sie in Ruhe und beobachten Sie, wie einige Generationen ihre Hoffnungen entfachen und davonschweben lassen.

7.3 Schneidereien und Maßmode

Hoi An ist ein Ort, an dem die Menschen mit Rucksäcken ankommen und mit maßgeschneiderter Garderobe abreisen. Die Schneidertradition der Stadt reicht Hunderte von Jahren zurück, als Seidenhändler am Thu Bồn-Fluss mit japanischen und chinesischen Käufern Handel trieben. Heute säumen über 500 Schneidereien die engen Gassen der Altstadt und darüber hinaus und bieten alles vom eleganten Dreiteiler bis zum fließenden Leinenkleid. Aber verwechseln Sie diese Fülle nicht mit Massenproduktion – viele der schönsten Stücke in Hoi An werden von Familien, die seit Generationen nähen, von Hand gefertigt.

Hier erfahren Sie, was Sie wissen müssen, um dieses einzigartige Hoi An-Erlebnis optimal zu nutzen.

1. Wo alles passiert: Die besten Schneidereien in Hoi An

Yaly Couture:

- 358 Nguyen Duy Hieu Straße
- Täglich geöffnet von 8:00 bis 21:30 Uhr
- Herrenanzüge ab 220 $, Kleider ab 70 $
- www.yalycouture.com

Betreten Sie Yaly und Sie werden den Unterschied sofort bemerken: raumhohe Stoffe, professionelle Stylisten und Schneider, die ihrem

Handwerk nachgehen. Es ist ein eleganter Betrieb, ideal für alle, die hochwertige Woll-, Seiden- oder Kaschmirmischungen suchen. Bei Platzmangel liefern sie Ihre fertigen Kleidungsstücke sogar per FedEx nach Hause.

Tipp: Fragen Sie nach Hang – sie arbeitet seit über einem Jahrzehnt hier und hat ein Händchen dafür, perfekte Passformen zu empfehlen, ohne dass ein Maßband erforderlich ist.

Kimmy Tailor:

- 70 Tran Hung Dao Straße
- 8:00 – 21:00 Uhr
- Hemden ab 30 $, Anzüge ab 180 $
- www.kimmytailor.com

Dank moderner Schnitte und kompetentem Service hat sich Kimmy Tailor eine treue Fangemeinde erarbeitet. Bringen Sie ein Pinterest-Bild, einen Ausschnitt aus einer Zeitschrift oder beschreiben Sie einfach Ihre Wünsche – die Chancen stehen gut, dass sie es schaffen. Die Bearbeitungszeit beträgt in der Regel 48 Stunden mit 1–2 Anproben.

BeBe Schneider:

- Hoang-Dieu-Straße 05–07
- 8:00 – 22:00 Uhr
- Kleider ab 55 $, Hosen ab 35 $
- www.bebetailor.com

BeBe ist ideal, wenn Sie mehrere Outfits anfertigen lassen möchten. Sie bieten Rabatte für mehrere Teile und speichern Ihre Maße für zukünftige Bestellungen. Die Mitarbeiter sind jung, freundlich und sprechen ausgezeichnetes Englisch.

Insider-Tipp: Buchen Sie einen Termin am frühen Morgen, dann haben Sie mehr Zeit und können sich der persönlichen Aufmerksamkeit der Top-Schneider widmen, bevor die Massen eintrudeln.

2. Was Sie machen lassen können

- Damenartikel: Overalls, Wickelkleider, Blazer, Hosen mit hoher Taille, individuelle áo dài (traditionelle vietnamesische Kleidung)
- Herrenartikel: Anzüge, Westen, Button-Downs, Chinos, Leinenhemden
- Accessoires: Ledertaschen, Gürtel und sogar maßgefertigte Schuhe (durchschnittlich 40–70 USD)

3. So geht's richtig

- Zeitaufwand: Für eine optimale Passform mit mindestens einer Anprobe und abschließender Anpassung benötigen Sie mindestens 2–3 Tage.
- Fotos: Bringen Sie Referenzbilder oder Ihre Lieblingskleidung zum Nachmachen mit.
- Fragen Sie nach der Qualität von Futter und Nähten: Nicht alle Schneider sind gleich. Sehen Sie sich Muster an, bevor Sie sich entscheiden.
- Preise: Fragen Sie immer nach einer Aufschlüsselung (Stoff, Arbeitskosten, Extras), damit es keine Überraschungen gibt.

7.4 Kochkurse und Cafés am Flussufer

Top-Kochkurse – Lernen Sie von den Köchen

1. Red Bridge Kochschule

- Adresse: Thon 4, Cam Thanh, Hoi An
- Uhrzeit: 8:00 Uhr und 15:00 Uhr täglich (4–6 Stunden)
- Preis: 33–49 USD

- Website: www.visithoian.com/redbridge

Sie beginnen mit einem geführten Spaziergang durch den chaotischen, farbenfrohen Markt von Hoi An – Ihre Sinne werden vom Duft von Fischsauce, tropischen Früchten und frischem Koriander verwöhnt. Nachdem Sie Ihre Zutaten ausgewählt haben, gehen Sie an Bord eines Bootes und fahren zum ruhigen Flussgarten der Schule. Hier, unter Strohdächern und Bananenstauden, bereiten Sie Gerichte wie Banh Xeo, gegrilltes Hähnchen in Limettenblättern, zu und lernen sogar, Reispapier von Grund auf selbst herzustellen. Vogelgezwitscher ersetzt den Trubel der Stadt. Es ist magisch.

2. Tra Que Wasserrad-Kochkurs

- Adresse: Tra Que Herb Village, Cam Ha Ward
- Uhrzeit: 8:30 – 13:30 Uhr | 15:00 – 19:00 Uhr
- Preis: 35–40 USD
- Website: www.traquewaterwheel.com

Wenn Sie davon träumen, in einem Dorfgarten zu kochen, mit den Füßen in der Erde und einem gackernden Huhn in der Nähe, dann ist dies Ihr Traum. Nach einem Rundgang durch die üppigen Kräuterfarmen von Tra Que genießen Sie ein Zitronengras-Fußbad und bereiten anschließend Gerichte wie Schweinefleisch im Tontopf und frische Frühlingsrollen zu. Die Gastgeber – oft barfuß und lächelnd – geben Ihnen das Gefühl, Teil der Familie zu sein.

3. Vy's Market Restaurant & Kochschule

- Adresse: 3 Nguyen Hoang Straße
- Zeit: Sitzungen den ganzen Tag über
- Preis: $33 USD

Sie hacken, grillen und braten gemeinsam mit Köchen, die von Frau Vy, einer der angesehensten Köchinnen Vietnams, ausgebildet wurden. Es ist ein bisschen Klasse, ein bisschen Theater und einfach köstlich.

Cafés am Flussufer – Nippen, verweilen, die Stadt atmen sehen

1. Reaching Out Tea House

- Adresse: Tran Phu Straße 131
- Öffnungszeiten: 9:00 – 19:30 Uhr
- Teeservice: ~3 USD
- Website: www.reachingoutvietnam.com

Dieses von hörgeschädigten Einheimischen geführte Teehaus ist das ruhigste und intimste der Stadt. Hier wird nicht geredet – nur Zettel ausgetauscht, Tee eingeschenkt und die Zeit stillgestanden. Sie sitzen schweigend da, schlürfen Lotustee und hören Dinge, die Ihnen vorher nie aufgefallen sind – wie Ihren eigenen Herzschlag.

2. Faifo Coffee (Blick vom Dach)

- Adresse: 130 Tran Phu Straße
- Öffnungszeiten: 8:00 – 22:00 Uhr
- Kaffee: 2–3 USD

Steigen Sie die schmale Treppe hinauf und Sie werden ganz Hoi An wie eine Filmkulisse sehen – Ziegeldächer, schwankende Laternen, Weihrauch, der durch die Gassen strömt. Der Kokosnusskaffee ist cremig, kühl und unvergesslich.

3. Rosies Café

- Adresse: 8/6 Nguyen Thi Minh Khai
- Öffnungszeiten: 7:30 – 17:00 Uhr
- Mahlzeiten: 4–8 USD

Rosie's liegt versteckt in einer ruhigen Gasse und ist das Café, das man jeden Tag zufällig entdeckt und besucht. Smoothies, Bananenpfannkuchen, Eiskaffee und ein Innenhof voller Sonne und Lachen. Hier isst man nicht nur – hier werden Geschichten geteilt.

7.5 Wo übernachten

Hoi An bietet Reisenden aller Art eine der besten Unterkünfte in Vietnam – egal, ob Sie allein reisen, als Paar in den Flitterwochen oder als Familie unterwegs sind, die ihre Zeit zwischen Stadterkundung und entspannten Strandtagen aufteilen möchten. Was Hoi An so besonders macht, ist die Art und Weise, wie die Unterkünfte den Charakter der Stadt widerspiegeln. Hier finden Sie keine langweiligen Kettenhotels, die die Skyline dominieren. Stattdessen verbinden die meisten Unterkünfte – ob Boutique-Hotels, Resorts am Flussufer oder charmante Privatunterkünfte – traditionelle Architektur mit persönlicher Gastfreundschaft.

Kluge Reisende wissen, dass sie in der Nähe der Altstadt Cafés, Nachtmärkte, Kochschulen und Tempel bequem zu Fuß erreichen können. Wer es ruhiger mag oder die Nähe zum Strand sucht, entscheidet sich oft für die Viertel Cam Thanh, Cam Chau oder An Bang. Und das Beste daran? Selbst Luxus der Spitzenklasse kostet nur einen Bruchteil dessen, was man in Europa oder Nordamerika bezahlen würde.

Nachfolgend finden Sie bewährte Empfehlungen für alle Budgets und Reisestile, die alle sorgfältig nach Authentizität, Komfort, Wert und Zugänglichkeit ausgewählt wurden.

Luxus-Optionen

1. La Siesta Hoi An Resort & Spa

Beschreibung: Ein elegantes Boutique-Resort mit erstklassigem Service, zwei ruhigen Swimmingpools, einem exzellenten Spa und wunderschön gestalteten Zimmern mit traditionellen vietnamesischen Akzenten. Ideal für Paare, Familien und Hochzeitsreisende.

- Durchschnittliche Kosten: 110–180 USD/Nacht
- Adresse: 132 Hung Vuong Street, Bezirk Thanh Ha, Hoi An
- Website: www.lasiestaresorts.com

2. Four Seasons Resort The Nam Hai

Beschreibung: Hoi Ans renommiertestes Strandresort mit privaten Villen, persönlichen Butlern, Spa-Pavillons und gehobener Gastronomie. Es liegt abgeschieden am Ha My Beach und ist dennoch nur 15 Minuten von der Altstadt entfernt.

- Durchschnittliche Kosten: 600–900 USD/Nacht
- Adresse: Block Ha My Dong B, Bezirk Dien Duong, Stadt Dien Ban, Provinz Quang Nam
- Website: www.fourseasons.com/hoian

Mittelklasse-Optionen

3. Hoi An Central Boutique Hotel & Spa

Beschreibung: Ein stilvolles Hotel mit kolonial inspirierter Architektur, großen Zimmern, freundlichem Personal und einem ausgezeichneten Frühstücksbuffet. Nur 5 Gehminuten von der Altstadt entfernt.

- Durchschnittliche Kosten: 65–90 USD/Nacht
- Adresse: 91 Hung Vuong Street, Cam Pho Ward, Hoi An

4. Lantana Boutique Hotel & Spa

Beschreibung: Ein Boutique-Hotel am Flussufer mit gemütlichen, geschmackvoll eingerichteten Zimmern, einem kleinen Innenpool, Spa-Services und freundlichem Personal vor Ort, das für ein ganz persönliches Erlebnis sorgt.

- Durchschnittliche Kosten: 60–85 USD/Nacht
- Adresse: 9 Thoai Ngoc Hau Street, Cam Pho Ward, Hoi An

Budgetfreundliche Optionen

5. Ich behalte Villa Riverview

Beschreibung: Ein gemütliches Gästehaus im Villenstil am Fluss mit sauberen, komfortablen Zimmern, hervorragenden Gastgebern und kostenlosen Fahrrädern. Ruhig gelegen und dennoch nur wenige Gehminuten von der Altstadt entfernt.

- Durchschnittliche Kosten: 30–40 USD/Nacht
- Adresse: 170 Nguyen Duy Hieu Street, Cam Chau, Hoi An

6. Camellia Homestay

Beschreibung: Eine ruhige, familiengeführte Privatunterkunft, in der Sie wie ein Familienmitglied behandelt werden. Saubere Zimmer, täglich hausgemachtes Frühstück und kostenlose Fahrräder. Ein echtes kulturelles Eintauchen.

- Durchschnittliche Kosten: 20–35 USD/Nacht
- Adresse: 47 Nguyen Truong To Street, Cam Chau, Hoi An

7.6 Wo man essen kann

1. Com Ga Ba Buoi – Die Original-Königin mit Hühnchen und Reis

- 22 Phan Chu Trinh Straße, Hoi An
- Täglich geöffnet: 10:00 – 20:00 Uhr
- Durchschnittliche Kosten: 2–4 USD pro Gericht

Fragen Sie einen Einheimischen in Hoi An, wo es den besten Cơm Gà (Hühnchenreis) gibt, und er wird Ihnen den Weg weisen. Dieses familiengeführte Lokal serviert seit über 50 Jahren zartes Hühnerfleisch mit Kurkuma-Reis. Mit Papaya-Krautsalat, Kräutern und hausgemachter Chilisauce ist es leicht, würzig und erfrischend ausgewogen. Die Sitzplätze sind einfach – Metalltische, kein Schnickschnack – aber das Essen ist durchweg ausgezeichnet. Kommen Sie rechtzeitig, bevor der Rest ausverkauft ist.

2. Madam Khanh – Die Banh-Mi-Königin

- 115 Tran Cao Van Street, Hoi An
- Täglich geöffnet: 6:00 – 20:00 Uhr
- Durchschnittliche Kosten: 1,25 USD pro Sandwich

Dies ist nicht einfach nur ein Bánh-Mì-Laden – es ist eine kleine Küche, die in Hoi An zur Legende geworden ist. Madam Khanh, mittlerweile über 80, kümmert sich immer noch um die Zubereitung knuspriger Baguettes mit Schweinefleisch, Omelett, eingelegtem Gemüse und ihrer geheimen Spezialsauce. Es gibt zwar nur wenige Sitzplätze, aber der Umschlag ist schnell. Perfekt für einen Snack zum Mitnehmen zwischen den Spaziergängen.

3. Nhan's Kitchen – Vietnamesisch mit persönlicher Note

- 167 Tran Nhan Tong Street, Cam Chau Ward, Hoi An
- Täglich geöffnet: 10:00 – 22:00 Uhr
- Durchschnittliche Kosten: 3–6 USD pro Hauptgericht

Versteckt im ruhigeren Teil der Stadt ist Nhan's Kitchen ein wahres Juwel für Reisende, die dem Trubel entfliehen möchten. Das von einem freundlichen einheimischen Paar geführte Lokal serviert großzügige Portionen Cơm Rang (gebratener Reis), weiße Rosenknödel und eine überraschend gute Holzofenpizza für alle, die eine Pause von der vietnamesischen Küche brauchen. Nhan, der Besitzer, unterhält sich oft mit den Gästen und gibt ihnen gerne Reisetipps.

4. Minh Hien Vegetarian Restaurant

- 50 Tran Cao Van Street, Hoi An
- Täglich geöffnet: 8:00 – 21:00 Uhr
- Durchschnittliche Kosten: 2–4,50 USD pro Gericht

Für Vegetarier und alle, die sich pflanzlich ernähren, ist Minh Hien eine Oase. Mit einem ruhigen Garten im Innenhof und einer Speisekarte mit über 100 Gerichten interpretiert dieses Lokal die traditionelle vietnamesische Küche ohne Fleisch neu. Probieren Sie Zitronengras-Tofu, vegetarisches Bánh Xèo oder gegrillte Auberginen mit Sojasauce. Die Gerichte werden liebevoll angerichtet, und die ruhige Atmosphäre macht es ideal für ein entspanntes, bewusstes Mittagessen.

KAPITEL ACHT

DA NANG UND UMGEBUNG

8.1 Marmorberge und Strandentspannung

Wenn Sie Da Nang besuchen, sollten die Marmorberge (Ngu Hanh Son) und die sie umgebende Küste ganz oben auf Ihrer Liste stehen – nicht nur wegen der Fotomotive, sondern auch wegen des zutiefst menschlichen Gefühls, das Sie hier überkommt.

1. Die Marmorberge: Heiliger Stein und atemberaubende Ausblicke

- Standort: 81 Tran Cong Chua Street, Bezirk Hoa Hai, Bezirk Ngu Hanh Son, Da Nang
- Öffnungszeiten: Täglich, 7:00 – 17:30 Uhr
- Eintrittsgebühr: 40.000 VND (1,75 USD)

Die Marmorberge sind eine Gruppe von fünf Kalkstein- und Marmorfelsen, benannt nach den fünf Elementen Wasser, Holz, Feuer, Metall und Erde. Von diesen fünf Bergen besteigen Sie den Thuy Son (Wasserberg) – ein Erlebnis, das Religion, Mythologie und pure Bergmagie vereint.

Beginne früh – bevor die Sonne aufgeht und die Massen eintreffen. Um 8:00 Uhr beginnen die Reisebusse auszuladen, und die Stille auf dem Berggipfel verwandelt sich in ein geschäftiges Labyrinth. Ich versuche immer, pünktlich zur Öffnung dort zu sein, den Aufzug hinaufzufahren und langsam hinunterzugehen.

Die Tempel und Pagoden hier vermitteln ein raues, bewohntes Flair. Die Tam-Thai-Pagode, ursprünglich im 17. Jahrhundert erbaut, hallt noch heute vom Summen singender Mönche wider. Sie ist weder poliert noch protzig – sie ist wettergegerbt und würdevoll, umgeben von blühenden Frangipani-Bäumen.

Eine Ebene tiefer befindet sich die Huyen-Khong-Höhle, eine riesige Höhle, deren Lichtstrahlen durch Rauch und Weihrauch dringen. Gläubige knien auf Matten neben älteren Frauen, die lotusförmige Kerzen verkaufen. In kleineren Höhlen wie Van Thong muss man sich ducken. Dort gibt es einen schmalen Steintunnel, durch den man zu einem spektakulären Aussichtspunkt klettern kann. Wenn Sie nicht unter Klaustrophobie leiden, ist dieser Besuch ein Muss.

Bringen Sie kleine Geldscheine für Spenden oder zum Anzünden von Räucherstäbchen mit – die Einheimischen glauben, dass dies Segen für Reisen und Gesundheit bringt. Und tragen Sie festes Schuhwerk: Die Treppen können steil und rutschig sein, besonders nach Regen.

2. Steinbildhauerdorf Non Nuoc: Alte Hände formen noch heute

- Standort: Direkt gegenüber dem Eingang zu den Marmorbergen, entlang der Huyen Tran Cong Chua Straße
- Öffnungszeiten: Täglich, 8:00 – 18:00 Uhr
- Eintrittsgebühr: Kostenlos
- Souvenir-Budget: 3 – 300 $+, je nach Größe und Design

Dies ist keine Touristenfalle – es ist ein 400 Jahre altes Dorf, in dem die Kunst des Steinbildhauens seit Generationen weitergegeben wird. Einmal unterhielt ich mich eine Stunde lang mit einem Handwerker namens Herrn Quang, der mir zeigte, wie er mit denselben Werkzeugen, die schon sein Vater benutzte, Rohmarmor bearbeitet. Er bot mir grünen Tee an und versuchte nicht, mir etwas zu verkaufen.

Hier finden Sie alles von Buddhaköpfen und lachenden Mönchen bis hin zu individuellen Schachspielen und dekorativen Tellern. Kleine Steinarmbänder kosten 3–5 US-Dollar, während größere Skulpturen mehrere Hundert Dollar kosten. Wenn Sie von Da Nang aus fliegen, kann der Versand in Ihr Heimatland organisiert werden.

3. Strandzeit: Non Nuoc Beach und My Khe Beach

Sobald Sie geistig gestärkt sind, ist es Zeit, das Meer seine heilende Wirkung entfalten zu lassen. Nur 5 Gehminuten von den Marmorbergen entfernt liegt der Non Nuoc Beach, ein ruhigerer und einheimischerer Strandabschnitt als sein größerer Cousin, der My Khe Beach.

Der Strand von Non Nuoc ist von schattenspendenden Kasuarinenbäumen gesäumt, von einheimischen Fischern, die ihre Netze einholen, und gelegentlich sieht man Surfer. Sie können eine Sonnenliege mit Sonnenschirm für etwa 100.000 VND (ca. 4 $) mieten oder einfach Ihr Handtuch kostenlos ausbreiten. Bringen Sie Ihr eigenes Wasser und Snacks mit – es gibt hier nicht viele Verkäufer, was seinen Charme ausmacht.

Wenn Sie auf der Suche nach einem lebhafteren Strand sind, fahren Sie 15 Minuten Richtung Norden zum My Khe Beach, einem beliebten Strand bei Einheimischen und Auswanderern.

Details zum Strand von My Khe:

- Zugang: Kostenlos
- Sonnenbankmiete: 50.000–80.000 VND (ca. 2–3,50 USD)
- Öffnungszeiten: Ganztägig geöffnet, Rettungsschwimmer sind jedoch normalerweise von 5:00 bis 18:00 Uhr im Einsatz
- Ausstattung: Öffentliche Duschen (10.000 VND), Surfbrettverleih (5 $/Stunde), Jetskis (20 $/15 Min.)

Der Sand ist weich, das Wasser warm und der Sonnenaufgang hier ist es absolut wert, dafür aufzustehen. Am Wochenende treffen sich die Einheimischen ab 5:30 Uhr morgens zum Tai Chi, zu Strandspielen und zum morgendlichen Schwimmen.

4. Wo man in der Nähe essen kann

Ba Duong Pfannkuchen:

- Adresse: K280/23 Hoang Dieu Straße
- Öffnungszeiten: 10:00 – 21:30 Uhr
- Was Sie bekommen: Vietnamesische Pfannkuchen und gegrillte Schweinefleischspieße
- Kosten: Etwa 2,50 $ für ein Set

Dieses versteckte Juwel serviert knusprige Kurkuma-Pfannkuchen und süchtig machende Erdnuss-Dip-Sauce. Die Atmosphäre ist locker, das Publikum einheimisch und die Aromen unvergesslich.

Im Restaurant:

- Adresse: 195 Huyen Tran Cong Chua
- Öffnungszeiten: 10:00 – 22:00 Uhr
- Atmosphäre: Modern, klimatisiert, familiengeführt
- Kosten: Hauptgerichte von 3 – 6 $

Eine tolle Option nach der Wanderung mit kalten Getränken, authentischen Gerichten und Klimaanlage. Das gegrillte Schweinefleisch mit Nudeln und eisgekühltem Tamarindentee ist immer genau das Richtige.

5. Tipps, um Ihren Besuch optimal zu nutzen

- Kommen Sie früh (7:00 Uhr) in den Marble Mountains an, um kühle Luft, sanftes Licht und ruhige Wege zu genießen.
- Tragen Sie geeignetes Schuhwerk – Sie werden klettern, sich ducken und möglicherweise kraxeln.
- Bringen Sie Kleingeld für den Eintritt, Spenden und die Aufzugsbenutzung mit.
- Trinken Sie ausreichend – bringen Sie Wasser in Flaschen mit oder kaufen Sie es bei lokalen Händlern (10.000–15.000 VND).

8.2 Goldene Brücke und Ba Na Hills

Es kommt nicht alle Tage vor, dass man von zwei kolossalen Steinhänden getragen durch den Himmel wandelt – aber genau das bietet Vietnams Goldene Brücke in den Ba Na Hills. Hoch oben in den Trường Sơn-Bergen, etwa 45 Minuten außerhalb von Da Nang, zieht dieses architektonische Wunder aus gutem Grund Reisende aus aller Welt an. Es ist majestätisch, unwirklich und, wenn man den richtigen Zeitpunkt erwischt, seltsam intim. Ich war im Laufe der Jahre dreimal dort und bekomme immer noch Gänsehaut – teils wegen der Höhe, teils wegen der Magie.

Warum die Golden Bridge besuchen?

- Ein Wahrzeichen im zentralen Hochland Vietnams, das man gesehen haben muss
- Auf 1.400 Metern über dem Meeresspiegel
- Kühle Temperaturen das ganze Jahr über: 15–20 °C (59–68 °F)
- Atemberaubende Bergblicke und wolkenverhangene Fotomotive
- Kulturell immersive Umgebung im Ba Na Hills Resort

Lage & Anreise

- Ba Na Hills, An Son Village, Hoa Ninh, Bezirk Hoa Vang, Da Nang, Vietnam
- Entfernung vom Stadtzentrum von Da Nang: Ca. 45 Minuten mit dem Auto

Transportmöglichkeiten:

- Privatwagen oder Grab: 25–30 $ Hin- und Rückfahrt
- Geführte Kleingruppentour: 50–70 $ pro Person (inkl. Ticket + Mittagessen)
- Keine öffentlichen Busse verfügbar

Am entspanntesten ist es mit einem privaten Mietwagen, den Sie über Ihr Hotel oder Grab mieten können. Wenn Sie wenig Zeit haben oder sich den logistischen Aufwand sparen möchten, sind Reisepakete ab Da Nang oder Hoi An weit verbreitet und beinhalten oft einen bevorzugten Einlass und einen englischsprachigen Reiseleiter.

Öffnungszeiten & Eintrittspreise

- Öffnungszeiten des Resorts: täglich 7:00 – 21:00 Uhr
- Öffnungszeiten der Seilbahn: 7:30 – 17:00 Uhr

Eintrittskarten:

- Erwachsene: 900.000 VND (ca. 37 USD)
- Kinder (1–1,4 Meter): 750.000 VND (ca. 31 USD)
- Unter 1 Meter: Kostenlos
- Aufpreis für Mittagsbuffet: ca. 10–15 USD

Im Ticket inbegriffen sind die Seilbahnfahrt, der Zugang zur Golden Bridge, zum French Village, zu den Gärten, zum Fantasy Park und mehr.

Kaufen Sie Tickets vor Ort oder online unter:
https://banahills.sunworld.vn

Das Golden Bridge-Erlebnis

Die Goldene Brücke, auch „Cầu Vàng" genannt, erstreckt sich 150 Meter über den Berggipfel und scheint über dem Blätterdach des Waldes zu schweben. Nicht nur die Brücke ist beeindruckend – es ist die himmlische Atmosphäre, besonders am frühen Morgen. Wolken hüllen die Berge ein, die Brise pfeift sanft, und die goldenen Handläufe in Drachenschuppenoptik schimmern im sanften Licht.

Beste Reisezeit:

- Kommen Sie vor 9:00 Uhr, um den geringsten Andrang und die besten Bedingungen zum Fotografieren zu haben.

- Am frühen Morgen ist die Aussicht oft neblig und stimmungsvoll; später am Morgen ist der Himmel klarer.

Gehdauer: 15–30 Minuten, abhängig von den Fotostopps

Profi-Tipp: Gehen Sie langsam. Hetzen Sie nicht. Sonst verpassen Sie die Ruhe, die dieses Erlebnis unvergesslich macht.

Weitere Attraktionen in Ba Na Hills

Wenn Sie genug von der Brücke haben – und ja, es fällt Ihnen schwer, sie zu verlassen –, finden Sie in der Nähe zahlreiche Möglichkeiten für immersive Erlebnisse:

1. Der Garten der Liebesgärten

- 9 Themengärten von europäischen Klassikern bis hin zu japanischem Zen
- Kostenlos mit Eintrittskarte
- Wunderschön für einen Spaziergang nach der Brücke

2. Französisches Dorf

- Kopfsteinpflasterstraßen, Uhrtürme und pseudoeuropäischer Charme
- Fühlt sich an wie Disneyland trifft Montmartre
- Probieren Sie einen vietnamesischen Latte im La Lavande Café (3,50 USD)
- Ideal für einen Snack am Vormittag oder zum Leute beobachten

3. Linh-Ung-Pagode und Riesenbuddha

- Ruhiger spiritueller Ort über den Wolken
- 27 Meter hoher weißer Buddha, der über das Tal wacht
- Friedlich, weniger überfüllt und perfekt für ein ruhiges Sitzen

4. Fantasy Park

- Indoor-Vergnügungspark mit Spielhallen, Fahrgeschäften und einem Jurassic Garden
- Ideal für Kinder und Familien
- Eintritt im Ticket enthalten
- Alpine Coaster-Fahrt: 100.000 VND (ca. 4 USD)
- Wachsmuseum: 100.000 VND (ca. 4,20 USD)

Essen im Ba Na Hills

Während die Attraktionen die Hauptattraktion darstellen, ist die Essensszene im Resort vielfältig, wenn auch für vietnamesische Verhältnisse eher teuer.

1. Arapang Restaurant (Buffet)

- In der Nähe des französischen Dorfes
- Preis: 250.000 – 350.000 VND (ca. 10–15 USD)
- Angebot: Vietnamesisches, koreanisches und westliches Buffet
- Klimatisiert, geräumig, familienfreundlich

2. Bier Plaza

- Saal im bayerischen Stil mit Grillfleisch und lokalem Craft Beer
- Bier: 4–6 USD pro Glas
- Gut für Gruppen und zwangloses Essen
- Wenn Sie Geld sparen möchten, bringen Sie Ihr eigenes Wasser mit; Flaschenwasser kostet im Laden 30.000 VND (ca. 1,25 USD).

8.3 Drachenbrücke und Nachtmärkte

Nachts herrscht in Da Nang ein anderer Rhythmus. Die Bürgersteige sind voller Familien, Straßenkünstler besetzen ihre Plätze und die Luft erfüllt sich mit dem Duft von gegrilltem Schweinefleisch, brutzelnden Meeresfrüchten und frisch geschnittenen tropischen Früchten. Im Zentrum dieses nächtlichen Treibens steht das berühmteste Bauwerk der Stadt – die Drachenbrücke (Cầu Rồng) – ein 666 Meter langes Wunderwerk der Ingenieurskunst und Symbolik. Sie hat die Form eines goldenen Drachen, der ins Meer springt, und spuckt an Wochenenden echtes Feuer und Wasser. Gleich darunter halten einige der lebhaftesten Nachtmärkte Da Nangs die Energie bis Mitternacht am Leben und bieten alles von günstigen Snacks bis zu maßgefertigten Sandalen. Wenn Sie einen Abend irgendwo in der Stadt verbringen, ist dies der Ort, wo das Herz am lautesten schlägt.

1. Drachenbrücke

- Standort: Nguyen Van Linh Straße bis Vo Van Kiet Straße
- Vorstellungszeiten: Jeden Samstag und Sonntag um 21:00 Uhr
- Kosten: Kostenlos

Die 2013 fertiggestellte Drachenbrücke ist nicht nur eine Möglichkeit, den Han-Fluss zu überqueren – sie ist ein wahres Spektakel. Die Form eines goldenen Drachens, der sich dem Meer nähert, symbolisiert Wohlstand und Stärke. Unvergesslich wird sie jedoch zweimal wöchentlich: Samstags und sonntags um 21:00 Uhr spuckt der Drache echtes Feuer – gefolgt von einem Sprühnebel aus kühlendem Nebel.

Profi-Tipp: Stehen Sie nicht zu nah, es sei denn, Sie möchten einen Überraschungsregen. Die perfekte Aussicht haben Sie in der Tran Hung Dao Straße, in der Nähe des Drachenkopfes. Dort versammeln sich die meisten Einheimischen mit Eistüten in der Hand und warten auf die Vorstellung. Ich habe Kinder vor Freude quietschen sehen, Paare sich im Nebel küssen und Straßenkünstler ihre Darbietungen im Takt der Show tanzen sehen.

Anreise: Grab-Fahrten kosten von den meisten Hotels am My Khe Beach etwa 1,50–2 US-Dollar. Zu Fuß von der Bach Dang Street dauert es 10–15 Minuten. Bitte seien Sie bis 20:30 Uhr vor Ort, um Ihren Platz zu sichern.

2. Liebesschlossbrücke und Karpfendrachenstatue

- Standort: 344 Tran Hung Dao, Bezirk Son Tra
- Öffnungszeiten: 24/7
- Kosten: Kostenlos

Nur einen kurzen Spaziergang nördlich der Drachenbrücke liegt die Love Lock Bridge, wo Paare Vorhängeschlösser mit Initialen hinterlassen und Schlüssel in den Fluss werfen – ein aus Europa übernommenes, hier aber herzlich gepflegtes Ritual. Zu Ihrer Rechten steht die Statue „Karpfen verwandelt sich in einen Drachen", die dem Merlion in Singapur nachempfunden ist und alle paar Minuten Wasser in den Han-Fluss sprüht.

Es ist eine bezaubernde Gegend für einen nächtlichen Spaziergang. Straßenmusiker spielen Balladen, Laternen flackern über ihnen, und junge Einheimische lümmeln auf Bänken und schlürfen Zuckerrohrsaft. Schnapp dir eine Kokosnuss (1 Dollar) von einem nahegelegenen Stand, setz dich auf die Ufermauer und genieße einfach die Atmosphäre.

3. Son Tra Nachtmarkt

- Standort: Mai Hac De Straße (östliches Ende der Drachenbrücke)
- Öffnungszeiten: 17:00 – 23:00 Uhr, täglich
- Preisspanne: 0,50–5 $ pro Artikel

Auf diesem Nachtmarkt herrscht reges Treiben – Hunderte von Ständen säumen die Straße und bieten gegrillten Tintenfisch, frittierte Frühlingsrollen, Mango-Klebreis und über glühenden Kohlen rotierende Fleischspieße an. Allein der Geruch wird Ihre Abendessenpläne zunichtemachen.

Meine persönlichen Favoriten? Das Avocado-Eis in der Kokosnussschale (2 $) und die gegrillten Austern mit Frühlingszwiebelöl und Erdnüssen (1,50 $). Außerdem finden Sie hier

Künstler, die Mini-Porträts malen, Teenager, die sich Henna-Tattoos stechen lassen, und Verkäufer, die Sandalen herstellen – ja, maßgeschneiderte Ledersandalen in weniger als 20 Minuten für 12–15$.

An den meisten Ständen wird nur Bargeld akzeptiert, bringen Sie also kleinere Scheine mit. Sitzgelegenheiten gibt es verstreut – Plastikhocker und niedrige Tische, aber das macht Teil des Charmes aus.

4. Nachtkreuzfahrt auf dem Han-Fluss

- Abfahrt: Bach Dang Wharf
- Uhrzeiten: Alle 30 Minuten von 18:00 bis 21:30 Uhr
- Kosten: 7–10 $ für eine 45-minütige Kreuzfahrt

Erleben Sie eine neue Perspektive und gehen Sie an Bord einer Nachtkreuzfahrt auf dem Han-Fluss. Diese Doppeldeckerboote fahren an der Drachenbrücke, der Liebesbrücke, der Han-Brücke und der lichtdurchfluteten Skyline vorbei. Sie haben freie Sicht auf die Feuershow, und viele Boote bieten Live-Musik und Freiluftdecks.

Tickets sind am Kaieingang in der Nähe des Novotel Hotels in der Bach Dang Straße oder an der Hotelrezeption erhältlich. Einige Kreuzfahrten bieten VIP-Upgrades mit Cocktails und reservierten Sitzplätzen in der ersten Reihe für etwa 15 US-Dollar.

5. Helio-Nachtmarkt

- Standort: Straße 2/9, Bezirk Hai Chau
- Öffnungszeiten: Donnerstag bis Sonntag, 17:00 – 24:00 Uhr
- Preisspanne: 0,75–3 $ pro Artikel

Wenn Sie noch hungrig sind oder Lust auf Karnevalsstimmung haben, ist der Helio Night Market die nächste Station. Er ist 10 Autominuten von der Dragon Bridge entfernt (Eintritt: 2–2,50 $) und glauben Sie mir – es lohnt sich. Hier herrscht echte Festivalatmosphäre, inklusive Live-

Musik-Bühne, Lichterketten über jedem Essensbereich und unzähligen Reihen brutzelnder Speisen.

Sie finden:

- Vietnamesische Pizza (gegrilltes Reispapier): 1 $
- Spieße mit gegrilltem Fleisch und Meeresfrüchten: 1–2 $
- Koreanische Käsestangen und Reiskuchen: 1,50–2,50 $
- Kaltes Bier aus dem Biergarten: 1 $

Bringen Sie einen Freund mit, setzen Sie sich an einen Tisch in der Nähe der Musikbühne und genießen Sie die Menge. Oft spielt ein DJ oder ein lokaler Sänger vietnamesische Pop-Hits. Die Atmosphäre hier ist familienfreundlich, aber mit einer Prise Wochenend-Spannung.

6. Le Duan Nachtmarkt

- Standort: Le Duan Straße 144
- Öffnungszeiten: 18:00 – 23:00 Uhr, täglich
- Was gibt es zu verkaufen: Kleidung, Accessoires, Elektronik
- Preisspanne: Schnäppchen von 2–10 $

Anders als die Lebensmittelmärkte ist Le Duan der Ort, an dem man einkaufen geht. Einheimische stöbern unter fluoreszierendem Licht in Regalen voller T-Shirts, Handyzubehör, Schuhen und modischer Uhren. Die Qualität ist nicht erstklassig, aber die Preise sind extrem niedrig. T-Shirts mit Aufdruck kosten 3 Dollar, Sonnenbrillen 2 Dollar und billige Sneaker 5 Dollar.

Verkäufer erwarten von Ihnen, dass Sie feilschen – bieten Sie zunächst die Hälfte des geforderten Preises und treffen Sie sich in der Mitte. Seien Sie nicht schüchtern; das gehört dazu.

8.4 Wo übernachten

Ob Sie Sonne am My Khe Beach tanken, die Marmorberge erkunden oder die Feuer speiende Drachenbrücke erleben möchten – in Da Nang gibt es ein Zimmer, das genau Ihren Wünschen entspricht. Die folgenden sieben Unterkünfte wurden aufgrund ihrer gleichbleibenden Qualität, ihres authentischen Charmes und ihrer unschlagbaren Lage sorgfältig ausgewählt. Von Boutique-Hotels bis hin zu Strandresorts bietet jeder Ort Reisenden ein anderes Erlebnis des einzigartigen Rhythmus von Da Nang.

Luxusunterkünfte

1. InterContinental Danang Sun Peninsula Resort

- Adresse: Bai Bac, Halbinsel Son Tra, Da Nang
- Durchschnittliche Kosten: Ab 450 $ pro Nacht (Clubzimmer)
- Website: www.danang.intercontinental.com

In einer privaten Bucht der Son Tra Halbinsel gelegen, bietet dieses ikonische, von Bill Bensley entworfene Resort Luxus zwischen Dschungel und Meer mit persönlichen Butlern, einem Privatstrand und einem mit einem Michelin-Stern ausgezeichneten Restaurant. Die Standseilbahn, die die Zimmer mit dem Strand verbindet, ist ein besonderes Highlight. Ideal für Flitterwochen oder luxuriöse Rückzugsorte fernab vom Stadttrubel.

2. Erneut zurückziehen

- Adresse: Truong Sa Road, Bezirk Ngu Hanh Son, zwischen Da Nang und Hoi An
- Durchschnittliche Kosten: Ab 240 $ pro Nacht (Babylon-Zimmer), Private Pool-Villen ab 350 $

Das Naman liegt zwischen Da Nang und Hoi An und ist ein Wellness-Resort mit Strandzugang, erstklassigen Spa-Einrichtungen und eleganter Bambusarchitektur. Ideal für Reisende, die nach einem Tag voller Erkundungen in den Marmorbergen oder am Strand Ruhe, tägliches Yoga und Detox-Dining suchen.

3. TIA Wellness Resort

- Adresse: 109 Vo Nguyen Giap Street, Bezirk Khue My, Bezirk Ngu Hanh Son, Da Nang
- Durchschnittliche Kosten: Ab 400 $ pro Nacht (Wellness-Poolvilla)

Dieses exklusive Villenresort, ehemals Fusion Maia, bietet ganzheitliches Wellness-Erlebnis – mit täglichen Spa-Behandlungen, kostenlosen Wellness-Kursen und privaten Tauchbecken. Frühstück wird jederzeit und überall serviert. Ein erholsamer Aufenthalt, perfekt für Slow Traveller und Paare.

Mittelklasse-Unterkünfte

4. Vanda Hotel

- Adresse: 03 Nguyen Van Linh, Bezirk Hai Chau, Da Nang
- Durchschnittliche Kosten: Ab 60 $ pro Nacht
- Website: www.vandahotel.vn

Dieses zentral gelegene Hotel am Fuße der Drachenbrücke bietet einen Blick vom Dach, einen beheizten Innenpool und ist bequem zu Fuß zum Cham-Museum und zum Han-Markt erreichbar. Ideal für Reisende, die kulturelle Erlebnisse und Nachtleben in der Nähe suchen.

5. HAIAN Beach Hotel & Spa

- Adresse: 278 Vo Nguyen Giap Street, My An Ward, Bezirk Ngu Hanh Son, Da Nang
- Durchschnittliche Kosten: Ab 70 $ pro Nacht (Deluxe-Zimmer mit Meerblick)
- Website: www.haianbeachhotelspa.com

Direkt gegenüber dem My Khe Beach verbindet das HAIAN modernen Komfort mit erschwinglichen Preisen. Der Infinity-Pool auf dem Dach bietet einen atemberaubenden Meerblick, und das Frühstücksbuffet wird für seine Vielfalt gelobt. Ein Favorit für Paare und Familien, die Strandzugang ohne Resortpreise wünschen.

6. Sala Danang Beach Hotel

- Adresse: 36 Lam Hoanh Street, Phuoc My Ward, Bezirk Son Tra, Da Nang
- Durchschnittliche Kosten: Ab 75 $ pro Nacht
- Website: www.salahotelgroup.com

Ein elegantes Hotel, bekannt für klares Design, exzellenten Kundenservice und einen Infinity-Pool auf dem Dach mit Meerblick. Nur einen Block vom Strand entfernt, mit geräumigen Zimmern und einem hoch bewerteten Spa. Das hoteleigene Restaurant bietet zudem eine solide internationale Küche.

Günstige Unterkünfte

7. Funtastic Beach Hostel

- Adresse: 115 Ha Bong Street, Phuoc My Ward, Son Tra District
- Durchschnittliche Kosten: Schlafsaalbetten ab 8 $, Privatzimmer ab 22 $

Dieses gemütliche und gesellige Hostel liegt nur wenige Minuten vom My Khe Beach entfernt und ist ideal für Alleinreisende und Rucksacktouristen. Die Mitarbeiter organisieren Wandertouren und Food Crawls, und die Atmosphäre ist freundlich, ohne laut zu sein. Saubere Zimmer und ein gutes Preis-Leistungs-Verhältnis machen es zu einem beliebten Reiseziel.

8. Packo Hostel

- Adresse: 44 Lam Hoanh Street, My An Ward, Bezirk Ngu Hanh Son
- Durchschnittliche Kosten: Ab 12 $ pro Nacht

Packo wurde aus umweltfreundlichen Schiffscontainern gebaut und verbindet günstige Preise mit originellem Design. Der Innenhof ist voller Laternen und Topfpflanzen, und die Gemeinschaftsbereiche sind ideal für digitale Nomaden. Nur wenige Schritte vom Strand entfernt und in der Nähe von Cafés und Streetfood.

9. Daisy Boutique Hotel

- Adresse: 115 Duong Dinh Nghe Street, Phuoc My, Bezirk Son Tra
- Durchschnittliche Kosten: Ab 20 $ pro Nacht
- Buchung: Verfügbar auf Booking.com und Agoda

Dieses kleine Boutique-Hotel bietet hervorragende Sauberkeit, moderne Einrichtung und hervorragenden Service zu einem günstigen Preis. Die Zimmer verfügen über Smart-TVs, WLAN und Regenduschen. Es liegt in einer ruhigen Straße, ist aber dennoch nur 10 Gehminuten vom Strand entfernt. Ideal für Paare und Alleinreisende, die eine ruhige und erschwingliche Unterkunft suchen.

8.5 Wo man essen kann

Dieser Abschnitt führt Sie durch die besten Restaurants in Da Nang – Streetfood-Legenden, versteckte Nachbarschaftsfavoriten, familiengeführte Nudelrestaurants und gehobene Speisesäle. Jeder Ort wurde aufgrund seiner Authentizität, seines guten Preis-Leistungs-Verhältnisses oder seiner Einzigartigkeit ausgewählt und bietet Durchschnittspreise, Öffnungszeiten und genaue Adressen.

1. Banh Xeo Ba Duong – Die knusprigsten vietnamesischen Pfannkuchen der Stadt

- Adresse: K280/23 Hoang Dieu Street, Bezirk Hai Chau, Da Nang
- Durchschnittliche Kosten: 2,50 – 3 US-Dollar pro Person
- Öffnungszeiten: Täglich, 10:00 – 21:30 Uhr

Versteckt in einer kleinen Gasse, aber bei Einheimischen und erfahrenen Touristen gleichermaßen beliebt, ist Bà Dưỡng ein bekannter Name für Bánh Xèo – knusprige Reismehlpfannkuchen gefüllt mit Garnelen, Schweinefleisch und Sojasprossen. Man wickelt sie in Reispapier mit Kräutern und tunkt sie in die charakteristische Erdnuss-Hoisin-Sauce. Verpassen Sie nicht die Nem Lụi (gegrillte Schweinefleischspieße), die eine perfekte Kombination ergeben.

Insider-Tipp: Kommen Sie vor 18:00 Uhr, um lange Warteschlangen zu vermeiden. Besonders am Wochenende wird es schnell voll.

2. Mi Quang Ba Mua – Eine lokale Kette mit gleichbleibendem Geschmack

- Adresse: 95A Nguyen Tri Phuong Street, Bezirk Thanh Khe, Da Nang (mehrere Standorte in der ganzen Stadt)
- Durchschnittliche Kosten: 1,50 – 2,50 $ pro Schüssel
- Öffnungszeiten: Täglich, 6:30 – 21:00 Uhr

Mi Quang ist ein Klassiker in Da Nang, und Bà Muas Version ist durchweg ausgezeichnet. Die Kurkuma-Nudeln, die würzige Brühe und Toppings wie Schweinefleisch, Garnelen oder Hühnchen machen es zu einer sättigenden, unkomplizierten Mahlzeit. Auf der Speisekarte finden Sie auch Bún Mắm und Cao Lầu – ideal für alle, die regionale Gerichte probieren möchten.

Gut für: Schnelles Mittagessen, Familienessen oder einen Happen nach dem Strandbesuch.

3. Bep Hen Vietnamese Kitchen – Heimelige, nostalgische Aromen

- Adresse: Ngo Thi Si Straße 47, Bezirk My An, Bezirk Ngu Hanh Son
- Durchschnittliche Kosten: 4 – 7 $ pro Hauptgericht
- Öffnungszeiten: Täglich, 10:00 – 22:00 Uhr

Das Bep Hen befindet sich in einer gemütlichen gelben Villa im Stil eines vietnamesischen Hauses der 1970er Jahre. Es serviert wunderschön angerichtete Hausmannskost wie Canh Chua Ca (saure Fischsuppe), karamellisiertes Schweinefleisch aus dem Tontopf und gebratene Prunkwinden. Man fühlt sich, als würde man bei einem Verwandten essen, der zufällig auch noch ein fantastischer Koch ist.

Perfekt für: gemütliche Abendessen oder Alleinreisende, die eine ruhige, schmackhafte Mahlzeit genießen möchten.

4. Bé Mặn Seafood – Ohne Schnickschnack, frisch aus dem Tank

- Adresse: Lot 14 Ho Nghinh Straße, Son Tra Bezirk
- Durchschnittliche Kosten: 10 – 20 $ pro Person, abhängig vom Gewicht der Meeresfrüchte
- Öffnungszeiten: Täglich, 15:00 – 23:00 Uhr

In diesem lebhaften Fischrestaurant können Sie Ihre Meeresfrüchte selbst aus dem Aquarium auswählen – Muscheln, Jakobsmuscheln, Krabben und Garnelen – und sie dann nach Ihren Wünschen zubereiten: gedämpft, gegrillt oder gebraten. Es ist laut, voller Einheimischer und absolut authentisch. Es wird kaum Englisch gesprochen, aber die Meeresfrüchte sprechen für sich.

Empfohlenes Gericht: Gegrillte Jakobsmuscheln mit Frühlingszwiebelöl und Erdnüssen.

5. 43 Factory Coffee Roaster – Spezialitätenkaffee mit Design-Twist

- Adresse: Ngo Thi Sy Straße 422, Bezirk My An, Bezirk Ngu Hanh Son
- Durchschnittliche Kosten: 2 – 4 $ pro Getränk
- Öffnungszeiten: Täglich, 7:00 – 22:00 Uhr

Dieses minimalistische Café röstet seine Bohnen selbst und serviert sortenreinen Kaffee mit verschiedenen Brühmethoden. Das Open-Air-Design mit Blick auf einen Fischteich macht es zu einem ruhigen

Rückzugsort für digitale Nomaden, Kreative und alle, die mittags einen Koffeinschub brauchen. Das WLAN ist schnell und die Baristas sind gut ausgebildet.

Am besten für: Kaffeeliebhaber, Freiberufler oder entspannte Nachmittage nach dem Sightseeing.

6. Fatfish Restaurant & Lounge – Gehobene Atmosphäre zu mittleren Preisen

- Adresse: Tran Hung Dao Straße 439, Bezirk Son Tra
- Durchschnittliche Kosten: 15 – 25 USD pro Person
- Öffnungszeiten: Täglich, 11:00 – 23:00 Uhr
- Website: www.fatfishrestaurant.com

Fatfish ist eine Gastro-Lounge mit kreativen Interpretationen vietnamesischer und mediterraner Küche und Blick auf den Han-Fluss. Die Speisekarte bietet alles von Craft-Bieren und gebratenem Schweinebauch bis hin zu Softshell-Krabben-Bao und hausgemachten Pizzen. Das Restaurant ist gehobener, aber dennoch preiswert, insbesondere angesichts der Lage und des Ambientes.

Nicht verpassen: Den gegrillten Oktopus und eines ihrer Craft-Biere vom Fass.

7. L'Italiano Restaurant – Wohltuende italienische Küche mit vietnamesischer Seele

- Adresse: Tran Phu Straße 172, Bezirk Hai Chau
- Durchschnittliche Kosten: 6 – 12 $ pro Hauptgericht
- Öffnungszeiten: Täglich, 11:00 – 22:00 Uhr

Wenn Sie nach wochenlangem Reis und Nudeln Lust auf Pasta oder Pizza haben, ist dieses gemütliche italienische Restaurant genau das Richtige. Geführt von einem in Rom ausgebildeten vietnamesischen Koch, serviert L'Italiano Holzofenpizza, cremige Carbonara und guten

Hauswein in entspannter Atmosphäre. Die Atmosphäre ist locker und die Gäste sind sowohl Einheimische als auch Expats.

Ideal für: Verabredungen am Abend, Abendessen mit der Familie oder wenn Sie eine Pause vom vietnamesischen Essen brauchen.

KAPITEL NEUN

ABENTEUER IM ZENTRALEN HOCHLAND

9.1 Dalat: Die Stadt des ewigen Frühlings

Eingebettet in die kühle Umarmung des zentralen Hochlandes ist Dalat ein einzigartiges Reiseziel in Vietnam. Die Stadt liegt auf 1.500 Metern Höhe und bietet das ganze Jahr über ein mildes Klima – ideal für romantische Spaziergänge und Abenteuer im Hochland. Die Einheimischen nennen sie „Thành phố ngàn hoa“ (Stadt der tausend Blumen), und der Name trifft es: Farbenpracht strotzt nur so vor Blumen entlang jeder Straße, in gepflegten Parks, an ruhigen Seen und sogar in Straßengärten. Doch Dalat bietet mehr als nur Landschaft – es ist eine lebendige Stadt mit ihrem eigenen Rhythmus, die diejenigen belohnt, die sich Zeit nehmen.

Der französische Einfluss ist in den Villen im alpinen Stil, den verwinkelten, von Kiefern beschatteten Straßen und der frischen Morgenluft deutlich spürbar. Dalat ist seit langem ein Rückzugsort für vietnamesische Familien, Paare und Studenten. Hier können Sie gut essen, tief durchatmen und sich fühlen, als hätten Sie Zeit in einem anderen Land Vietnams verbracht.

1. Xuan Huong See

- Lage: Direkt im Zentrum der Stadt Dalat
- Öffnungszeiten: Täglich ganztägig geöffnet
- Kosten: Kostenlos spazieren gehen; Fahrradverleih ab 2 $/Stunde

Dieser halbmondförmige See ist das pulsierende Herz von Dalat. Einheimische joggen bei Sonnenaufgang an seinem Ufer entlang, Liebende spazieren Hand in Hand durch die neblige Dämmerung, und

Straßenhändler erhellen die Gegend nachts mit ihren Ständen, an denen gegrillter Mais und vietnamesische Pizza (Bánh Tráng Nướng) für etwa 1,25 Dollar verkauft wird. Wenn Sie Lust auf etwas Verspieltes haben, mieten Sie sich in der Nähe des Lam-Vien-Platzes ein schwanenförmiges Paddelboot und gleiten Sie über das stille Wasser, während sich die Kiefern auf der Oberfläche spiegeln. Besonders schön ist es gegen 7 Uhr morgens, wenn das Licht sanft ist und die Stadt noch nicht ganz erwacht ist.

Tipp von Einheimischen: Bestellen Sie ein Glas Avocado-Smoothie mit Kondensmilch im „Thanh Thuy Blue Water Café" (2 Tran Quoc Toan St.) und schlürfen Sie ihn am Seeufer – typisch Dalat geht es kaum.

2. Verrücktes Haus (Hang Nga Gästehaus)

- Standort: Huynh Thuc Khang Straße 3
- Öffnungszeiten: täglich 8:30 – 19:00 Uhr
- Eintrittsgebühr: 3,50 $ (80.000 VND)
- Zimmerpreise (bei Übernachtung): 40–80 $

Dieses bizarre, außerweltliche Bauwerk wurde vom Architekten Dang Viet Nga entworfen und ist anders als alles, was Sie in Vietnam – oder der Welt – sehen werden. Inspiriert von Gaudí und dem Surrealen, ist das Crazy House ein Gewirr aus Tunneln, Baumstämmen, Leitern und tierförmigen Räumen. Sie können Treppen ohne Geländer erklimmen, durch Buntglas-Spinnennetze blicken und durch einen lebendigen Skulpturengarten wandern.

Mein persönlicher Favorit: Übernachten Sie in einem der Themenzimmer – zum Beispiel im „Termitenzimmer" oder im „Adlerzimmer". In diesem Fantasieland aufzuwachen, während Nebel durch Ihr Fenster kriecht, ist ein einmaliges Erlebnis.

3. Truc Lam Zen-Kloster und Seilbahnfahrt

- Talstation der Seilbahn: Robin Hill, 1 Dong Da Street

- Öffnungszeiten: 7:30 – 17:00 Uhr
- Preis der Seilbahn: 4,50 $ Hin- und Rückfahrt (100.000 VND)
- Eintritt ins Kloster: Frei

Fahren Sie mit der malerischen Seilbahn von Robin Hill zum Truc Lam Zen-Kloster und schweben Sie über Kiefernwälder, Blumenfarmen und Ziegeldächer. Die Aussicht ist spektakulär, besonders am späten Nachmittag, wenn das Licht golden wird. Im Kloster herrschen Stille und Ruhe. Es ist ein aktives buddhistisches Refugium, daher hören Sie Windspiele, Glocken und das Flüstern von Weihrauch.

Der schönste Moment: Setzen Sie sich unter den Kiefern an den Lotusteich und atmen Sie einfach durch. Dalat ist einer der wenigen Orte in Vietnam, an dem Stille nicht nur möglich, sondern sogar erwünscht ist.

4. Dalat-Markt

- Standort: Nguyen Thi Minh Khai Straße 1
- Öffnungszeiten: 6:00 – 18:30 Uhr (Hauptmarkt), Nachtmarkt beginnt gegen 17:30 Uhr.
- Eintrittsgebühr: Kostenlos

Der zentrale Markt der Stadt ist ein wahrer Sinnesspielplatz – Berge von Erdbeeren, Bündel von Artischockenblüten, frische Avocados, getrocknete Kakis und Stapel von Reispapier. Die Händler sind herzlich und großzügig. Sie lassen Sie Trockenfrüchte probieren und schenken Ihnen einen Schuss Artischockenlikör ein, selbst wenn Sie nur stöbern.

Bei Einbruch der Dunkelheit verwandeln sich die Straßen rund um den Markt in ein wahres Straßenfest. Probieren Sie heiße Sojamilch (sữa đậu nành), gegrillte Reispapier-Snacks oder Süßkartoffelkuchen für unter 2 Dollar pro Gericht. Schnell, lecker und voller Geschmack.

5. Datanla-Wasserfall und Alpine Coaster

- Lage: Prenn Pass, 5 km vom Stadtzentrum von Dalat entfernt
- Öffnungszeiten: 7:00 – 17:00 Uhr
- Eintrittsgebühr: 1,70 $ (40.000 VND); Alpine Coaster-Fahrt: 3,50 $ Hin- und Rückfahrt

Das Tosen des Datanla-Wasserfalls ist die Belohnung für alle Mutigen, die mit der Alpenachterbahn auf einer kurvenreichen Schiene durch den Wald sausen. Die Achterbahn ist selbststeuernd, sodass Sie mit Vollgas oder langsam fahren können. Unten stürzt der Wasserfall mit voller Kraft in die Felsen – kommen Sie nah heran und spüren Sie die Gischt.

Tipp für Adrenalinjunkies: Buchen Sie eine Canyoning-Tour mit Phat Tire Ventures für etwa 70 US-Dollar, wenn Sie Lust haben, sich an Wasserfällen abzuseilen und von Klippen zu springen.

6. Linh Phuoc Pagode

- Standort: 120 Tu Phuoc, Dorf Trai Mat
- Öffnungszeiten: 7:00 – 17:00 Uhr
- Eintrittsgebühr: Kostenlos
- Anreise: Touristenzug vom Bahnhof Dalat nach Trai Mat (5 $ Hin- und Rückfahrt)

Die Linh-Phuoc-Pagode ist von Kopf bis Fuß mit Mosaikfliesen aus Glas, Keramik und Bierflaschen bedeckt und zugleich ein Kunstwerk und ein Gotteshaus. Allein der 49 Meter hohe Drache aus 12.000 Bierflaschen ist einen Besuch wert. Sie ist ruhiger als viele Stadtpagoden, besonders früh am Morgen.

Highlight: Erklimmen Sie den siebenstöckigen Glockenturm und läuten Sie die riesige Bronzeglocke – es heißt, Ihr Wunsch werde im Klang des Glockenspiels widerhallen.

7. Essen wie ein Einheimischer: Tao Ngo Chicken Hotpot mit Perillablättern

- Standort: Ba Thang Hai Straße 5
- Öffnungszeiten: 10:00 – 22:00 Uhr
- Durchschnittspreis: 8–10 $ pro Person für Hotpot

Dieses Lokal serviert ausschließlich ein Gericht – und das macht seinen Charme aus. Der Eintopf besteht aus Hühnchen, dem lokalen scharf-sauren Kraut „lá é", Bambussprossen und einer kräftigen, reichhaltigen Brühe. Es ist ein herzhaftes, belebendes Essen für die kühlen Abende in Dalat. Rechnen Sie zu Stoßzeiten mit Wartezeiten, aber es geht schnell.

Wie man sich in Dalat fortbewegt

- Taxis in Dalat nutzen Taxameter und kosten etwa 0,60 $ pro Kilometer. Zu den seriösen Unternehmen gehören Mai Linh und Lado Taxi.
- Für Alleinreisende oder Paare ist Grab (Vietnams Mitfahr-App) eine zuverlässige Möglichkeit, Motorrad- oder Autofahrten innerhalb der Stadt zu buchen. Rechnen Sie mit 1–2 $ für eine kurze Fahrt durch die Stadt. Motorroller können Sie für 5–7 $ pro Tag bei Händlern in der Nähe des Marktes oder Ihres Hotels mieten. Seien Sie jedoch auf kurvige Straßen und gelegentlichen Nebel gefasst.

9.2 Buon Ma Thuot und Kaffeekultur

Buon Ma Thuot, die Hauptstadt der Provinz Đắk Lắk, ist das Herz des Hochlandes Vietnams für Kaffeeliebhaber, Entdecker und alle, die eine unverfälschte Verbindung zur ländlichen Seele des Landes suchen. Während die meisten internationalen Reisenden Hanoi, die Halong-Bucht oder das Mekong-Delta ansteuern, floriert Buon Ma Thuot im zentralen Hochland als Epizentrum der vietnamesischen Kaffeeindustrie. Diese Stadt bietet die einmalige Gelegenheit, eine

Landschaft zu erleben, die von vulkanischem Boden, hügeligen Kaffeeplantagen, ethnischen Minderheitenkulturen und einem Rhythmus fernab der Reisebusse geprägt ist.

1. Kaffeedorf Trung Nguyen

- Adresse: 149–153 Ly Thai To Street, Buon Ma Thuot
- Öffnungszeiten: Täglich, 7:00 – 22:00 Uhr
- Eintritt: Frei (Kaffee 2–5 $)

Stellen Sie sich das als Vietnams Version eines Kaffeetempels vor. Teils Café, teils Museum und teils Garten – Trung Nguyens Flagship-Store ist ein luxuriöser Rückzugsort vom Großstadttrubel. Steinpfade schlängeln sich durch Lotusteiche und Holzpagoden. Sie werden Pärchen bei einem Date am Abend, Geschäftsleute bei leisen Besprechungen und Einheimische sehen, die langsam ihren Kaffee schlürfen – so wie es sich gehört.

Bestellen Sie einen Legendee-Kaffee, ein mildes, schokoladiges Gebräu, das oft als Vietnams Antwort auf den Zibetkaffee bezeichnet wird, für etwa 5 Dollar. Er ist reichhaltig, leicht sirupartig und ein Genuss ohne schlechtes Gewissen. Im Inneren gibt es außerdem ein Mini-Museum mit Vintage-Mühlen und traditionellen Kaffeezubereitungsgeräten. Lassen Sie sich auch die hausgebackenen Kokoskekse nicht entgehen – sie stehen nicht auf der Karte, können aber an der Theke danach gefragt werden.

Hier kann man auch ganze Bohnen kaufen. Eine 500-g-Tüte Robusta aus einer einzigen Herkunft ist ab etwa 9 Dollar erhältlich. Die Mitarbeiter, viele von ihnen in Barista-Techniken geschult, empfehlen Ihnen gerne eine Brühmethode, die zu Ihrem Reisestil passt – French Press für Hotelzimmer oder Phin-Filter für den authentischen vietnamesischen Filterkaffee.

2. Kaffeetour mit lokalen Bauern

- Treffpunkt: 43 Y Ngong Street, Buon Ma Thuot

- Tourzeiten: Abfahrten täglich um 8:30 Uhr und 14:00 Uhr
- Kosten: Etwa 25 $ pro Person (einschließlich Transport, Führung und Verkostung)

Ein Besuch in Buon Ma Thuot ist erst komplett, wenn Sie selbst zwischen den Kaffeebäumen gestanden haben. Mehrere Reiseveranstalter bieten mittlerweile halbtägige Kaffeefarm-Erlebnisse an, bei denen Sie mit einheimischen Bauern durch die Plantagen spazieren, Trocknungs- und Sortiertechniken erlernen und sich während der Saison (November–Februar) selbst an der Ernte versuchen können.

Ich erinnere mich, wie ich mit Herrn Loc, einem Bauern in dritter Generation, unter einem raschelnden Schattenbaum saß und ihm beim Aussuchen der grünen Bohnen zusah. Er sprach nicht viel Englisch, reichte mir aber eine kleine Tasse dicken schwarzen Kaffee und sagte nur ein Wort: „Chậm" (langsam). Und so lernte ich in Buon Ma Thuot Kaffee zu trinken.

Diese Touren enden typischerweise mit einer Verkostung unter einer Holzveranda, umgeben von Hügeln mit reifenden Kirschen und Trockenschalen. Es geht nicht nur ums Fotografieren – es geht um lehrreiches Wissen, das in aller Ruhe und mit Sorgfalt vermittelt wird.

3. Ethnographisches Museum Dak Lak

- Adresse: 12 Le Duan Street, Buon Ma Thuot
- Öffnungszeiten: Dienstag–Sonntag, 7:30–16:30 Uhr
- Eintritt: 1,30 $ (30.000 VND)

Das Museum befindet sich in einem ehemaligen französischen Gouverneurshaus und bietet einen faszinierenden Einblick in das Leben der ethnischen Gruppen im zentralen Hochland Vietnams, insbesondere der Ede, Jarai und M'nong. Zu den Exponaten gehören Holzgongs, Jagdwerkzeuge, Hochzeitskleidung und Kaffeeutensilien aus der Zeit vor der Industrialisierung.

Was diesen Ort so unvergesslich macht, ist nicht nur die Ausstellung – es ist die Art und Weise, wie die Einheimischen ihn wie ein lebendiges Archiv behandeln. Vielleicht treffen Sie hier eine Gruppe von Ede-Schulkindern auf einem Ausflug oder eine ältere Frau, die ihrer Enkelin Korbflechttechniken erklärt. Verbringen Sie 30–45 Minuten hier, bevor Sie sich in ein Minderheitendorf aufmachen; das verleiht Ihrem Besuch Kontext und kulturelles Feingefühl.

4. Dray Nur und Dray Sap Wasserfälle

- Adresse: Cu Jut District, ~25 km südwestlich von Buon Ma Thuot
- Öffnungszeiten: Täglich, 7:30 – 17:30 Uhr
- Eintritt: 2,10 $ (50.000 VND)

Diese beiden Wasserfälle – Dray Nur („Weiblich") und Dray Sap („Männlich") – sind tosend, ungezähmt und atemberaubend. Schon der Weg dorthin, vorbei an Pfefferplantagen und Eukalyptushainen, ist ein Teil des Vergnügens. Ein kurzer Weg verbindet die beiden Wasserfälle über eine Hängebrücke, die gerade so schwingt, dass man lachen oder den Atem anhalten kann.

Am Fuße des Dray Nur können Sie in ruhigen Becken schwimmen. Es gibt einen schattigen Picknickplatz, und an Wochenenden verkaufen lokale Händler gegrillten Mais und Reiskuchen. Tragen Sie festes Schuhwerk – die Felsen sind rutschig – und packen Sie ein Handtuch ein. Hier gibt es keine Umkleidekabinen oder besondere Infrastruktur, aber Sie werden die Natur mit ihrer ganzen Kraft spüren.

Das Mieten eines Motorrads kostet in der Stadt etwa 7 US-Dollar pro Tag. Taxis oder private Fahrer berechnen für die Hin- und Rückfahrt 25–30 US-Dollar.

5. Yok Don Nationalpark

- Lage: 40 km westlich von Buon Ma Thuot
- Öffnungszeiten: Täglich 7:30 – 17:00 Uhr

- Eintritt: 2 $ (50.000 VND), Führungen ab 60 $

Wenn Sie schon immer Elefanten sehen wollten, ohne auf ihnen zu reiten, sind Sie hier genau richtig. Yok Don hat sich vom ausbeuterischen Tourismus verabschiedet und bietet nun ethische Beobachtungsprogramme an, bei denen Sie Elefanten beim Fressen, Baden und Umherstreifen in halbwilden Gebieten begleiten können. Ganztägige Touren beinhalten Mittagessen, einen Führer und Geschichten über die Vergangenheit jedes Elefanten.

Es ist außerdem Heimat von Nashornvögeln, Gibbons und seltenen Pflanzen und bietet sanfte Wanderungen durch trockenen Laubwald. Der Eintrittspreis unterstützt laufende Naturschutzbemühungen.

Reservierungen sind unter www.yokdonnationalpark.vn möglich. Bringen Sie Insektenschutzmittel, lange Ärmel und ein offenes Herz mit – Sie werden den Park besser verlassen, als Sie ihn betreten haben.

6. Bestes Straßenessen: Tan An Markt

- Standort: Phan Boi Chau Straße, Buon Ma Thuot
- Beste Besuchszeit: 6:00 – 9:00 Uhr
- Kosten: Gerichte von 0,50–2 $

Buon Ma Thuot schmeckt am frühen Morgen am besten. Besuchen Sie den Tan An Markt und halten Sie Ausschau nach den Frauen, die Klebreispfannkuchen grillen oder frisches Obst in Tüten mit Chilisalz schneiden. In der Nähe des Haupteingangs gibt es einen Stand, der Bánh Cuốn (gedämpfte Reisrollen) mit gebratenen Schalotten und Kräutern für 1,20 Dollar verkauft. Die Dame dort, Tante Tam, spricht kein Englisch – aber sie begrüßt Sie mit einem herzlichen Lächeln und einem kräftigen Schuss Fischsauce.

Probieren Sie auch den Avocado-Smoothie – er ist hier dickflüssiger als anderswo in Vietnam und wird nur aus Avocado, Kondensmilch und Eis hergestellt. Sie werden Studenten und alte Onkel sehen, die

Schulter an Schulter an Plastiktischen sitzen und über Kaffee und Banh Mi brüten. Nehmen Sie Platz und setzen Sie sich zu ihnen.

Anreise nach Buon Ma Thuot

- Flüge von Hanoi oder Ho-Chi-Minh-Stadt dauern etwa eine Stunde und kosten zwischen 35 und 60 US-Dollar pro Strecke. Vietnam Airlines, VietJet und Bamboo Airways bedienen diese Strecke.
- Der Flughafen Buon Ma Thuot (BMV) liegt 10 km vom Stadtzentrum entfernt. Taxis vom Flughafen kosten etwa 6 US-Dollar, oder Sie können über die App ein Grab-Auto buchen.
- Busse fahren auch von Nha Trang (5 Stunden, 7 $), Da Lat (6 Stunden, 8 $) und Pleiku (4 Stunden, 6 $). Alle fahren von Ben Xe Lien Tinh oder Nha Xe Kumho ab.

Buon Ma Thuot Tipps für Reisende

- Beste Reisezeit: November bis März (Trockenzeit) bietet kühlere Tage und klaren Himmel.
- Kaffeeerntezeit: November bis Februar – auf den Farmen ist am meisten los und es besteht die Möglichkeit, praktische Erfahrungen zu sammeln.
- Sprachtipp: Englisch ist hier weniger verbreitet als in größeren Städten. Grundlegende vietnamesische Sätze helfen, oder bitten Sie Ihr Hotel, wichtige Reiseziele auf Vietnamesisch zu schreiben.
- Kleiderordnung: Beim Besuch von Minderheitendörfern ist respektvolle Kleidung wichtig – keine kurzen Shorts oder ärmellosen Oberteile.

9.3 Übernachtungsmöglichkeiten im zentralen Hochland

Die Central Highlands haben etwas, das einen dazu verleitet, länger zu bleiben – vielleicht ist es die frische Luft, der Duft von Kiefern nach einem Regenschauer oder die Art und Weise, wie der Nebel jeden Morgen die Hügel wie eine weiche Decke umhüllt. Wo man hier übernachtet, ist entscheidend. Die unten aufgeführten Unterkünfte sind nicht nur Übernachtungsmöglichkeiten – sie sind Teil der Reise. Sie atmen lokalen Charme, familiäre Wärme und die Ruhe des Hochlandes.

1. Ana Mandara Villas Dalat Resort & Spa – Dalat

Wo französisches Erbe auf die Ruhe der Highlands trifft

Beschreibung: Das Ana Mandara liegt in einem Pinienwald am Hang, nur 5 Minuten vom Stadtzentrum von Dalat entfernt und bietet 17 restaurierte französische Villen aus den 1920er und 1930er Jahren. Jede Villa ist individuell eingerichtet und verfügt über antike Möbel, Kamine und große Balkone. Der Wellnessbereich und der beheizte Pool machen das Hotel ideal für Paare oder Reisende, die Ruhe und Erholung suchen.

- Website: www.anamandara-resort.com
- Durchschnittliche Kosten: 120–180 $ pro Nacht (inkl. Frühstück)
- Adresse: Le Lai Street, Bezirk 5, Dalat, Provinz Lam Dong

2. Cozy Nook Hostel - Dalat

Backpacker-Wärme mit familiärem Flair

Beschreibung: Das charmante, familiengeführte Hostel Cozy Nook liegt in der Nähe des Dalat-Marktes und ist bekannt für seine sauberen Schlafsäle und die einladende Atmosphäre. Gäste genießen abendliche gemeinsame Abendessen, Rollerverleih und kostenloses Frühstück. Ideal für Alleinreisende oder Paare mit kleinem Budget, die Gemeinschaft und kulturelle Kontakte suchen.

- Durchschnittliche Kosten: 7 $ für Schlafsaalbetten, 25 $ für Privatzimmer

- Adresse: 54B Nam Ky Khoi Nghia Street, Dalat, Provinz Lam Dong

3. Terracotta Hotel & Resort – Tuyen-Lam-See, Dalat

Rückzugsort am See mit allen Annehmlichkeiten

Beschreibung: Dieses große Resort liegt am ruhigen Ufer des Tuyen-Lam-Sees und ist ideal für Familien, Paare und alle, die Komfort inmitten der Natur suchen. Zimmer und Villen bieten See- oder Gartenblick. Zur Ausstattung gehören ein Innenpool, ein Tennisplatz, ein Spa und ein täglicher Shuttle in die Stadt.

- Durchschnittliche Kosten: 80–120 $ pro Nacht
- Adresse: Zone 7.9, Tuyen Lam See, Bezirk 3, Dalat, Provinz Lam Dong

4. Muong Thanh Luxushotel Buon Ma Thuot – Buon Ma Thuot

Moderner Komfort im Herzen der Highlands

Beschreibung: Dieses Vier-Sterne-Hotel im Zentrum von Buon Ma Thuot bietet moderne Annehmlichkeiten wie einen Dachpool, ein Restaurant mit umfassendem Service, ein Spa und Business-Einrichtungen. Ideal für Durchreisende oder alle, die einen zuverlässigen Ausgangspunkt für die Erkundung der nahegelegenen Kaffeeplantagen und Nationalparks suchen.

- Website: www.muongthanh.com
- Durchschnittliche Kosten: 60–90 $ pro Nacht
- Adresse: 81 Nguyen Tat Thanh Street, Buon Ma Thuot, Provinz Dak Lak

5. Lak Tented Camp – Lak Lake (in der Nähe von Buon Ma Thuot)

Öko-Luxus unter Zeltplanen am See

Beschreibung: Dieses Öko-Zeltresort ist nur per Boot erreichbar und verbindet Komfort mit Nachhaltigkeit. Die Zelte verfügen über Betten,

Badezimmer und Seeblick. Die Mahlzeiten stammen aus regionalen Zutaten. Gäste können Kajak fahren, kulturelle Darbietungen erleben und Farmbesuche unternehmen. Perfekt für Naturliebhaber und romantische Rückzugsorte.

- Website: www.laktentedcamp.com
- Durchschnittliche Kosten: 95–150 $ pro Nacht (inklusive Frühstück und Bootstransfer)
- Adresse: 1 Le Thi Hong Gam, Stadt Lien Son, Bezirk Lak, Provinz Dak Lak

6. Elephant Village Homestay – Buon Don, Dak Lak

Wohnen Sie mit Einheimischen, schlafen Sie in einem Pfahlhaus

Beschreibung: In der Nähe des Yok Don Nationalparks gelegen, bietet diese einfache und authentische Privatunterkunft Bambuspfahlhäuser und familienfreundliche Mahlzeiten aus regionalen Zutaten. Sie schlafen unter Moskitonetzen und werden vom Gezwitscher von Hähnen, Fröschen und den Geräuschen des Dorflebens geweckt. Es werden geführte Touren in den Wald angeboten.

- Durchschnittliche Kosten: 20–25 $ pro Nacht (inkl. Frühstück)
- Adresse: Buon Don, Gemeinde Krong, Provinz Dak Lak

9.4 Wo man im zentralen Hochland essen kann

Die Erkundung des zentralen Hochlands Vietnams ist eine Reise durch Bergnebel, Waldpfade und Stammesdörfer – doch es ist das Essen, das im Stillen die Schau stiehlt. Hier sind die Mahlzeiten herzhafter, die Aromen kräftig, ohne übertrieben zu wirken, und jedes Gericht trägt den Stempel des vulkanischen Bodens und des Höhenwetters. Von Dalat über Buon Ma Thuot bis hin zu den ruhigen Ufern des Lak-Sees finden Sie hier einige der beliebtesten Restaurants – mit authentischen, intimen Highlights, die Sie in keinem Prospekt finden würden.

Dalat

1. Tao Ngo Hühnereintopf mit Perillablättern

- 5 Ba Thang Hai, Bezirk 1, Dalat
- 10:00 – 22:00 Uhr
- Durchschnittliche Kosten: 8 $ pro Person

Fragt man einen Einheimischen, wo man sich an einem kühlen Abend in Dalat aufwärmen kann, wird man zu Tao Ngộ geschickt. Das Spezialgericht, Lẩu gà lá é (Hühnchen-Eintopf mit würzigen Basilikumblättern), ist ein Gericht, das einem im Gedächtnis bleibt. Die Brühe duftet, das Hühnchen ist zart, und der dazu gereichte Chili-Dip? Feurig perfekt. Ich erinnere mich noch gut daran, wie ich hier mit Freunden über einem brodelnden Topf saß, während die Bergluft durch unsere Jacken schnitt.

2. Ein Café

- 63 Ba Thang Hai, Dalat
- 7:30 – 22:00 Uhr
- Durchschnittliche Kosten: 6–12 $

Inmitten echter Kiefern serviert das An Café mehr als nur hervorragenden Kaffee. Es ist einer jener Orte, an denen die Zeit stillsteht. Probieren Sie den Karamell-Eier-Kaffee (2,50 $) und Avocado-Toast mit frischen Kräutern aus dem eigenen Garten. Der Blick von der Holzterrasse vermittelt das Gefühl, als würde man sein Frühstück inmitten einer Postkarte genießen.

3. Ha Thanh Ecke

- 53 Thu Khoa Huan, Dalat
- 10:30 – 21:00 Uhr
- Durchschnittliche Kosten: 6 $ pro Person

Das Restaurant wird von einer netten Familie geführt, die glaubt, dass Essen sich wie zu Hause anfühlen sollte. Es serviert wohltuenden

Cơm Lam (Bambusrohrreis) und brutzelndes Rindfleisch mit Artischockenblüten. Allein die hausgemachte Chilisauce ist einen erneuten Besuch wert.

Buon Ma Thuot

4. Trung Nguyen Legend Coffee Village

- 149–153 Ly Thai To, Buon Ma Thuot
- 7:00 – 22:00 Uhr
- Durchschnittliche Kosten: 2–5 $

Wenn Vietnam eine Kaffeehauptstadt hätte, wäre dies sein pulsierendes Herz. Das mit Gärten gefüllte Gelände ist ein wahrer Genuss für alle Sinne. Setzen Sie sich an den Koiteich und probieren Sie eine Wiesel-Kaffeemischung (4 $), während der Duft gerösteter Bohnen durch die Luft weht. Hier ist es nicht nur ein Getränk – es ist ein Übergangsritus.

5. Lokaler Tontopfreis

- 20 Nguyen Tat Thanh, Buon Ma Thuot
- 10:30 – 21:00 Uhr
- Durchschnittliche Kosten: 5–7 $

Der Reis aus dem Tontopf hier knistert vor Aroma. Ich habe einmal mit einem M'nong-Bauern gegessen, der sagte, dies sei der einzige Ort in der Stadt, der ihn an die Kochkünste seiner Frau erinnere. Verpassen Sie nicht den karamellisierten Fisch oder das sautierte Waldgemüse.

6. Y Lak Restaurant (Lak Zeltlager)

- Lak District (mit dem Boot vom Lien Son Pier aus erreichbar)
- 7:00 – 21:00 Uhr
- Durchschnittliche Kosten: 10–15 $

Dieses Juwel am Seeufer serviert Gerichte im M'nong-Stil – gegrillten Flussfisch, Tamarindenente und selbstgebrauten Reiswein. Hier zu speisen fühlt sich heilig an. Man ist umgeben von Stille, Wasser und Bergen – jeder Bissen fühlt sich in Ort und Tradition verankert.

KAPITEL ZEHN

HO-CHI-MINH-STADT (SAIGON)

10.1 Bezirksführer: Wo man übernachten, essen und erkunden kann

Das pulsierende Herz von Ho-Chi-Minh-Stadt lässt sich am besten bei einem Spaziergang durch die einzelnen Bezirke kennenlernen – jeder mit seiner eigenen Stimmung, seinem eigenen Tempo und seinem eigenen Charakter. Für Erstbesucher stechen zwei besonders hervor: Bezirk 1 bietet das kultivierte Chaos einer kosmopolitischen südostasiatischen Hauptstadt, während Bezirk 3 die stilleren Wahrheiten des lokalen Lebens offenbart, ohne dabei seine zentrale Lage oder Seele zu verlieren. Beide Bezirke verdienen einen Besuch und passen zu unterschiedlichen Stimmungen, Budgets und Neugierde.

10.1.1 Bezirk 1: Das energiegeladene, touristenfreundliche Zentrum

Distrikt 1 ist Saigons Hauptbühne. Hier landen Reisende, hier berühren Wolkenkratzer die Wolken und hier befinden sich die meisten Luxushotels, das Nachtleben, Restaurants und Kolonialdenkmäler der Stadt in unmittelbarer Nähe. Stellen Sie sich Distrikt 1 als Vietnams Fusion aus New Yorks Manhattan und Bangkoks Sukhumvit vor: vertikal, stilvoll, überfüllt und unverkennbar lebendig.

Wo übernachten im Bezirk 1

Bezirk 1 ist für jedes Reisebudget geeignet, eignet sich aber besonders gut für alle, die Wert auf Komfort, Bequemlichkeit und eine erste Orientierung legen.

Luxus:

- Das Park Hyatt Saigon (Lam Son Square 2, Ben Nghe Ward) verströmt kolonialen Charme mit französischer Architektur und moderner Eleganz. Die Zimmer kosten durchschnittlich etwa 260 Dollar pro Nacht. Zu den Annehmlichkeiten gehören ein üppiger Pool, ein Spa und Nachmittagstee in der eleganten Lounge. Website: hyatt.com
- Das Reverie Saigon (22-36 Nguyen Hue Blvd., Ben Nghe Ward) ist nicht gerade dezent. Es ist glamourös, prachtvoll und unverschämt opulent. Kristallkronleuchter hängen über italienischen Möbeln und bieten vom Boden bis zur Decke reichende Ausblicke auf den Saigon-Fluss. Rechnen Sie mit 320–450 $ pro Nacht. Website: thereveriesaigon.com

Mittelklasse:

Das Silverland Jolie Hotel (4D Thi Sach, Ben Nghe Ward) bietet Boutique-Ästhetik mit herzlicher vietnamesischer Gastfreundschaft. Whirlpools auf dem Dach und kostenloser Nachmittagstee machen es zu einem Highlight für 70–100 US-Dollar pro Nacht. Website: silverlandhotels.com

Budget:

Das Common Room Project (80/8 Nguyen Trai, Ben Thanh Ward) ist eine beliebte Budget-Unterkunft, die Hostel-Preise (12–15 $ für Schlafsäle, 40 $ für Privatzimmer) mit gehobenem Design verbindet. Sauber, schick und gemeinschaftsorientiert. Website: thecommonroomproject.com

Wo man im Bezirk 1 essen kann

Distrikt 1 ist ein Paradies für Feinschmecker. Ob Sie Saigons berühmten Eismilchkaffee genießen oder geräuchertes gegrilltes Schweinefleisch mit Bruchreis genießen – es gibt unzählige hervorragende kulinarische Orte.

- Phở Hoa Pasteur (260C Pasteur, Station 8): Dieses familiengeführte Phở-Restaurant serviert seit den 1960er Jahren Brühe. Eine heiße Schüssel Rindfleisch-Phở kostet etwa 2,50 $. Das Restaurant ist täglich von 6:00 bis 22:00 Uhr geöffnet.
- Bánh Mì Huynh Hoa (26 Le Thi Rieng, Ben Thanh Ward): Die unangefochtene Königin der Saigoner Bánh-Mì-Szene. Für 3,50 $ gibt es ein knuspriges Baguette gefüllt mit fünf verschiedenen Aufschnittsorten, eingelegtem Gemüse und einem Hauch Pastete. Geöffnet von 14:30 bis 23:00 Uhr.
- Secret Garden Restaurant (Pasteur 158, Dachterrasse, Ben Nghe): Versteckt auf einem alten Wohnhaus serviert es südvietnamesische Hausmannskost in einem Dachgarten-Ambiente. Rechnen Sie mit 5–7 $ pro Gericht. Geöffnet von 11:00 bis 22:30 Uhr.

Was es im Bezirk 1 zu entdecken gibt

Am besten lässt sich der 1. Bezirk zu Fuß am frühen Morgen oder in der Nacht erkunden, wenn der Verkehr nachlässt und der Rhythmus der Stadt poetisch wird.

- Nguyen Hue Walking Street: Eine Fußgängerzone, die vom Volkskomitee und dem Saigon-Fluss gesäumt ist. Jeden Abend skaten, tanzen und musizieren hier Einheimische. Die Atmosphäre ist frei, jugendlich und unverkennbar saigonesisch.
- Ben-Thanh-Markt (Le Loi Blvd., Ben-Thanh-Bezirk): Eines der ältesten Wahrzeichen der Stadt – ein wahres Chaos. Die Preise für Touristen sind zwar hoch, aber man kann ein Hemd bis auf 3 $, einen Souvenirmagneten bis auf 0,50 $ und eine Tüte Trockenfrüchte bis auf 2,50 $ herunterhandeln. Täglich von 7:00 bis 19:00 Uhr geöffnet.
- Bitexco Financial Tower – Saigon Skydeck (Ho Tung Mau Straße 36): Genießen Sie einen 360°-Blick über die Stadt.

Tickets kosten je nach Wochentag und Uhrzeit 9–11 $. Geöffnet von 9:30 bis 21:30 Uhr.

10.1.2 Bezirk 3: Der authentische lokale Beat

Etwas abseits vom Trubel des 1. Bezirks gelegen, bietet Bezirk 3 Authentizität ohne Unannehmlichkeiten. Hier säumen französische Villen grüne Straßen. Man hört weniger Touristen, dafür mehr lachende Kinder auf Schulhöfen. Künstlercafés, Pagoden und familiengeführte Restaurants prägen das Bild. Es ist der Bezirk, in dem die Einheimischen leben – und der versierte Reisende verweilt.

Unterkünfte im 3. Bezirk

- Maison De Camille Boutique Hotel (174/21 Dien Bien Phu): Mit Balkonen im französischen Stil, persönlichem Service und einer Gartenbar auf dem Dach bietet dieses Boutique-Hotel Komfort und Charme für etwa 50–65 US-Dollar pro Nacht.
- LeBlanc Saigon Hotel (414 Nguyen Dinh Chieu): Ruhig und sauber mit heimeliger Atmosphäre. Die Preise liegen zwischen 35 und 45 US-Dollar, und die Gäste loben die Insidertipps des Personals.
- Orchids Saigon Hotel (Pasteur Str. 192): Eine Vier-Sterne-Überraschung mit erschwinglichen Preisen zwischen 70 und 85 US-Dollar pro Nacht, Pool, Fitnessstudio und Wellnessangeboten. Eine zuverlässige Wahl für Komfort ohne viel Aufhebens.

Wo man im Bezirk 3 essen kann

In diesem Viertel finden Sie einige der bestgehüteten kulinarischen Schätze der Stadt, von jahrhundertealten Nudelrestaurants bis hin zu kunstvoll gestalteten Cafés.

- Bánh Xèo 46A (46A Dinh Cong Trang): Knusprige Reismehlpfannkuchen gefüllt mit Schweinefleisch, Garnelen und Sojasprossen, serviert mit einem Strauß frischer Kräuter und Dip-Sauce. Ein Teller kostet 3,50–4 $. Täglich geöffnet von 10:00 bis 21:00 Uhr.

- Cơm Gà Xối Mỡ Su Su (55 Tran Van Dang): Ihr gebratener Hühnchenreis ist ein Favorit der Arbeiterklasse. Eine Mahlzeit kostet 2,20 $. Nur Barzahlung möglich. Geöffnet von 7:30 bis 21:00 Uhr.
- Das Vintage Emporium Café (95B Nguyen Van Thu): Ein beliebter Treffpunkt für Expats und vietnamesische Kreative. Ein toller Ort zum Brunchen und Kaffeetrinken. Die Kombination aus zerdrücktem Avocado-Toast und Flat White kostet etwa 7 Dollar. Geöffnet von 7:30 bis 22:00 Uhr.

Was es im Bezirk 3 zu entdecken gibt

- Kriegsopfermuseum (Vo Van Tan Str. 28): Die nackte Realität des Vietnamkriegs wird hier offengelegt. Es ist eines der eindringlichsten und ernüchterndsten Erlebnisse der Stadt. Der Eintritt beträgt 2 Dollar. Täglich geöffnet von 7:30 bis 18:00 Uhr.
- Turtle Lake Roundabout (Cong Truong Quoc Te): Kein See im herkömmlichen Sinne, sondern ein belebter Platz, auf dem sich Studenten treffen und Imbissstände alles von gegrilltem Mais bis Milo-Eis verkaufen. Ein Paradies für Streetfood bis spät in die Nacht.
- Tan Dinh Kirche (289 Hai Ba Trung): Diese kaugummirosa Kirche aus der französischen Kolonialzeit ist einer der beliebtesten Instagram-Posts in Saigon. Obwohl sie innen oft geschlossen ist, kann die Fassade rund um die Uhr bewundert werden.
- Le Van Tam Park: Einheimische joggen hier im Morgengrauen, machen Tai Chi in der Abenddämmerung und Familien picknicken am Wochenende. Für Reisende, die eine ruhige Pause brauchen, ist dies der Ort, an dem die Stadt aufatmet.

Distrikt 1 und Distrikt 3 repräsentieren zwei Versionen derselben Saigon-Geschichte – die eine elegant, pulsierend und kosmopolitisch; die andere entspannt, geerdet und tief in der Region verwurzelt. Ein kluger Reisender entscheidet sich nicht zwischen beiden. Stattdessen wacht er in Distrikt 3 auf, verbringt den Tag damit, durch Distrikt 1 zu schlendern, und kehrt mit beiden Aromen auf der Zunge zurück, wie eine perfekte Schüssel Phở.

10.2 Historische Stätten

Hier sind die wichtigsten historischen Stätten, die Sie nicht verpassen sollten – komplett mit persönlichen Einblicken, praktischen Tipps und den kleinen Dingen, die es nicht in Hochglanzbroschüren schaffen.

1. Kriegsopfermuseum

Adresse: 28 Vo Van Tan Street, Bezirk 3

Öffnungszeiten: Täglich, 7:30 – 18:00 Uhr

Eintrittsgebühr: 2 USD (50.000 VND)

Dies ist kein einfacher Besuch – und das sollte er auch nicht sein. Das Kriegsopfermuseum bietet einen unverfälschten, schonungslosen Blick auf die brutalen Kosten des Vietnamkriegs. Draußen sehen Sie verrostete amerikanische Panzer und Hubschrauber; drinnen dokumentieren erschütternde Fotos und Berichte den chemischen Krieg, zivile Opfer und die Folgen, die noch heute Generationen prägen.

Der Agent-Orange-Raum könnte Sie erschüttern – mich hat er erschüttert. Doch trotz all des Schmerzes herrscht hier auch ein stiller Stolz. Einheimische bringen oft ihre Kinder mit, nicht um über das Leid nachzudenken, sondern um sich an ihre Stärke zu erinnern.

Tipp: Kommen Sie gleich zur Eröffnung, um die Veranstaltung noch vor den Reisebussen zu erleben. Bringen Sie Taschentücher und ein offenes Herz mit.

2. Wiedervereinigungspalast (Unabhängigkeitspalast)

- Adresse: 135 Nam Ky Khoi Nghia Street, Bezirk 1
- Öffnungszeiten: Täglich, 8:00 – 11:00 Uhr, 13:00 – 16:00 Uhr
- Eintrittspreis: 2,50 USD (65.000 VND)

Am 30. April 1975 durchbrach ein nordvietnamesischer Panzer genau diese Tore – das Ende des Krieges und der Beginn eines neuen Vietnams. Heute ist der Palast in den 1970er-Jahren erstarrt, von den senfgelben Teppichen bis zum Hubschrauberlandeplatz auf dem Dach. Sie erkunden Kriegsbunker, Strategieräume und sogar das Präsidentenkino.

Was mich am meisten beeindruckte, war die Stille im Inneren. Das Echo der Schritte in den unterirdischen Bunkern ist surreal, fast filmisch.

Tipp: Verpassen Sie nicht die Kommandozentrale im Keller – sie ist faszinierend und spannend zugleich. Für mehr Hintergrundinformationen können Sie draußen einen Führer für etwa 8–10 USD engagieren.

3. Kathedrale Notre-Dame von Saigon

- Adresse: 1 Cong Xa Paris, Ben Nghe Ward, Bezirk 1
- Öffnungszeiten: Außenbereich jederzeit besichtigbar; Innenbereich während der Messe geöffnet
- Eintrittspreis: Kostenlos
- Gottesdienstzeiten: Sonntag, 9:30 Uhr (Englisch), 17:30 Uhr (Vietnamesisch)

Diese aus aus Frankreich importierten Materialien erbaute Kathedrale aus rotem Backstein mit zwei Türmen ist noch immer eine der berühmtesten Sehenswürdigkeiten Saigons – auch wenn sie noch mindestens bis 2027 restauriert wird.

Obwohl man ihn wahrscheinlich nicht betreten kann, ist er dennoch ein zutiefst spiritueller Ort. Einheimische zünden in der Nähe Räucherstäbchen an oder sitzen ruhig auf dem Platz. Oft halten sich Studenten dort auf, die ihr Englisch üben möchten. Einmal traf ich einen jungen Künstler, der die Kathedrale auf einer Café-Serviette skizzierte und die Zeichnung für zwei Dollar verkaufte.

Tipp: Kommen Sie frühmorgens, bevor der Verkehr zunimmt, oder besuchen Sie die englische Sonntagsmesse, um einen seltenen Blick hinein zu werfen.

4. Hauptpostamt

- Adresse: 2 Cong Xa Paris, Ben Nghe Ward, Bezirk 1
- Öffnungszeiten: Täglich, 7:00 – 18:00 Uhr
- Eintrittspreis: Kostenlos

Tauchen Sie ein in die Vergangenheit in diesem Meisterwerk der französischen Kolonialzeit. Sie werden kunstvolle Schmiedearbeiten, hohe Decken und handgemalte Karten des alten Saigons bewundern. Es ist nicht nur ein Blickfang – Sie können hier für unter 1 Dollar eine Postkarte nach Hause schicken.

Hier ist ein Geheimnis, das es wert ist, geteilt zu werden: Herr Duong Van Ngo, der letzte öffentliche Briefeschreiber in Saigon, sitzt oft links von der Haupthalle. Mittlerweile ist er über 90 und tippt Liebesbriefe, Visaanträge und Familienbotschaften auf Englisch, Französisch oder Vietnamesisch.

Tipp: Unterhalten Sie sich mit Herrn Ngo, wenn er da ist. Er verlangt kein Geld, aber ein kleines Trinkgeld ist willkommen.

5. Jadekaiser-Pagode

- Adresse: 73 Mai Thi Luu Straße, Bezirk 1
- Öffnungszeiten: Täglich, 7:00 – 18:00 Uhr
- Eintrittspreis: Kostenlos (Spenden willkommen)

Diese taoistische Pagode ist einer der spirituellsten Orte der Stadt. Barack Obama besuchte sie während seiner Reise 2016, aber schon lange zuvor kamen Einheimische hierher, um für Fruchtbarkeit, Glück und Frieden zu beten.

Der Innenraum ist schwach beleuchtet, verraucht und wirkt fast theatralisch. Götterstatuen stehen hinter Metallgittern, und Schildkröten schwimmen langsam im Teich im Hof. Hier herrscht eine besondere Energie – dicht und lebendig.

Tipp: Kleiden Sie sich dezent. Wenn Ihnen jemand Räucherstäbchen reicht, folgen Sie seinem Beispiel, aber fühlen Sie sich nicht unter Druck gesetzt. Dies ist heiliger Boden.

Die historischen Stätten von Ho-Chi-Minh-Stadt sind keine passiven Orte, die man von einer Liste abhaken kann. Sie fordern Ihre Zeit, Ihre Aufmerksamkeit und manchmal auch Ihre Emotionen. Es sind keine Ruinen – sie sind Spiegel eines Volkes, das Kolonialisierung, Krieg und Revolution ertragen hat und immer noch lächelt, wenn es Ihnen eine Schüssel Suppe reicht.

6. Mit Chi-Tunneln

- Adresse: TL15, Phu Hiep Hamlet, Bezirk Cu Chi, Ho-Chi-Minh-Stadt
- Öffnungszeiten: Täglich, 7:00 – 17:00 Uhr
- Eintrittsgebühr: 5 USD (120.000 VND)
- Geführte Tour (mit Transport vom Stadtzentrum): 20–35 USD pro Person

Etwa 90 Minuten nordwestlich von Saigon sind die Tunnel von Củ Chi nicht nur ein weiteres Kriegsdenkmal – sie sind ein lebendiges Zeugnis von Einfallsreichtum, Mut und Überlebenswillen. Dieses komplexe, über 120 Kilometer lange Netzwerk unterirdischer Tunnel wurde vom Vietcong während des Krieges für Transport, Kommunikation, Verstecke und Hinterhalte genutzt.

Sie haben die Möglichkeit, durch erweiterte Abschnitte des Tunnels (nur 100 Meter lang) zu kriechen, sich an traditionellen Falltüren zu versuchen, unterirdische Küchen zu besuchen und Schwarz-Weiß-Aufnahmen aus Kriegszeiten anzusehen. Für diejenigen, die weniger geneigt sind, sich unter die Erde zu quetschen, bieten die oberirdischen Exponate – wie Bombenkrater, ein simuliertes Krankenhaus und konservierte Fallen – viel zu entdecken.

Bei meinem ersten Besuch konnte ich mich nicht länger als ein paar Minuten in den Tunneln aufhalten – es war feucht, heiß und klaustrophobisch. Doch das Wissen, dass Soldaten jahrelang so lebten, verändert mein Verständnis vom Krieg.

Tipp: Besuchen Sie die Stätte Ben Duoc statt des Ben Dinh-Abschnitts. Ben Duoc ist ruhiger, authentischer und weniger kommerzialisiert. Die meisten Kleingruppenreisen bieten dies als Option an. Packen Sie Mückenspray ein, tragen Sie geschlossene Schuhe und rechnen Sie mit Staub.

7. Ho-Chi-Minh-Stadt-Museum (ehemaliger Gia-Long-Palast)

- Adresse: 65 Ly Tu Trong, Ben Nghe Ward, Bezirk 1
- Öffnungszeiten: Täglich, 8:00 – 17:00 Uhr
- Eintrittsgebühr: 1 USD (30.000 VND)

Das Ho-Chi-Minh-Stadt-Museum wird oft von auffälligeren Attraktionen überschattet und ist ein Ort, an dem neugierige Reisende verborgene Einblicke in die Stadt erhalten. Dieses Gebäude im französischen Kolonialstil befindet sich im ehemaligen Gouverneurspalast und ist ein stilles Juwel, versteckt hinter Bäumen und schattigen Innenhöfen. Es dokumentiert Saigons Wandel anhand von Ausstellungen über alten Handel, alte Währungen, Fotografie und Stadtplanung.

Das wahre Highlight liegt unter Ihren Füßen – ein unterirdisches Tunnelsystem, das bei politischen Unruhen als Fluchtweg diente. Nur wenige Reisende wissen, dass es existiert, und noch weniger erkunden es vollständig. Durch diese Gänge zu gehen und gleichzeitig zu wissen, dass einst ein Präsident durch sie geflohen ist, ließ mich erschaudern.

Auch der Blick vom Dach des Museums auf die Skyline der Stadt ist einen Besuch wert – keine Menschenmassen, nur Ruhe.

Tipp: Kombinieren Sie dies mit einem Besuch des nahegelegenen Unabhängigkeitspalastes, um einen umfassenden Einblick in die politische Geschichte der Stadt zu erhalten. Vermeiden Sie den späten Nachmittag, wenn viele Reisegruppen eintreffen. Bringen Sie eine Flasche Wasser mit – es gibt kein Café im Palast.

8. Tan Dinh Kirche (Die Rosa Kirche)

- Adresse: 289 Hai Ba Trung, Bezirk 8, Distrikt 3
- Öffnungszeiten: Täglich von 5:00 bis 17:30 Uhr; Gottesdienste täglich
- Eintrittspreis: Kostenlos

Diese leuchtend kaugummirosa französisch-katholische Kirche ist anders als alles, was Sie in Südostasien bisher gesehen haben. Die in den 1870er Jahren erbaute Tan-Dinh-Kirche mit ihrer gotischen Architektur und der rosafarbenen Fassade zieht von Instagrammern bis hin zu Architekturstudenten alle an.

Doch unter der Farbe verbirgt sich ein zutiefst spiritueller Ort, der bis heute einer gläubigen katholischen Gemeinde dient. Die Einheimischen kommen täglich hierher, um Kerzen anzuzünden, zu beten und Gottesdienste zu besuchen. Einmal kam ich an einem ruhigen Spätnachmittag an, gerade als eine ältere Frau vorsichtig Lilien auf den Altar legte und ihre Gebete flüsterte. Dieser Moment – still, heilig und zutiefst menschlich – ist mir in Erinnerung geblieben.

10.3 Straßenessen und Märkte

Es gibt keinen besseren Weg, Saigon kennenzulernen, als durch sein Straßenessen und seine Märkte. Hier brodelt Geschichte in Töpfen, Kultur wird in Bananenblätter gehüllt und Menschen sitzen dicht an dicht auf Plastikhockern. Vergessen Sie gehobene Küche. Wenn Sie das echte Vietnam erleben möchten, kommen Sie hungrig, neugierig und bereit, ein wenig zu schwitzen.

1. Ben-Thanh-Markt

- Adresse: Le Loi, Ben Thanh Ward, Bezirk 1
- Öffnungszeiten: 7:00 – 19:00 Uhr (Markthalle), 19:00 – 23:00 Uhr (Nachtmarkt)
- Durchschnittlicher Essenspreis: 2–4 $

Ben Thanh ist der Ort, an dem die meisten Touristen beginnen – und das aus gutem Grund. Es ist chaotisch, farbenfroh und voller Leben mit lautem Geschrei von Händlern, rauchenden Grills und Käufern, die um Seidenschals und getrockneten Tintenfisch feilschen. Ja, die Preise sind höher als auf den lokalen Märkten, aber ein Besuch lohnt sich trotzdem, vor allem für einen kulinarischen Einstieg.

Gehen Sie zum Stand 1138 und fragen Sie nach Bún thịt nướng – gegrilltem Schweinefleisch auf Fadennudeln, Kräutern und Fischsauce. Es ist farbenfroh, ausgewogen und kostet nur 3 Dollar. Vergessen Sie nicht das Chè ba màu (dreifarbiges Dessert) an der Dessertheke für 1,50 Dollar – eine süße Schicht aus Mungobohnen, roten Bohnen, Gelee und Kokosmilch, die perfekt für einen heißen Tag ist.

2. Tan Dinh Markt

- Adresse: 48 Ma Lo, Bezirk Tan Dinh, Distrikt 1
- Öffnungszeiten: 5:00 – 18:00 Uhr
- Durchschnittlicher Essenspreis: 1,50–3 $

Dies ist ein Markt für Einheimische, nicht für Kameras. Händler hocken hinter Bergen von Rambutan und Drachenfrüchten, Fischhändler waschen Tintenfische in Plastikwannen und Dampfwolken steigen von Frühstückswagen auf.

Kommen Sie früh und suchen Sie die alte Dame auf, die Hủ Tiếu von einem Metallkarren in der Nähe des Nordeingangs verkauft. Die Schweinebrühe ist klar und zart, die Nudeln weich, ohne matschig zu sein. Sie schöpft diese Suppe seit über 30 Jahren und verlangt dafür 30.000 VND (1,25 $). Sie spricht kein Englisch, aber wenn Sie lächeln und „Một tô, cảm ơn“ sagen, nickt sie und serviert sie heiß.

3. Nguyen Thuong Hien – Schneckenstraße

- Standort: Nguyen Thuong Hien Straße, Bezirk 3
- Öffnungszeiten: 16:00 – 24:00 Uhr
- Durchschnittlicher Preis für ein Gericht: 2–4 $

Wenn Sie noch nie Schnecken gegessen haben, ist dies der richtige Ort, um das zu ändern. Dutzende Stände säumen die Straße und bieten alle erdenklichen Schalentiere an. Setzen Sie sich ins Ốc Oanh (534 Nguyen Thuong Hien) und bestellen Sie ốc len xào dừa (Schlammkriecher in Kokosmilch) für 3 Dollar. Die Sauce ist reichhaltig und cremig, perfekt zum Auftunken mit französischem Brot.

Ein Tipp von einem Freund aus der Gegend: Tragen Sie kein Weiß – dieses Geschirr macht eine Sauerei und die Dip-Saucen spritzen überall hin.

4. Ho Thi Ky Food Street

- Adresse: Ho Thi Ky Markt, Bezirk 10
- Öffnungszeiten: 15:00 – 22:30 Uhr
- Durchschnittlicher Essenspreis: 1,50–3,50 $

Versteckt hinter einem Blumenmarkt wirkt diese schmale Gasse wie ein Geheimtipp für Teenager und Feinschmecker. Die Händler hier sind meist jung und bieten trendige Straßensnacks mit intensivem Geschmack an.

Probieren Sie Bánh Tráng Nướng (vietnamesische „Pizza“) für 1,50 Dollar – gegrilltes Reispapier mit Ei, getrocknetem Rindfleisch, Käse und Frühlingszwiebeln. Oder tauchen Sie ein in Chè Thái an einem Dessertstand in der Nähe des Haupteingangs des Marktes – süß, kalt, farbenfroh und äußerst sättigend.

5. Vinh Khanh Straße – Meeresfrüchte- und Bierparadies

- Adresse: Vinh Khanh Straße, Bezirk 4
- Öffnungszeiten: 17:00 – 24:00 Uhr
- Durchschnittlicher Preis für ein Gericht: 2,50–5 $

Die Einheimischen kommen nach der Arbeit hierher, um laut zu essen, lauter zu lachen und auf dem Bürgersteig kaltes Bier zu trinken. Setzen Sie sich ins Quán Ốc Tô (100 Vĩnh Khánh), bestellen Sie gegrillte Jakobsmuscheln mit Frühlingszwiebeln und Erdnüssen und spülen Sie dazu eine Flasche Bia Saigon für 1,20 Dollar hinunter.

Dies ist ein Ort, an dem die Luft nach Holzkohle und Knoblauch riecht, an dem Fremde aus heiterem Himmel mit Ihnen anstoßen könnten und an dem die besten Nächte nicht pünktlich enden.

10.4 Nachtleben und Rooftop-Bars

Ohr. Es ist eine Stadt, die nachts wirklich lebendig wird – nicht nur durch Lärm, sondern auch durch Farbe, Rhythmus und Charakter. Ob Sie einen 2-Dollar-Cocktail auf einem Barhocker im vierten Bezirk schlürfen oder 26 Stockwerke über den Lichtern der Stadt mit Kristallgläsern anstoßen – Saigons Nachtleben ist so vielschichtig wie seine Geschichte. Hier geht es nicht nur um Bars – hier geht es um ein Gefühl. Eines, das Ihnen noch lange nach dem Ende der Musik im Blut liegt.

1. Chill Skybar – Glamour und Skyline-Blick

- Standort: AB Tower, 76A Le Lai Street, Bezirk 1
- Öffnungszeiten: Täglich, 17:30 – 2:00 Uhr
- Eintritt: Vor 21:00 Uhr kostenlos, danach 10–15 USD, inklusive einem Getränk
- Cocktails: Durchschnittlich 12–15 USD

Wenn du dich für eine große Nacht in Saigon schick machen willst, dann mach es in der Chill Skybar. Mit einem 360-Grad-Blick und einem DJ, der weiß, wie man das Publikum einschätzt, pulsiert dieser Ort vor Energie. Als ich mit Freunden aus Deutschland hier war, haben wir unseren Eintritt auf den Sonnenuntergang gelegt – das goldene Licht der Stunde hüllte die Gebäude ein und ließ die Stadt endlos erscheinen. Profi-Tipp: Vermeide die Wochenenden, es sei denn, du hast reserviert. Geh unter der Woche gegen 18:00 Uhr hin, um sowohl die Skyline als auch etwas Ruhe zu erleben.

2. Saigon Saigon Rooftop Bar – Geschichte mit einem Whiskey

- Ort: Caravelle Hotel, 19-23 Lam Son Square, Bezirk 1
- Öffnungszeiten: Täglich, 11:00 – 1:00 Uhr
- Cocktails: 8–12 USD
- Happy Hour: 15:00 – 18:00 Uhr, 50 % Rabatt auf ausgewählte Getränke

Diese Bar befindet sich auf dem Dach eines Hotels, in dem einst Kriegsberichterstatter untergebracht waren, und strahlt Nostalgie aus. Sie ist ruhiger, älter und erfüllt von Erinnerungen an die Vergangenheit. An einem meiner Soloabende hier unterhielt ich mich mit einem australischen Kriegsveteranen, der auf seinen Spuren zurückblickte. Wir tranken Whisky und erzählten Geschichten über die Stadt in den 60er Jahren – eine unerwartete und bedeutungsvolle Erinnerung.

3. Social Club Rooftop – Eleganz am Pool

- Standort: Hotel des Arts Saigon, 76-78 Nguyen Thi Minh Khai, Bezirk 3
- Öffnungszeiten: Täglich, 17:00 – 2:00 Uhr
- Cocktails: 12–18 USD
- Kleiderordnung: Schick oder leger-elegant

Hier treffen sich die stilvollen Einheimischen Saigons. Der Pool auf dem Dach funkelt unter Lichterketten, und die Drinks – mit Zitronengras, Pandan und Basilikum verfeinert – passen perfekt zur Eleganz. An einem Freitagabend improvisierte ein Saxophonist live zu Deep House, und die ganze Menge bekam Gänsehaut. Hier vergisst man die Zeit.

4. Rabbit Hole – Saigons bestgehütetes Geheimnis

- Standort: 138 Nam Ky Khoi Nghia, Distrikt 1 (suchen Sie nach einer einfachen Tür und einer Treppe nach unten)
- Öffnungszeiten: Dienstag bis Sonntag, 18:00 – 2:00 Uhr
- Cocktails: 10–14 USD

Kein Schild, kein Trubel – nur ein Samtvorhang und Jazz in der Luft. Das Rabbit Hole fühlt sich an wie ein Filmset: Vintage, stimmungsvoll und wie geschaffen für echte Gespräche. Wenn Sie ein Date haben, sind Sie hier genau richtig. Fragen Sie nach dem Spezialangebot des Barkeepers – er improvisiert gerne nach Ihrem Geschmack. Ich habe einmal einen rauchig-chili-verfeinerten Bourbon-Cocktail bekommen, an den ich noch heute denke.

5. Heart of Darkness Brewery – Handwerk für Neugierige

- Standort: 31D Ly Tu Trong, Bezirk 1
- Öffnungszeiten: Täglich, 11:00 – 24:00 Uhr
- Craft-Biere: 4–7 USD

Diese lokale Brauerei ist ein toller Ort, um den Abend zu beginnen. Mit über 20 Bieren vom Fass und regelmäßig wechselnden Spezialitäten ist für jeden Geschmack etwas dabei. Das Dream Alone Pale Ale ist frisch und erfrischend, und die Stouts sind so gehaltvoll, dass sie als Dessert durchgehen. Tolles Publikum, tolle Musik, unkompliziert.

6. Bui Vien Straße – Der Backpacker-Zirkus

- Standort: Bui Vien, Bezirk Pham Ngu Lao, Bezirk 1
- Öffnungszeiten: Am lebhaftesten nach 18:00 Uhr, Höhepunkt um 22:00 Uhr
- Getränke: Bier ab 1 USD, Cocktails 2–3 USD

Das ist Chaos in seiner reinsten und aufregendsten Form. Freut euch auf dröhnende Lautsprecher, blinkende Lichter und Biertürme. Ihr werdet Feuerspucker, Tanzwettbewerbe und Studenten aus fünf Kontinenten sehen, die sich bei billigen Mojitos treffen. Es ist nicht jedermanns Sache – aber wenn ihr 25 und voller Adrenalin seid, könnte es eure beste Nacht aller Zeiten werden.

7. Acoustic Bar – Saigons gefühlvoller Sound

- Standort: 6E Ngo Thoi Nhiem, Bezirk 3
- Öffnungszeiten: Täglich, 18:00 – 2:00 Uhr
- Eintritt: 3 USD, inklusive einem Getränk

Hier glänzen lokale Talente. Wenn Sie Live-Musik lieben, aber große Veranstaltungsorte hassen, ist diese Bar genau das Richtige für Sie. Vietnamesischer Rock, gefühlvolle Balladen und gelegentliche englische Cover erfüllen den Raum jeden Abend. Sie teilen sich einen Tisch mit Fremden und gehen mit Freunden. Das Bier ist kalt und die Stimmung im Raum ist immer echt.

KAPITEL ELF

ERKUNDUNG DES MEKONG-DELTA

11.1 Tagesausflüge von Saigon nach My Tho oder Ben Tre

Sobald Sie die pulsierende Energie Saigons hinter sich lassen und in den Süden Vietnams eintauchen, spüren Sie eine Veränderung. Die Hupen verstummen. Die Gebäude verblassen. An ihre Stelle treten Kokospalmen, stille Flüsse und ein Lebenstempo, das nicht nur langsamer wird – es atmet. Willkommen im Mekong-Delta. Und wenn Sie wenig Zeit haben, ist ein Tagesausflug nach My Tho oder Ben Tre nicht nur machbar, sondern auch eine wahre Wohltat.

Überblick

- Entfernung von Ho-Chi-Minh-Stadt: 70–90 Kilometer
- Fahrzeit: 1,5–2 Stunden mit dem Auto
- Beste Abfahrtszeit: Vor 7:00 Uhr
- Ideale Jahreszeit: Dezember bis April (Trockenzeit) für klareren Himmel und ruhiges Wasser
- Kosten für Gruppenreisen: 25–45 USD pro Person
- Kosten für eine private Tour: 80–120 $ für zwei Personen
- Sprachen: Vietnamesisch (aber die meisten Reiseleiter sprechen Englisch)

Hauptsehenswürdigkeiten

Jeder Ort im Delta hat einen anderen Rhythmus, und sowohl My Tho als auch Ben Tre bieten etwas Besonderes. Hier erfahren Sie, was Sie nicht verpassen sollten.

1. My Tho – Wo das Delta beginnt

- Standort: Provinz Tien Giang

- Reisezeit von Saigon: ca. 1,5 Stunden
- Atmosphäre: Etwas touristischer, aber zugänglich und charmant

Bemerkenswerte Haltestellen:

a. Vinh Trang Pagode

- Adresse: Nguyen Trung Truc Straße, My Tho City
- Öffnungszeiten: 7:00 – 18:00 Uhr
- Eintrittspreis: Kostenlos

Diese Pagode aus dem frühen 19. Jahrhundert vereint vietnamesische, chinesische und Khmer-Architektur. Riesige lachende Buddhas wachen über die Gärten, und die schattigen Innenhöfe duften schwach nach Weihrauch und Frangipani. Einheimische kommen oft hierher, nicht nur zum Beten, sondern auch zum Nachdenken. Ein freundlicher Mönch reichte mir einmal einen lotusförmigen Keks – sein Lächeln sagte mehr als seine Worte.

b. Mekong-Bootsfahrt

- Abfahrtsort: My Tho Boat Dock, Bezirk 1, My Tho
- Öffnungszeiten: Die Boote starten gegen 8:00 Uhr und enden gegen 16:30 Uhr
- Kosten: ~10–12 $ bei Direktbuchung; normalerweise in Gruppen-/Privattouren enthalten

Sie besteigen ein schmales Langheckboot und gleiten über das schlammige, aber heilige Wasser des Mekong. Sie passieren Fischerdörfer, kleine Inseln, die nach Fabelwesen (Drache, Einhorn, Schildkröte, Phönix) benannt sind, und Häuser am Flussufer, die auf Stelzen balancieren wie Vögel, die auf den Abflug warten. Es ist langsam und hypnotisch – so fühlte sich Reisen früher an.

c. Thoi Son Insel (Einhorninsel)

Hier rudern Sie kleinere Sampan-Boote durch ruhige Kanäle, beschattet von Nipa-Palmen, die sich wie eine Kathedrale der Natur nach innen neigen. Sie besuchen wahrscheinlich eine familiengeführte Honigbienenfarm, probieren süßen Pollentee mit Limette und lauschen Ständchen von Volksmusikern. Ja, es ist für Touristen gedacht – aber die Musik, die oft von älteren Einheimischen gesungen wird, hat immer noch Gewicht, wenn man genau hinhört.

d. Mittagessen im Riverside Garden

- Veranstaltungsortvorschlag: Mekong Raststätte, Nationalstraße 1A, Bezirk Chau Thanh
- Durchschnittliche Kosten einer Mahlzeit: 6–10 $

Freuen Sie sich auf aufrecht und knusprig servierten Elefantenohrfisch, dazu Frühlingsrollen, Kokosreis und würzige Tamarindensauce. Unter Mangobäumen speiste ich einmal mit einer Frau aus Da Lat, die mir sagte: „Das ist der Geschmack meiner Kindheit." Mehr muss man dazu nicht sagen.

2. Ben Tre – Das Kokosnusskönigreich

- Standort: Provinz Ben Tre
- Reisezeit von Saigon: 2 Stunden
- Atmosphäre: Ruhiger, intimer und weniger besucht

Highlights:

a. Ben Tre Flusskreuzfahrt

- Bootsanleger: Ham Luong Wharf, Ben Tre City
- Öffnungszeiten: Boote verfügbar von 8:00 bis 17:00 Uhr
- Kosten: ca. 8 $ pro Person (private Fahrten etwas mehr)

Diese Boote sind kleiner als die in My Tho und können daher in engere, von dichten Mangroven gesäumte Kanäle einfahren. Die grüne Wasserlinse schimmert wie ein Teppich auf dem Wasser. Bei meinem letzten Besuch hielt unser Führer an einer Reisweinbrennerei, versteckt hinter Bananenstauden. Uns wurde ein Schluck mit Schlangengeschmack angereicherter Reisschnaps angeboten – schmeckt nach Reue, ist aber trotzdem die Geschichte wert.

b. Kokosnuss-Süßigkeiten-Workshop

- Adresse: Thanh Thuy Hamlet, Chau Thanh, Ben Tre
- Öffnungszeiten: 8:00 – 16:00 Uhr
- Eintrittspreis: Kostenlos, Trinkgeld oder Kauf werden jedoch empfohlen

Hier können Sie den Einheimischen dabei zusehen, wie sie Kokosmilch zu klebrigen, süßen Ziegeln schmelzen, diese von Hand schneiden und anschließend in essbares Reispapier einwickeln. Der Duft ist herrlich – nach geröstetem Zucker und Rauch. Kaufen Sie eine Tüte für 1–2 Dollar und freuen Sie sich später darüber.

c. Radfahren durch Obstgärten

- Mietkosten: 3–5 $ pro Stunde (oft in Touren enthalten)

Fahre auf roten Feldwegen, gesäumt von Jackfruchtbäumen und Orchideen, und grüße Kinder hinter Zäunen mit einem „Hallo"-Rufe. Die Fahrt ist langsam, sonnendurchflutet und voller kleiner Freuden. Einmal hielt ich an, um einer älteren Frau zu helfen, eine Tüte Grünzeug in ihren Garten zu tragen. Sie lächelte und reichte mir eine Guave von ihrem Baum. Das ist Ben Tre.

d. Mittagessen mit einer einheimischen Familie

- Empfohlene Option: Ba Linh Homestay, 68 My An Hamlet, Ben Tre

Hier ist Mittagessen keine Mahlzeit, sondern ein Erlebnis. Frische Garnelen, karamellisiertes Schweinefleisch und gebratener Tofu – alles über offenem Feuer gegart. Man isst draußen, wie in der Familie, und unterhält sich, auch wenn man nicht dieselbe Sprache spricht. Die Tochter der Familie, Lan, übte einmal ihr Englisch mit mir, indem sie auf das Essen zeigte und sagte: „Das – lecker.“ Stimmt.

Touroptionen und Transport

a. Gruppentagestouren

- Kosten: 25–45 $/Person
- Inklusive: Transfer, Guide, Bootsfahrten, Mittagessen, Eintrittsgelder
- Abfahrt: 7:30 Uhr von Bezirk 1, Rückkehr bis 17:30 Uhr

Zuverlässige Betreiber:

- Der Sinh-Tourist: 246 De Tham St, Bezirk 1, Saigon | www.thesinhtourist.vn
- TNK Travel: 220 De Tham St, Bezirk 1 | www.tnktravel.com

b. Private Tagestouren

- Kosten: 80–120 $ für 2 Personen
- Ideal für Familien oder Paare, die Flexibilität suchen.
- Touren beinhalten oft individuelle Stopps, Kajakfahren und bessere Mahlzeiten.
- Empfohlen: Les Rives Experience | www.lesrivesexperience.com

c. Selbstgeführt mit Motorrad oder Bus

- Motorradverleih: ~10 $/Tag von Saigon
- Bus vom Bahnhof Mien Tay nach My Tho: ca. 4 $ (1,5–2 Stunden)
- Aufgrund fehlender Beschilderung und Sprachbarrieren nicht für Erstbesucher zu empfehlen.

11.2 Übernachtungen in Privatunterkünften in Can Tho – Erlebnis auf dem schwimmenden Markt von Cai Rang

Wer das Mekong-Delta nur bei einem kurzen Tagesausflug streift, verpasst sein pulsierendes Herz. Um diese reiche, von Flüssen durchzogene Region wirklich zu verstehen, sollte eine Nacht in Can Tho, der größten Stadt des Deltas, verbringen. Es ist nicht die Stadt selbst, die Sie begeistern wird – es ist das, was sich direkt vor der Stadt verbirgt: langsame, schattige Kanäle, familiengeführte Privatunterkünfte, versteckt hinter Obstgärten, und das magische, leicht chaotische Treiben des schwimmenden Marktes von Cai Rang bei Sonnenaufgang.

So erleben Sie diesen Teil Vietnams wie jemand, der sich seinen Platz am Frühstückstisch auf dem Boot verdient hat.

Wo übernachten: Gastfamilien, die sich wie zu Hause anfühlen

1. Mekong Rustic Can Tho

- Weiler Rach Tay, Bezirk Phong Dien, Can Tho
- Preis: 45–60 $ pro Nacht (inkl. Frühstück)
- Check-in: 14:00 Uhr | Check-out: 12:00 Uhr

Diese Privatunterkunft fühlt sich an wie ein Film, über den man zufällig gestolpert wäre. Umgeben von Pampelmusenbäumen und kleinen Kanälen bietet Mekong Rustic Bambusbungalows, Betten mit Moskitonetzen und eine Außendusche im Schatten hoher Palmen. Nachts quaken Frösche am Wasser, während Glühwürmchen im Licht der Veranda aufblitzen. Fragen Sie nach Frau Thu – sie zeigt Ihnen, wie man knusprige Bánh Xèo (vietnamesische Pfannkuchen) von Grund auf zubereitet.

2. Grünes Dorf Mekong

- Thanh Nhut Hamlet, Phu Thu Ward, Cai Rang, Can Tho
- www.greenvillagemekong.com
- Preis: 35–50 $ pro Nacht

Dies ist der Ort für Reisende, die abschalten möchten. Keine lauten Reisebusse, keine asphaltierten Straßen – nur Obstgärten und freundliche Hunde. Die Gastgeber bereiten Mahlzeiten mit Kräutern aus ihrem Garten zu und leihen Ihnen gerne ein Kanu, um den nahegelegenen Kanal zu erkunden. Mit etwas Glück bietet Ihnen der Vater des Besitzers zum Mittagessen einen Schluck seines selbstgemachten Reisweins an.

Ein Muss: Schwimmender Markt von Cai Rang im Morgengrauen

Es gibt einen bestimmten Moment – normalerweise gegen 6 Uhr morgens –, in dem Cai Rang aufwacht. Die Sonne ist gerade über die Baumwipfel gewachsen, die Luft riecht schwach nach Ananas und Motoröl, und eine Bootsfrau schöpft heißes Bún Riêu (Krabbennudelsuppe) in den Teller und nickt dabei „Schnell essen“. Das ist nichts für Touristen. Das ist das wahre Leben.

- Marktstandort: Cai Rang, Can Tho City, Hau-Fluss
- Bester Abfahrtsort: Ninh Kieu Wharf, Hai Ba Trung St.
- Öffnungszeiten: 5:00 – 9:00 Uhr
- Private Bootsmiete: 15–20 $ (2–3 Stunden) | Gruppenreisen: 7–10 $ pro Person

Tipps für ein optimales Erlebnis:

- Stehen Sie früh auf. Gehen Sie bis 5:15 Uhr los. Später verpassen Sie die Seele des Marktes.
- Essen Sie auf dem Wasser. Händler servieren starken Eiskaffee (cà phê sữa đá) und Suppe aus schwimmenden Küchen für 1–2 US-Dollar.

- Bringen Sie kleine Scheine mit. Auf dem Fluss hat niemand Wechselgeld dabei.

Halten Sie Ausschau nach den Booten mit Bambusstangen, auf denen Früchte präsentiert werden – diese Stangen sind die Speisekarte. Wenn Mangos verkauft werden, ist eine Mango an der Stange befestigt. Das ist effizient und seltsam poetisch.

Add-Ons: Mehr als nur ein Markt

1. Ba Cong Obstgarten

- Nur eine kurze Bootsfahrt von Cai Rang
- Eintritt: 3–4 $

Sie geben Ihnen einen Korb und lassen Sie Mangos, Guaven oder Longans direkt vom Baum pflücken. Sie sitzen unter einer Strohhütte und schlürfen frisch zubereiteten Saft.

2. Hu Tieu Reisnudelfabrik

Dieser Workshop, der in den meisten Touren enthalten ist, zeigt, wie Vietnams beliebte Nudeln entstehen – vom gedämpften Reisteig bis zum Trockengestell. Sie sehen den gesamten Prozess und können sich vielleicht sogar im Schneiden und Braten versuchen. Machen Sie sich auf mehlige Finger gefasst.

3. Ong-Pagode

- 32 Hai Ba Trung Street, Bezirk Ninh Kieu, Can Tho
- Geöffnet: 6:00 – 18:00 Uhr

Ein kleiner, mit Weihrauch erfüllter chinesischer Tempel, der über 100 Jahre alt ist und sich perfekt für einen ruhigen Moment vor Ihrer Rückreise eignet.

Reiseroutenübersicht

Tag 1:

- 12:00 Uhr: Ankunft und Check-in in der Gastfamilie
- 14:00 Uhr: Paddeln Sie mit dem Kanu oder Fahrrad durch die Obstgärten
- 17:00 Uhr: Nehmen Sie an einem Kochkurs teil oder entspannen Sie in einer Hängematte
- 19:00 Uhr: Hausgemachtes Abendessen mit Ihrer Gastfamilie
- 21:00 Uhr: Frühes Ausruhen – der morgige Tag beginnt vor Sonnenaufgang

Tag 2:

- 4:45 Uhr: Aufwachen mit Tee und Kaffee
- 5:15 Uhr: Abfahrt zum schwimmenden Markt von Cai Rang
- 6:00 Uhr: Frühstück am Fluss
- 8:00 Uhr: Besuch des Obstgartens und der Reisnudelwerkstatt
- 10:00 Uhr: Rückkehr zur Gastfamilie zum Brunch
- 11:30 Uhr: Check-out und Transfer zurück in die Stadt oder zum nächsten Ziel

11.3 Wildtiere und Wasserwege im Tra Su-Wald

Der Tra Su-Wald hat etwas Traumhaftes an sich, als würde man ein Gemälde betreten, in dem jeder Pinselstrich einen Grünton hat. Tief im vietnamesischen Mekong-Delta, etwa 25 Kilometer südwestlich von Chau Doc in der Provinz An Giang, liegt dieser überflutete Kajeput-Wald, eines der bestgehüteten Geheimnisse der Region. Hier ist das Wasser wie eine samtene Hülle aus Wasserlinsen bedeckt, die Luft ist erfüllt vom Vogelgezwitscher und Boote gleiten leise wie ein Flüstern durch den Sumpf. Tra Su ist kein typischer Touristenpfad – es ist die stille Rebellion der Natur gegen den Lärm des modernen Lebens.

Hier finden Sie alles, was Sie wissen müssen, um Ihren Besuch sinnvoll und unvergesslich zu machen, mit einigen intimen lokalen Details von denen unter uns, die sich in diese smaragdgrüne Welt verliebt haben.

1. Anreise

- Standort: Gemeinde Van Giao, Bezirk Tinh Bien, Provinz An Giang
- Nächste Stadt: Chau Doc (25 km; ~45 Minuten mit dem Auto oder Motorrad)
- Von Can Tho: ~120 km (~3,5 Stunden mit dem Auto)
- Von Ho-Chi-Minh-Stadt: ~250 km (~6–7 Stunden) – nicht ideal für Tagesausflüge; planen Sie eine Übernachtung in Chau Doc ein

Tipp eines einheimischen Reiseführers: Wenn Sie bereits in Chau Doc sind, mieten Sie frühmorgens ein Motorrad und fahren Sie hinunter, während der Morgennebel noch über den Reisfeldern liegt. Diese Fahrt werden Sie nie vergessen.

2. Öffnungszeiten und Eintritt

- Öffnungszeiten: täglich von 7:00 bis 17:30 Uhr
- Allgemeine Teilnahmegebühr: 4 $ (100.000 VND)
- Bootsgebühr (Ruder- und Motorboot-Kombi): 3–5 $ (70.000–120.000 VND)
- Gebühr für den Aussichtsturm: 1,50 $ (30.000 VND)

3. Must-Do-Erlebnisse

Sampan-Fahrt durch die Wasserlinsenkanäle:

Das ist die Seele von Tra Su. Sie gehen an Bord eines kleinen, handgeruderten Holzboots, kaum breiter als ein Esstisch, und gleiten lautlos durch schmale, mit leuchtend grünen Wasserlinsen bedeckte Kanäle. Die Stille ist überwältigend – keine Motoren, nur das sanfte Eintauchen des Ruders und das Zwitschern der Eisvögel über Ihnen.

- Dauer: 25–30 Minuten
- Tipp: Das Morgenlicht (7:30–9:00 Uhr) lässt den Wald leuchten. Bringen Sie eine Kamera mit guten Kontrasteinstellungen mit. Berühren Sie die Wasserlinsen nicht – sie sind empfindlich und Teil des empfindlichen Ökosystems.

Mit dem Motorboot durch die offenen Feuchtgebiete:

Vor Ihrem Ruderbootabenteuer fahren Sie in einem tiefliegenden Motorboot durch die breiteren Kajeputkorridore, wo Störche in hohen Ästen nisten und Sonnenstrahlen durch das Blätterdach des Waldes schneiden.

- Dauer: 20–25 Minuten
- Highlight: Halten Sie Ausschau nach Purpurreihern und Sichlern, die durch die Zweige flitzen.

Vogelbeobachtung und Wildtiere:

Tra Su ist ein geschütztes Biosphärenreservat mit über 70 Vogelarten sowie unzähligen Amphibien und Insekten. Die Vogelbeobachtung ist während der Brutzeit (Ende August–November) am beliebtesten, aber das ganze Jahr über ist die Gegend zauberhaft. Lokale Führer können Vögel allein anhand ihres Rufs erkennen und benennen. Mein persönlicher Favorit? Der eindringliche Ruf der Zwergpfeifgans, wenn sie über den Baumwipfeln schwebt.

- Empfohlene Ausrüstung: Fernglas, Insektenschutzmittel, Sonnenhut
- Häufige Sichtungen: Reiher, Schlangenvögel, Buntstörche und manchmal seltene Arten wie der Schwarzkopfibis

Gehen Sie den Bambuspfad entlang:

Ein erhöhter Bambussteg führt durch einen Teil des Waldes. Er ist zwar nur etwa 500 Meter lang, bietet aber einen Blick vom Boden auf diese üppige Welt und führt zu winzigen Lichtungen, auf denen Sie Schmetterlinge, Libellen und wilde Pilze entdecken können.

- Beste Zeit: Früher Nachmittag, wenn die Insekten am aktivsten sind
- Gut zu wissen: Für eine Pause stehen hölzerne Ruhepavillons zur Verfügung

Erklimmen Sie den Aussichtsturm:

Dieser 23 Meter hohe Stahlturm bietet einen Panoramablick auf das Reservat, die umliegenden Reisfelder und an klaren Tagen sogar bis zur kambodschanischen Grenze. Diesen Ausblick erwartet man erst, wenn man oben steht und über ein Meer aus Baumkronen und Lotusteichen blickt.

- Höhenunterschied: 76 Stufen oder mit dem Aufzug
- Eintrittsgebühr: In den meisten Bootstickets enthalten oder 1,50$ separat

Insider-Tipp: Bringen Sie Ihr eigenes Wasser mit. Unten gibt es einen kleinen Getränkestand, oben jedoch keinen.

4. Essen wie ein Einheimischer

Direkt am Waldrand servieren einige Freiluftrestaurants typische Mekong-Gerichte. Es ist nichts Besonderes, aber alles ist frisch. Mein Lieblingsgericht ist gegrillter Schlangenkopffisch (cá lóc nướng trui), eingewickelt in Reispapier mit lokalen Kräutern. Wer mutig ist, gibt noch einen Klecks fermentierte Fischsauce dazu – sie ist zwar scharf, aber hier beliebt.

- Preisspanne: 2–5 $ pro Gericht
- Empfehlung: Tra Su Eco Restaurant, im Wald in der Nähe des Turmpfades
- Probieren Sie: Frischen Pomelosalat und eisgekühlten Lotustee

5. Wo man in der Nähe übernachten kann

Victoria Chau Doc Hotel:

- Adresse: 1 Le Loi Street, Chau Doc
- Preis: 100–130 $/Nacht
- Ausstattung: Pool, Flussblick, Luxusservice
- Kontakt: www.victoriahotels.asia

Schwimmende Privatunterkunft Chau Doc:

- Adresse: 41 An Phu, Chau Doc
- Preis: 18–22 $/Nacht
- Einzigartiger Aufenthalt über dem Fluss mit authentischen Mahlzeiten und persönlichen Geschichten vom Gastgeber

KAPITEL ZWÖLF

STRANDZIELE UND INSELREISEN

12.1 Nha Trang: Strandstadt und Tauchen

Für Reisende, die sonnenverwöhnte Küsten mit einem Hauch von lokalem Charme suchen, bietet Nha Trang mehr als nur Strandfotos. Es ist ein lebendiger Strandort, in dem Frühaufsteher den Sand mit Tai-Chi-Praktizierenden teilen, die Nachmittage gemütlich zwischen Salzwasser und Streetfood dahintreiben und die Sonnenuntergänge am besten mit einem Kokosnussschlürfen unter wiegenden Palmen verbracht werden. Aber was Nha Trang wirklich auszeichnet, ist nicht der Sand – es ist das, was unter dem Meer liegt.

Nachfolgend finden Sie einen sorgfältig zusammengestellten Reiseführer mit den wichtigsten Sehenswürdigkeiten, persönlichen Lieblingsecken und allen wichtigen Details, damit Sie Ihre Zeit in dieser lebhaften vietnamesischen Strandstadt optimal nutzen können.

1. Strand von Nha Trang

- Standort: Tran Phu Straße, Stadt Nha Trang
- Öffnungszeiten: Immer geöffnet (Rettungsschwimmer im Dienst von 6:00 bis 18:00 Uhr)
- Preis: Eintritt frei; Stuhl- und Sonnenschirmmiete: 2–4 $/Tag

Dieser sechs Kilometer lange Sandstrand ist voller Leben und entspannter Nachmittage. Der Strand ist in Zonen unterteilt. Das südliche Ende in der Nähe des Lotus Tower zieht Gruppen und Händler an, während das nördliche Ende in der Nähe von Hon Chong ruhiger bleibt – ideal für Familien oder allein Lesende mit einem Taschenbuch in der Hand.

Tipp von Einheimischen: Verbringen Sie den Sonnenaufgang am Strand – dann fühlt sich der Rhythmus der Stadt am vietnamesischsten an. Die Einheimischen joggen, dehnen und schwimmen, bevor die Touristen aufwachen. In der Nähe der Tran Phu 32 gibt es einen kleinen Stand, der ab 5:30 Uhr gedämpften Mais und Sojamilch verkauft. Ein warmer Start in den Tag für weniger als 1 Dollar.

2. Hon Mun Island – Tauchen und Schnorcheln

- Abfahrtsort: Cau Da Port, 1 Cau Da St., Bezirk Vinh Nguyen
- Tourzeiten: 7:30 – 14:00 Uhr (Rückkehr)
- Preis: Tauchtour 85–95 USD (2 Tauchgänge); Schnorcheln 30–35 USD

Hon Mun ist Vietnams erster und bestgeschützter Meerespark und berühmt für seine Korallenwände, Anemonengärten und Clownfischkolonien. Wenn Sie noch nie getaucht sind, ist dies ein sanfter Einstieg. Warmes, ruhiges Wasser mit 10–25 Metern Sichtweite macht es zu einem Traum für Taucher.

Buchen Sie bei Rainbow Divers (98 Nguyen Thien Thuat St., divevietnam.com). Die Mitarbeiter legen großen Wert auf Sicherheit und Meeresethik. Sie begrenzen die Gruppengröße und wechseln die Tauchplätze, um das Riff zu schützen.

3. Sailing Club Beach Bar

- Adresse: 72–74 Tran Phu St., Nha Trang
- Öffnungszeiten: 7:00 – 2:00 Uhr
- Preisspanne: Cocktails 6–8 $; Hauptgerichte 10–15 $; Tagesbettmiete 5 $ (entfällt beim Kauf von Speisen)

Dies ist kein gewöhnlicher Strandclub. Der Sailing Club ist gleichermaßen gemütlicher Brunch-Treffpunkt, Strandbar und Nachtclub. Tagsüber trifft man hier digitale Nomaden mit Laptops, Pärchen beim Smoothie-Trinken und Freunde beim gemeinsamen Pizzaessen aus dem Holzofen. Bei Sonnenuntergang flackern Laternen, DJs legen auf und Lagerfeuer erleuchten den Strand.

4. Thap Ba Heiße Quellen und Schlammbad

- Adresse: 15 Ngoc Son St., Bezirk Ngoc Hiep
- Öffnungszeiten: 8:00 – 18:00 Uhr
- Eintritt: Gemeinsames Schlammbad + Mineralbad: 10 USD; Privater VIP-Pool: 35–40 USD

Nach einem salzigen Tag auf See möchten Sie Ihre müden Beine einweichen. Thap Ba ist dafür wie geschaffen. Sie entspannen in einem warmen Mineralschlammbad, duschen sich unter einem Wasserfall ab und beenden das Bad mit einem Bad in einem Mineralpool unter Bougainvillea-Bäumen. Es ist eine entspannende Wohltat.

Ein echter Einblick: Gehen Sie am späten Nachmittag gegen 16:30 Uhr. Die Sonne scheint nicht mehr so stark, die Reisegruppen sind schon weg und Sie hören das Lachen der einheimischen Familien, die nach der Arbeit entspannen.

5. Hon Chong-Vorgebirge

- Adresse: Vinh Phuoc Ward, etwa 3 km nördlich des Zentrums von Nha Trang
- Öffnungszeiten: 6:00 – 19:00 Uhr
- Teilnahmegebühr: 1 USD

Dieser Felshaufen, der sich bis ins Meer erstreckt, ist bei den Einheimischen eine Mythologie – ein riesiger Handabdruck im Fels soll von einem Berggott stammen, der eine ertrinkende Frau retten wollte. Er ist teils Folklore, teils Geologie und bietet einen spektakulären Blick auf die Bucht und die Skyline von Nha Trang. Ideal für Fotos und friedliche Betrachtung.

6. Bun Cha Ca Ba Thua – ikonisches lokales Gericht

- Adresse: 26 Yersin St., in der Nähe des Cho Dam Marktes
- Öffnungszeiten: 6:00 – 13:00 Uhr
- Preis: 1,50–2 USD pro Schüssel

Verzichten Sie auf das Hotelfrühstück. Hier gibt es Bun Cha Ca – gegrillte Fischkuchen-Nudelsuppe, heiß serviert mit Dill, Ananasbrühe und Krautsalat. Die Seele von Nha Trang in einer Schüssel.

Tipp für Einheimische: Es gibt Gemeinschaftsplätze, also rechnen Sie damit, Einheimischen auf dem Weg zur Arbeit zu begegnen. Die Atmosphäre ist ehrlich und ungefiltert. Hier isst die Stadt.

7. Altitude Rooftop Bar – Stadt im Himmel

- Adresse: Sheraton Hotel, Tran Phu St. 26–28.
- Öffnungszeiten: 17:00 – 24:00 Uhr
- Preise: Cocktails ab 9 USD; Happy Hour 17:00 – 19:00 Uhr (2 für 1)

Dieses Dach im 28. Stock bietet Ihnen einen atemberaubenden 360-Grad-Blick auf die Küste, insbesondere zur goldenen Stunde. Das Dekor ist schick, das Publikum international und die Drinks stark genug, um Sie zum Bleiben zu bewegen.

8. Louisiane Brauerei

- Adresse: Tran Phu St. 29.
- Öffnungszeiten: 8:00 – 2:00 Uhr
- Eintritt: Frei; Bierflüge: 6 $; Tagesbettmiete: 5–7 USD

Louisiane ist eine Mischung aus Mikrobrauerei, Strandclub und Meeresfrüchte-Grill – und ein echter Genuss. Entspannen Sie am Pool, genießen Sie hausgebrautes Pils und genießen Sie gegrillte Jakobsmuscheln mit Zitronengras, während Ihre Füße im weichen Sand versinken.

9. Fortbewegung in Nha Trang

- Flughafen: Cam Ranh International Airport (CXR), 45 Minuten südlich
- Taxi in die Stadt: 12–15 USD

- Grab App: Weit verbreitet; Rollerfahrten beginnen bei 1,20 USD
- Motorradverleih: 5–8 USD/Tag (in der Nguyen Thien Thuat St. gibt es zuverlässige Geschäfte)

Für ein schnelles und authentisches Eintauchen mieten Sie einen Roller und machen Sie eine Sonnenuntergangsfahrt entlang der Tran Phu. Oder gehen Sie zu Fuß – diese fußgängerfreundliche Stadt lockt mit viel Charakter an jeder Ecke.

10. Beste Reisezeit

- Trockenzeit: Januar – August (beste Wassersicht: Juni bis September)
- Regenzeit: Oktober – Dezember (einige Aktivitäten wie Tauchen können eingeschränkt sein)

Anfang Juli erwacht die Stadt mit lokalen Sommerfesten und Feuerwerken zum Leben. Um den Menschenmassen zu entgehen, sollten Sie Ende April oder Anfang Juni kommen – dann ist Sonnenschein garantiert und es gibt keine Touristenmassen.

12.2 Mui Ne: Sanddünen und Kitesurfen

Mui Ne, ein verschlafenes Fischerdorf im Süden Vietnams, das sich zum Küstenparadies entwickelt hat, versprüht einen rauen Charme, der sowohl Abenteurer als auch Selbstsucher anspricht. Es hat nicht den Glanz von Ferienorten oder den Trubel der Großstadt. Stattdessen bietet Mui Ne windgepeitschte Dünen, endlose Strände und adrenalingeladenes Kitesurfen, alles eingebettet in einen unverwechselbaren lokalen Rhythmus. Hier schlürfen Sie süßen Zuckerrohrsaft unter einer sich wiegenden Palme und rasen in der nächsten Stunde mit dem Quad über einen roten Sandhügel. Mui Ne präsentiert sich nicht für Touristen – es lebt einfach sein Leben, und Sie sind eingeladen, mitzumachen.

Nachfolgend finden Sie einen detaillierten und persönlichen Leitfaden zu den wichtigsten Attraktionen und Momenten, die Mui Ne unvergesslich machen.

1. Weiße Sanddünen (Weiße Sanddünen)

- Standort: Gemeinde Hoa Thang, Bezirk Bac Binh, ~25 km nordöstlich vom Zentrum von Mui Ne
- Öffnungszeiten: 24 Stunden geöffnet, aber am besten von 5:00 bis 9:00 Uhr zu besuchen
- Eintrittsgebühr: 1 USD (Parkgebühren extra)
- ATV-Verleih: Ab 20 USD für 20 Minuten; Dünenbuggys ab 35 USD

Die weißen Sanddünen, auch bekannt als Bàu Trắng, sind Mui Nes surreales Kronjuwel. Weite Kurven aus elfenbeinfarbenem Sand erstrecken sich, so weit das Auge reicht, und schimmern in der Hitze, als kämen sie eher aus Nordafrika als aus der vietnamesischen Küste. Hier fühlen sich Reisende und Einheimische gleichermaßen klein und wild zugleich.

Am Fuße der Dünen liegt ein flacher Lotussee. Wenn Sie bei Sonnenaufgang – gegen 5:30 Uhr – ankommen, können Sie das sanfte Leuchten des Wassers bewundern. Später am Morgen frischt der Wind auf, daher ist der frühe Morgen besser für Fotos und um einen Hitzschlag zu vermeiden, wenn Sie zu Fuß klettern.

2. Rote Sanddünen

- Lage: In der Nähe der Hauptstraße von Mui Ne, entlang der Huynh Thuc Khang Straße
- Beste Besuchszeit: 16:30 – 18:30 Uhr für goldenes Licht
- Eintrittsgebühr: Kostenlos; Schlittenmiete: 1–2 USD

Die Roten Sanddünen sind kleiner und belebter als die Weißen Dünen, dafür aber leichter zu erreichen und bieten genauso viel Spaß – besonders, wenn Sie mit Kindern unterwegs sind oder ein geselligeres

Umfeld bevorzugen. Einheimische, vor allem Teenager, treffen sich hier bei Sonnenuntergang, um auf Plastikbrettern die Hänge hinunterzurutschen. Die Verkäufer vermieten diese improvisierten Schlitten mit einem breiten Grinsen und erwarten ein wenig spielerisches Verhandeln.

Von den Dünen aus überblickt man den Ozean und wenn man kurz vor Sonnenuntergang auf die Spitze klettert, kann man beobachten, wie sich der Himmel über dem Südchinesischen Meer in leuchtendes Rosa und Orange färbt.

Hinweis vor Ort: Wenn jemand darauf besteht, Ihnen beim Rodeln zu helfen, bestätigen Sie den Preis vor dem Start. Freundliches Handeln wird erwartet, aber ein festes Lächeln sorgt für Ehrlichkeit.

3. Kitesurfen am Strand von Mui Ne

- Lage: Zentraler Strandabschnitt entlang der Nguyen Dinh Chieu Straße
- Beste Jahreszeit: Ende Oktober bis April (Spitzenwind Dezember–Februar)
- Unterrichtspreise: Ab 75 USD für eine 2-stündige Sitzung; 3-tägiger Anfängerkurs: 200–250 USD

Mui Ne ist Asiens Windhauptstadt. Dank seines einzigartigen Mikroklimas wehen in der Trockenzeit fast täglich schräg auflandige Winde über das Wasser und machen es so zum perfekten Ort für Kitesurf-Anfänger und -Experten. Das Wasser ist ganzjährig warm und der Strand lang und weitläufig.

Zu den bestbewerteten Schulen gehören:

- Jibe's Beach Club (90 Nguyen Dinh Chieu St.)
- C2Sky Kite Center (120 Nguyen Dinh Chieu St., c2skykitecenter.com)

Sie bieten Ausrüstungsverleih, IKO-zertifizierte Lehrer und zweisprachigen Unterricht (Englisch, Deutsch, Russisch). Wenn Sie noch nie Kitesurfen ausprobiert haben, lassen Sie sich nicht einschüchtern – die meisten Schulen bringen Sie innerhalb weniger Stunden zum Stehen und Gleiten. Die Morgenkurse sind für Anfänger sanfter; nachmittags bietet erfahrenen Kitern stärkeren Wind.

4. Feenstrom

- Standort: Eingang neben der Huynh Thuc Khang Straße 67
- Öffnungszeiten: 6:00 – 18:00 Uhr
- Eintrittsgebühr: 0,50 USD; Schuhaufbewahrung: 0,25–0,50 USD

Eines der unerwartetsten Erlebnisse in Mui Ne ist der Fairy Stream, ein flacher roter Bach, der sich durch weiche rote Felsformationen und Dschungelpalmen schlängelt. Der Spaziergang ist barfuß – tragen Sie keine Schuhe oder Sandalen, es sei denn, Sie möchten sie tragen – und dauert etwa 30–45 Minuten. Sie kommen an seltsamen, korallenartigen Graten, grasenden Kühen und gelegentlichen Getränkeverkäufern vorbei.

Dies ist kein „Wow"-Erlebnis, sondern ein langsames, persönliches und sinnliches Erlebnis. Das Wasser ist nie tiefer als knöchelhoch, und der gesamte Bach liegt im Schatten. An heißen Tagen fühlt es sich wie ein Traum an.

5. Fischerdorf Mui Ne

- Standort: Ende der Huynh Thuc Khang Straße, in der Nähe des Kreisverkehrs
- Beste Besuchszeit: 5:00 – 7:00 Uhr
- Eintritt: Frei

Im Fischerdorf schlägt das Herz von Mui Ne. Im Morgengrauen dümpeln Hunderte runder Korbboote in der Bucht, während Fischer und ihre Frauen den Morgenfang sortieren: Blaukrabben, Tintenfische und schimmernde Makrelen. Das ist vietnamesisches Leben, ungezwungen und ehrlich.

Gehen Sie zum Wasser hinunter (vorsichtig – die Felsen können rutschig sein) und beobachten Sie die Verhandlungen auf vietnamesisch. Wenn Sie hungrig sind, verkaufen einige Stände in der Nähe gegrillte Meeresfrüchte oder Bánh Mì mit Fischpaste für etwa 1 US-Dollar.

6. Wo man essen kann: Authentische Favoriten

Bo Ke Lam Vien (125 Nguyen Dinh Chieu St.):

- Öffnungszeiten: 16:00 – 22:30 Uhr
- Unbedingt probieren: Gegrillte Jakobsmuscheln, Knoblauchgarnelen, Tamarindenkrabben
- Durchschnittliche Kosten: 3–6 USD pro Gericht

Dieses Open-Air-Fischrestaurant steht auf Stelzen direkt über dem Meer. Sie hören das Rauschen der Wellen unter Ihren Füßen und die Meeresfrüchte kommen so frisch an, als hätten Sie sie am Morgen im Hafen gesehen.

Dong Vui Food Court (246 Nguyen Dinh Chieu St.):

- Öffnungszeiten: 11:00 – 22:00 Uhr
- Ein internationales Buffet mit Ständen, die vietnamesische, thailändische, vegane und westliche Gerichte anbieten. Der Avocado-Shake vom veganen Stand ist ein Geheimtipp – cremig, nicht zu süß und für unter 2 US-Dollar erhältlich.

7. Fortbewegung in Mui Ne

- Motorradverleih: 5–8 USD/Tag
- Taxi innerhalb der Stadt: 2–5 USD pro Fahrt (vermeiden Sie es, auf der Straße anzuhalten – rufen Sie Vinasun oder Mai Linh an)

- Fahrradverleih: 2–3 USD/Tag; perfekt für den flachen Strandstreifen

8. Beste Reisezeit

- Kitesurfing-Saison: November – April
- Idealer Monat: Januar (stärkster Wind, geringster Niederschlag)
- Vermeiden Sie: Juni – August, wenn der Wind nachlässt und der Sand sengend heiß sein kann

12.3 Inselparadies Phu Quoc

Phu Quoc ist mehr als nur eine Insel – hier atmet man langsam Meeresluft, spürt die Zeit wie weißen Sand und verbindet Erinnerungen mit dem Rauschen der Wellen und dem Duft gegrillter Meeresfrüchte. Im Golf von Thailand, nur 45 km vom vietnamesischen Festland entfernt, hat sich Phu Quoc von einem rauen, abgelegenen Ort zu einem kultivierten und zugleich gefühlvollen Rückzugsort entwickelt. Mit türkisfarbenem Wasser, sonnenverwöhnten Stränden, üppiger Vegetation und korallengesäumten Inselchen lädt dieser Ort zum Entspannen ein. Doch hinter seiner Schönheit verbirgt sich ein lebendiges Leben – das lokale Leben, das zwischen Boutique-Resorts und Cocktails bei Sonnenuntergang weiterlebt. So kommen Sie ihm ganz nah.

1. Langer Strand

- Standort: Entlang der Tran Hung Dao Straße, Duong To, Westküste
- Öffnungszeiten: Immer geöffnet
- Preis: Freier Zugang; Liegenmiete 2–4 USD/Tag

Der über 20 km lange Long Beach ist der beliebteste Urlaubsort. Der südliche Abschnitt beherbergt Luxusresorts und Strandbars, während der nördliche Abschnitt ruhiger ist und sich ideal zum Lesen oder Spazierengehen eignet. Die meisten Strandresorts bieten öffentlichen

Zugang zu ihren Liegestühlen gegen einen Mindestbestellwert an Getränken.

Lokaler Favorit: Gehen Sie zum Strandabschnitt hinter dem Sunset Sanato Beach Club (Bai Truong Complex, Tran Hung Dao St.). Die eigentümlichen Skulpturen am Meer (Elefantenstatuen, schwimmende Plattformen) sind ein Muss für Fotos, und das Tagesbett-Paket mit Getränk kostet etwa 7 US-Dollar. Einmal habe ich dort ein älteres vietnamesisches Paar beobachtet, das unter einer Palme Dame spielte, umgeben von Stille, nur ab und zu lachte es. Es fühlte sich wie zu Hause an.

2. Sao Strand

- Standort: An Thoi, Südostküste
- Öffnungszeiten: 6:00 – 18:30 Uhr
- Preis: Freier Zugang; Stühle ab 3 USD

Der puderweiße Sand und das kristallklare Wasser von Sao Beach wirken wie retuschiert, sind aber real. Das Wasser ist flach und ruhig – ideal für Kinder und ungeübte Schwimmer. Vermeiden Sie den zentralen Eingang, da dieser durch Touren überfüllt ist. Gehen Sie stattdessen weiter den Strand entlang in der Nähe des Paradiso Beach Clubs (Sao Beach, An Thoi Town), wo der Strand sauberer und ruhiger ist.

Tipp: Gehen Sie früh (gegen 9:00 Uhr), um der Sonne und dem Andrang zu entgehen. Unter der Woche haben Sie oft ganze Abschnitte für sich allein. Bestellen Sie eine frische Kokosnuss für 1,50 USD bei den Strohdachverkäufern, die seit Jahrzehnten am Strand arbeiten.

3. An Thoi Archipel – Inselhüpfen & Schnorcheln

- Abfahrtsort: Hafen An Thoi
- Tourzeiten: Abfahrt 8:00 Uhr, Rückkehr zwischen 15:00 und 16:00 Uhr

- Preis: Gruppentour: 25–35 USD/Person; Privatboot: 130–160 USD

Südlich der Insel liegt der An-Thoi-Archipel, eine Ansammlung unberührter Inseln, umgeben von Riffökosystemen. Beliebte Stopps sind Hon Thom (Ananasinsel), Hon Gam Ghi, Hon May Rut und Hon Mong Tay. Schnorcheln Sie an farbenfrohen Korallenriffen, schwimmen Sie in badewannenwarmem Wasser und picknicken Sie auf sonnengebleichtem Sand.

Buchen Sie Kleingruppen- oder Privattouren über OnBird Phu Quoc (www.onbird.vn) für ein persönlicheres und umweltbewussteres Erlebnis. Sie bieten riffverträglichen Sonnenschutz und vermeiden überfüllte Zeitfenster.

4. Hon Thom Cable Car und Aquatopia Water Park

- Abfahrtsort: Sun World Station, An Thoi
- Öffnungszeiten: 8:00 – 18:00 Uhr
- Ticketpreis: 20 USD (beinhaltet Seilbahn + Zugang zum Wasserpark)

Dies ist die längste Überseeseilbahn der Welt – eine atemberaubende 8 km lange Fahrt über türkisfarbenes Meer und korallenbewachsene Inseln. Sie landen auf Hon Thom, einer ruhigeren Insel mit unberührten Stränden und einem gepflegten Wasserpark mit Rutschen, Strömungskanälen und schattigen Cabanas. Selbst wenn Sie kein Nervenkitzel-Suchender sind, lohnt sich allein die Seilbahnfahrt.

Highlight: Machen Sie die Rückfahrt um 16:00 Uhr, wenn die Schatten länger werden. Es ist ein meditatives Erlebnis, die Fischerboote wie winzige Punkte weit unten treiben zu sehen, während der Himmel sich golden färbt.

5. Dinh Cau Nachtmarkt

- Standort: Vo Thi Sau Straße, Duong Dong

- Öffnungszeiten: 17:00 – 23:00 Uhr
- Preisspanne: 5–10 USD für eine komplette Mahlzeit

Dieser Fußgängermarkt leuchtet unter Laternen und duftet nach gegrillten Meeresfrüchten und süßer Chilisauce. Schnappen Sie sich einen gegrillten Tintenfisch für 1 USD, einen Teller Pfefferkrabben für 6 USD oder eine Tasse außergewöhnlich gutes Fischsauceneis für unter 1,50 USD.

6. Phu Quoc Pfefferfarmen

- Beliebter Ort: Pfefferfarm Ngoc Ha, Suoi Da Hamlet
- Öffnungszeiten: 8:00 – 17:00 Uhr
- Eintritt: Frei, optional mit Spende oder Pfefferkauf

Phu Quoc produziert einige der besten Pfeffersorten Vietnams – aromatisch, würzig und biologisch angebaut. Schlendern Sie durch die Reihen der Pfeffersträucher, erfahren Sie, wie sie getrocknet werden, und kaufen Sie vakuumverpackte Packungen zum Mitnehmen. Es gibt sogar grüne Paprikamarmelade und Paprikahonig zu kaufen.

Ein Blick ins wahre Leben: Die Besitzer der Farm, Herr Tuan und seine Frau, wohnen vor Ort und bieten Ihnen oft Tee unter einem schattigen Spalier an. Ihr Englisch ist zwar begrenzt, aber sie lächeln und winken Ihnen zu, Platz zu nehmen. Das ist Gastfreundschaft ohne Drehbuch.

7. Dinh-Cau-Tempel (Cau-Tempel)

- Lage: An der Mündung des Duong Dong Flusses
- Öffnungszeiten: 6:00 – 18:30 Uhr
- Eintrittsgebühr: Kostenlos

Dieser 1937 auf einer Felsformation mit Blick auf das Meer erbaute Tempel ist den Meeresgöttern gewidmet, die die Fischer beschützen. Sie steigen eine kurze Treppe hinauf, die von Drachen und Weihrauchopfern gesäumt ist. Der Blick von oben – Fischerboote schaukeln im Hafen, die Sonne versinkt am Horizont – ist atemberaubend.

Während Tet (Mondneujahr) legen Familien hier Blumen nieder und verbrennen Räucherstäbchen, um Glück zu bringen. Vielleicht wird Ihnen eine Mandarine als Segen angeboten. Lächeln Sie und sagen Sie „Cảm ơn".

8. Führung durch die Fischsoßenfabrik

- Fabrik: Khai Hoan Fischsaucenfabrik, 11 Hung Vuong St., Duong Dong
- Öffnungszeiten: 8:00 – 17:00 Uhr
- Eintritt: Frei; Flaschen zum Kauf von 2–10 USD

Phu Quocs Spezialität Nuoc Mam wird aus Sardellen hergestellt, die bis zu 12 Monate in massiven Holzfässern fermentiert werden. Die Führungen sind kurz – 10 bis 15 Minuten – aber besonders für Feinschmecker interessant. Die Luft ist stark, aber das gehört zur Authentizität.

Profi-Tipp: Bei Inlandsflügen ist beim Packen von Fischsauce Vorsicht geboten – sie ist oft nicht im Handgepäck erlaubt und kann konfisziert werden. Einige Geschäfte verkaufen TSA-zugelassene Geschenksets in versiegelter Verpackung.

9. Wann Sie besuchen sollten und wie Sie sich fortbewegen

- Trockenzeit: Ende Oktober – April
- Regenzeit: Mai – Anfang Oktober (kurze Schauer, aber die Strände bleiben zugänglich)

Fortbewegung vor Ort:

- Rollermiete: 6–9 USD/Tag
- Grab (Ride-Hailing): Weit verbreitet
- Taxis: Mai Linh oder Vinasun, zuverlässig mit Taxameter

Phu Quoc lässt sich am besten auf dem eigenen Rad erkunden. Mit einem gemieteten Motorrad können Sie abgelegene Ecken wie den Rach Vem Starfish Beach erkunden, wo rote Seesterne im klaren Flachwasser schwimmen.

10. Wo übernachten

La Veranda Resort Phu Quoc – MGallery-Kollektion:

- Kategorie: Luxuriöses Resort im Kolonialstil
- Durchschnittliche Kosten: Von 160–250 USD/Nacht (inkl. Frühstück)
- Adresse: Tran Hung Dao Straße, Duong Dong Stadt, Phu Quoc
- Website: www.laverandaresorts.com

In einem Herrenhaus im französischen Kolonialstil mit gepflegten tropischen Gärten und direktem Strandzugang strahlt La Veranda Eleganz aus. Jedes Zimmer ist liebevoll mit Vintage-Möbeln, Himmelbetten und privaten Balkonen eingerichtet. Das Resort bietet ein Spa, einen Salzwasserpool, ein Strandrestaurant und Nachmittagstee. Ideal für Paare, Alleinreisende, die Ruhe und Eleganz suchen, oder alle, die etwas Besonderes feiern.

Phu Quoc Eco Beach Resort:

- Kategorie: Öko-Retreat der Mittelklasse
- Durchschnittliche Kosten: 55–90 USD/Nacht
- Adresse: Ong Lang Beach, Cua Duong, Phu Quoc
- Website: www.phuquocecobeachresort.com

Eingebettet in eine ruhige Bucht am Ong Lang Beach ist dieses Resort ein grünes Refugium mit Holzbungalows inmitten blühender Bäume. Es ist beliebt bei Reisenden, die ein entspanntes, naturnahes Erlebnis abseits der Partymeute suchen. Das hoteleigene Restaurant verwendet frische Zutaten aus der Region, und die Anlage setzt auf Nachhaltigkeit durch Wassereinsparung und Recycling.

Das Fish Hostel & Restaurant:

- Kategorie: Budget Boutique Hostel
- Durchschnittliche Kosten: Schlafsäle ab 8 USD; Privatzimmer ab 22 USD
- Adresse: 113/9 Tran Hung Dao Street, Duong Dong, Phu Quoc

Ein lebendiges, künstlerisches Hostel mit offenen Räumen, Hängematten und einem eigenen Restaurant, das exzellente vietnamesische Fusionsküche serviert. Jedes Zimmer ist mit Wandgemälden lokaler Künstler geschmückt, und die Gemeinschaftsbereiche laden zum Austausch ein. Ideal für Alleinreisende und kreative Köpfe auf der Suche nach Inspiration und Gemeinschaft. In der Nähe des Strandes und des Nachtmarkts gelegen.

Salinda Resort Phu Quoc Island:

- Kategorie: Luxuriöses 5-Sterne-Resort
- Durchschnittliche Kosten: 180–280 USD/Nacht
- Adresse: Cua Lap Hamlet, Gemeinde Duong To, Phu Quoc
- Website: www.salindaresort.com

Salinda ist ein elegantes Strandresort, das modernen Komfort mit vietnamesischem Flair verbindet. Es bietet wunderschön angelegte Gärten, einen Salzwasser-Infinity-Pool, drei Gourmetrestaurants (darunter ein indisches) und ein erstklassiges Spa. Der Service ist herzlich und aufmerksam und es ist eine ausgezeichnete Wahl für Paare, Familien und Luxusliebhaber.

Mango Bay Resort:

- Kategorie: Öko-Luxus-Resort
- Durchschnittliche Kosten: 75–130 USD/Nacht
- Adresse: Ong Lang Beach, Cua Duong, Phu Quoc
- Website: www.mangobayphuquoc.com

Mango Bay bietet ein seltenes Barfuß-Luxus-Gefühl. Ohne Fernseher oder Klimaanlage schlafen die Gäste in Open-Air-Bungalows mit Moskitonetzen und Meerblick zu den Geräuschen der Natur. Es ist romantisch, umweltbewusst und abseits des kommerziellen Zentrums der Insel. Das Strandrestaurant ist ein Highlight, besonders bei Sonnenuntergang.

KAPITEL DREIZEHN

VIETNAMESISCHE KÜCHE ERKLÄRT

13.1 Regionale Gerichte zum Probieren

1. Rindfleischnudelsuppe – Hanoi (Norden)

- Was es ist: Flache Reisnudeln in langsam geköchelter Rinderknochenbrühe, garniert mit zarten Rindfleischscheiben, Frühlingszwiebeln und Kräutern.
- Wo man es probieren kann: Pho Gia Truyen, 49 Bat Dan St., Hoan Kiem, Hanoi.
- Durchschnittliche Kosten: 2,25 $
- Tipp: Gehen Sie früh hin – um 6:30 Uhr bilden sich Warteschlangen.

2. Bun Cha – Hanoi (Norden)

- Was es ist: Gegrillte Schweinefleischfrikadellen und in Scheiben geschnittener Schweinebauch, serviert in einer Schüssel mit süß-pikanter Fischsauce, mit kalten Fadennudeln und Kräutern.
- Wo man es probieren kann: Bun Cha Huong Lien, 24 Le Van Huu St., Hanoi.
- Durchschnittspreis: 4,50 $ (Kombi Obama mit Frühlingsrolle und Bier)
- Tipp: Dies ist der Ort, an dem Obama und Anthony Bourdain zu Abend gegessen haben.

3. La Vong Fischfrikadelle – Hanoi (Nord)

- Was es ist: In Kurkuma marinierter Fisch, serviert in brutzelndem Öl mit Dill, Frühlingszwiebeln und Fadennudeln.
- Wo man es probieren kann: Cha Ca La Vong, 14 Cha Ca St., Altstadt, Hanoi.

- Durchschnittliche Kosten: 10 $ pro Person
- Tipp: Dies ist eine einzigartige Spezialität aus dem Norden, die man anderswo nicht häufig findet.

4. Babymuschelreis – Hue (Zentral)

- Was es ist: Kalter Reis mit sautierten Babymuscheln, Kräutern, knusprigen Reiscrackern, Bananenblüten und Muschelbrühe.
- Wo man es probieren kann: Com Hen Hoa Dong, 64 Hem 7 Ung Binh, Hue.
- Durchschnittliche Kosten: 1,25 $
- Tipp: Dieses Gericht ist scharf. Wenn Sie empfindlich sind, bitten Sie um weniger Chili.

5. Bun Bo Hue – Hue (Zentral)

- Was es ist: Würzige Zitronengras-Rindfleischnudelsuppe mit Schweinshaxe, geronnenem Blut und dicken Reisnudeln.
- Wo man es versuchen kann: Quan Cam, 38 Tran Cao Van, Hue.
- Durchschnittliche Kosten: 1,75 $
- Tipp: Essen Sie morgens, da viele Stände um 11:00 Uhr ausverkauft sind.

6. Cao Lau – Hoi An (Zentral)

- Was es ist: Zähe Nudeln mit Schweinefleisch, Kräutern und knusprigen Reiscrackern. Hergestellt mit Wasser aus einem bestimmten alten Brunnen.
- Wo man es probieren kann: Thanh Cao Lau, 26 Thai Phien St., Hoi An.
- Durchschnittliche Kosten: 1,50 $
- Tipp: Nur in Hoi An erhältlich – nicht verpassen.

7. Quang-Nudeln – Da Nang (Zentral)

- Was es ist: Kurkuma-Nudeln mit Schweinefleisch, Garnelen, Wachteleiern und knusprigen Reiscrackern in einer kleinen Menge Brühe.
- Wo man es probieren kann: Mi Quang Ba Mua, 19 Tran Binh Trong, Da Nang.
- Durchschnittliche Kosten: 1,80–2,50 $
- Tipp: Am besten mit einem Spritzer Limette und einem Beilagensalat genießen.

8. Banh Xeo – Saigon (Süd)

- Was es ist: Knuspriger Reiscrêpe mit Garnelen, Schweinefleisch und Sojasprossen, eingewickelt in Salat und Kräuter, in Fischsauce getaucht.
- Wo man es versuchen kann: Banh Xeo 46A, 46 Dinh Cong Trang, Distrikt 3, HCMC.
- Durchschnittliche Kosten: 2,00 $
- Tipp: Einwickeln und eintauchen – nicht wie einen Taco essen.

9. Gebrochener Reis mit gegrilltem Schweinefleisch – Saigon (Süd)

- Was es ist: Duftender Bruchreis mit gegrilltem Schweinekotelett, Ei, eingelegtem Gemüse und Frühlingszwiebelöl.
- Wo man es versuchen kann: Com Tam Ba Ghien, 84 Dang Van Ngu, Phu Nhuan, HCMC.
- Durchschnittliche Kosten: 2,50 $
- Tipp: Für zusätzlichen Geschmack fügen Sie ein Spiegelei hinzu.

10. Hu Tieu Nam Vang – Saigon (Süd)

- Was es ist: Kambodschanisch inspirierte Nudelsuppe mit Schweinefleisch, Garnelen und Wachtelei.

- Wo man es probieren kann: Hu Tieu Thanh Xuan, 62 Ton That Thiep, Distrikt 1, HCMC.
- Durchschnittliche Kosten: 2,25 $
- Tipp: Probieren Sie sowohl die Trocken- als auch die Suppenvariante.

11. Gỏi Cuốn (Frische Frühlingsrollen) – Nationwide

- Was es ist: Kalte Rollen mit Garnelen, Schweinefleisch, Fadennudeln und Kräutern, eingewickelt in Reispapier, serviert mit Erdnuss-Hoisin-Dip.
- Wo man es probieren kann: Wrap & Roll, mehrere Filialen in Hanoi und Saigon.
- Durchschnittliche Kosten: 1,50 $ für 2 Rollen
- Tipp: Leicht und perfekt an einem heißen Tag.

12. Banh Mi – Nationwide (Erfunden in Saigon)

- Was es ist: Knuspriges Baguette gefüllt mit Schweinefleisch, Pastete, Gurken, Chili, Kräutern und Soßen.
- Wo man es versuchen kann: Banh Mi Huynh Hoa, 26 Le Thi Rieng, Distrikt 1, HCMC.
- Durchschnittliche Kosten: 1,75 $
- Tipp: Gehen Sie außerhalb der Stoßzeiten, um Warteschlangen zu vermeiden.

13. Pikanter Klebreis – Hanoi/Saigon

- Was es ist: Klebreis mit chinesischer Wurst, Schweinefleischflocken, Ei und Sojasauce.
- Wo man es versuchen kann: Xoi Yen, 35B Nguyen Huu Huan, Hanoi.
- Durchschnittliche Kosten: 1,00–1,50 $
- Tipp: Es macht sehr sättigend – ideal als Frühstück oder Mitternachtssnack.

14. Reisbrei mit Schweineinnereien – Nord- und Zentralasien

- Was es ist: Reisbrei mit Schweinedarm, Leber, Blutwurst und knusprigen Schalotten.
- Wo man es probieren kann: Chao Long 123, 123 Nguyen Thai Hoc, Hanoi.
- Durchschnittliche Kosten: 1,25 $
- Tipp: Nicht jedermanns Sache, aber eine echte lokale Köstlichkeit.

15. Chè (Vietnamesische Dessertsuppe) – Nationwide

- Was es ist: Süße Dessertsuppe aus Bohnen, Kokosnuss, Gelee, Früchten und Klebreis.
- Wo man es probieren kann: Che 3 Mau (Drei-Farben-Dessert), 286 Ba Trieu, Hanoi.
- Durchschnittliche Kosten: 1,00 $
- Tipp: Tolle Abkühlung nach einer heißen Wanderung.

13.2 Unbedingt probieren: Lokale Getränke

1. Pho (Rindfleisch-Nudelsuppe) – Hanoi

Phở bò, ein nationales Symbol der Geborgenheit, genießt man am besten in Hanoi, wo es seinen Ursprung hat. Die nordchinesische Variante ist dezent und verwendet klare Rinderbrühe, nur wenige Kräuter und flache Reisnudeln. Serviert wird es mit Scheiben von blutigem oder durchgebratenem Rindfleisch, Limette und Chili.

- Probieren Sie es unter: Pho Gia Truyen, 49 Bat Dan St., Hoan Kiem, Hanoi
- Preis: ~2,25 $
- Öffnungszeiten: 6:00 – 10:00 Uhr (gehen Sie früh!)

2. Bun Cha – Hanoi

Dieses rauchige, süß-pikante Schweinefleischgericht besteht aus gegrilltem Schweinebauch und Schweinefrikadellen, serviert in einer warmen Fischsaucenbrühe mit Reisnudeln und Kräutern. Es ist ein wahrer Genuss, einfach köstlich und ein absolutes Muss.

- Probieren Sie es bei: Bun Cha Huong Lien, 24 Le Van Huu St., Hanoi
- Preis: ~4,50 $ (Obama-Kombi)
- Öffnungszeiten: 8:00 – 20:30 Uhr

3. La Vong Fischfrikadelle – Hanoi

Gegrillter Wels, mariniert mit Kurkuma und Dill, brutzelnd in der Pfanne serviert und mit Reisnudeln, Erdnüssen und fermentierter Garnelensauce begleitet.

- Probieren Sie es in: Cha Ca La Vong, 14 Cha Ca St., Hanoi
- Preis: ~10 $ pro Person
- Öffnungszeiten: 11:00 – 21:00 Uhr

4. Hue Rindfleisch-Nudelsuppe – Hue

Eine würzige Zitronengras-Rindfleisch-Nudelsuppe aus Hue mit dickeren Nudeln, Schweinshaxe und einer reichhaltigen, kräftigen Brühe. Sie ist aromatisch, intensiv und sehr sättigend.

- Probieren Sie es unter: Quan Cam, 38 Tran Cao Van, Hue
- Preis: ~1,75 $
- Öffnungszeiten: 6:00 – 10:30 Uhr

5. Com Hen – Hue

Eine Mischung aus Babymuscheln, kaltem Reis, Bananenblüten, Erdnüssen und knusprigen Crackern, serviert mit Muschelbrühe. Einzigartig, würzig und voller Textur.

- Probieren Sie es bei: Com Hen Hoa Dong, 64 Hem 7 Ung Binh, Hue
- Preis: ~1,25 $
- Öffnungszeiten: 7:00 – 19:00 Uhr

6. Cao Lau – Hoi An

Exklusiv in Hoi An: dicke, in Aschewasser eingeweichte Nudeln, garniert mit Schweinefleischscheiben, Kräutern und knusprigen Reiscrackern.

- Probieren Sie es unter: Thanh Cao Lau, 26 Thai Phien, Hoi An
- Preis: ~1,50 $
- Öffnungszeiten: 10:00 – 18:30 Uhr

7. Quang-Nudeln – Da Nang

Mit Kurkuma gefärbte Nudeln, serviert mit Schweinefleisch, Garnelen, Wachteleiern und gerösteten Erdnüssen in einer flachen Brühe. Dazu frische Kräuter und Reiscracker.

- Probieren Sie es unter: Mi Quang Ba Mua, 19 Tran Binh Trong, Da Nang
- Preis: ~2,00 $
- Öffnungszeiten: 7:00 – 21:00 Uhr

8. Banh Xeo – Ho-Chi-Minh-Stadt

Ein knuspriger Reiscrêpe gefüllt mit Garnelen, Schweinefleisch und Sojasprossen. In Salat mit Kräutern einwickeln, in süße Fischsauce tauchen und mit den Händen essen.

- Probieren Sie es unter: Banh Xeo 46A, 46 Dinh Cong Trang, Distrikt 3, HCMC
- Preis: ~2,00 $
- Öffnungszeiten: 10:00 – 21:00 Uhr

9. Bruchreis – Ho-Chi-Minh-Stadt

„Gebrochener Reis“ serviert mit einem gegrillten Schweinekotelett, Spiegelei, eingelegtem Gemüse und Frühlingszwiebelöl. Einfach und herzhaft.

- Probieren Sie es unter: Com Tam Ba Ghien, 84 Dang Van Ngu, Bezirk Phu Nhuan, HCMC
- Preis: ~2,50 $
- Öffnungszeiten: 7:00 – 21:00 Uhr

10. Hu Tieu Nam Vang – Ho-Chi-Minh-Stadt

Nudelsuppe mit Schweinefleisch und Meeresfrüchten kambodschanischen Ursprungs, beliebt im Süden. Serviert mit klarer Brühe oder trocken mit Brühe als Beilage.

- Probieren Sie es aus bei: Hu Tieu Thanh Xuan, 62 Ton That Thiep, Distrikt 1, HCMC
- Preis: ~2,25 $
- Öffnungszeiten: 6:00 – 11:30 Uhr

11. Frühlingsrollen – Nationwide

Frische Frühlingsrollen mit Garnelen, Schweinefleisch, Fadennudeln und Kräutern, in Reispapier eingewickelt und in Hoisin-Erdnuss-Sauce getaucht. Erfrischend und gesund.

- Probieren Sie es bei: Wrap & Roll (verschiedene Standorte)
- Preis: ~1,50 $ (2 Rollen)
- Öffnungszeiten: 10:00 – 22:00 Uhr

12. Banh Mi – Nationwide

Ein knuspriges Baguette gefüllt mit Pastete, eingelegtem Gemüse, Chili, Koriander und verschiedenen Fleischsorten. Außen knusprig, innen weich.

- Probieren Sie es unter: Banh Mi Huynh Hoa, 26 Le Thi Rieng, Distrikt 1, HCMC
- Preis: ~1,75 $
- Öffnungszeiten: 15:00 – 23:00 Uhr

13. Pikanter Klebreis – Hanoi / HCMC

Klebreis mit chinesischer Wurst, Ei, Schweinefleischflocken und Soja. Ein günstiges und sättigendes Frühstücksgericht.

- Probieren Sie es unter: Xoi Yen, 35B Nguyen Huu Huan, Hanoi
- Preis: ~1,25 $
- Öffnungszeiten: 6:00 Uhr – Mitternacht

14. Porridge – Hanoi

Pikanter Reisbrei mit Schweinedarm, Leber und Blutwurst. Schmeckt am besten warm an einem kalten Morgen.

- Probieren Sie es bei: Chao Long 123, 123 Nguyen Thai Hoc, Hanoi
- Preis: ~1,50 $
- Öffnungszeiten: 7:00 – 21:00 Uhr

15. Dreifarbiger Tee – Nationwide

Dreifarbiges Dessert aus Mungobohnen, roten Bohnen, Gelee und Kokosmilch. Serviert auf zerstoßenem Eis.

- Probieren Sie es bei: Che 3 Mau, 286 Ba Trieu, Hanoi
- Preis: ~1,00 $
- Öffnungszeiten: 10:00 – 22:00 Uhr

KAPITEL VIERZEHN

PRAKTISCHE INFORMATIONEN

14.1 Transportmöglichkeiten

Dank der langen, schmalen Landmasse und der stark unterschiedlichen Landschaften ist es spannend und abwechslungsreich, sich in Vietnam fortzubewegen. Ob man mit dem Roller durch die chaotischen Straßen der Stadt gleitet oder die von Reisfeldern durchzogenen Landstraßen befährt – Fortbewegungsmittel sind in Vietnam nicht nur eine Notwendigkeit, sondern Teil des Erlebnisses.

14.1.1 Inlandsflüge: Der schnelle Weg zwischen den Regionen

Für Reisende, die lange Strecken durch Vietnams Nord-Süd-Achse zurücklegen, sind Inlandsflüge die effizienteste Möglichkeit, Zeit zu sparen und Nachtfahrten mit Zug oder Bus zu vermeiden. Mit über 20 Flughäfen, die Großstädte und malerische Reiseziele miteinander verbinden, sind Inlandsflüge in Vietnam nicht nur schnell, sondern auch bemerkenswert günstig.

Wichtige Inlandsstrecken und -fahrpläne

Die drei beliebtesten Routen in Vietnam sind:

1. Hanoi (HAN) nach Ho-Chi-Minh-Stadt (SGN)

- Dauer: ca. 2 Stunden
- Frequenz: 20–25 Flüge/Tag
- Fluggesellschaften: Vietnam Airlines, VietJet Air, Bamboo Airways, Pacific Airlines

2. Hanoi (HAN) nach Da Nang (DAD)

- Dauer: ~1 Stunde 20 Minuten

- Frequenz: 10–12 Flüge/Tag
- Ideal für Strandbesucher, Besucher von Hoi An und den Zugang zu Zentralvietnam

3. Ho-Chi-Minh-Stadt (SGN) nach Phu Quoc (PQC)

- Dauer: ~1 Stunde
- Frequenz: 12–15 Flüge/Tag
- Phu Quoc ist Vietnams beliebtestes Inselparadies

Zu den weiteren gut ausgebauten Strecken zählen:

- Ho-Chi-Minh-Stadt nach Nha Trang, Da Lat, Hue, Quy Nhon
- Von Hanoi nach Can Tho, Buon Ma Thuot und Dien Bien
- Von Da Nang nach Hai Phong, Can Tho und Phu Quoc

Flüge finden in der Regel zwischen 6:00 und 22:00 Uhr statt, mit Spitzenzeiten zwischen 8:00 und 11:00 Uhr sowie zwischen 16:00 und 19:00 Uhr. Vietnams Flughäfen sind an nationalen Feiertagen wie Tet (Neujahrsfest) und dem Unabhängigkeitstag am stärksten ausgelastet. Dann steigen die Preise und es kann zu Flugplanänderungen kommen.

Ticketpreise und Gebühren

Die Preise für Inlandsflüge in Vietnam sind wettbewerbsfähig und dynamisch. Die Preise für Hinflüge variieren je nach Saison, Nachfrage und Fluggesellschaft:

1. Billigfluggesellschaften (VietJet Air, Pacific Airlines):

- Hanoi nach Saigon: 35–70 USD
- Hanoi nach Da Nang: 25–50 USD
- Saigon nach Phu Quoc: 30–60 USD

2. Full-Service-Fluggesellschaften (Vietnam Airlines, Bamboo Airways):

- Normalerweise 20–50 USD teurer, beinhaltet aber:
- 20–30 kg aufgegebenes Gepäck

- Kostenlose Mahlzeit/Snack und Getränk
- Bessere Pünktlichkeit

Hinweis: Billigflieger schließen Gepäck oft aus. Für aufgegebenes Gepäck (20 kg) fallen bei Vorausbuchung 10–15 USD Aufpreis an, beim Check-in 20 USD oder mehr.

Buchung und Ticketverkauf

Inlandstickets bucht man am besten online, da die Preise am günstigsten und die Abwicklung am einfachsten ist. Zu den zuverlässigen Plattformen gehören:

- Vietnam Airlines – www.vietnamairlines.com
- VietJet Air – www.vietjetair.com
- Bamboo Airways – www.bambooairways.com
- Aggregatoren: 12Go Asia, Baolau, Skyscanner

Tickets können auch über die Hotelrezeption oder über lokale Reisebüros gebucht werden, rechnen Sie jedoch mit einem Aufpreis von 3–5 USD.

Profi-Tipps:

- Buchen Sie mindestens 2 Wochen im Voraus für die niedrigsten Preise
- Drucken Sie Ihr E-Ticket aus oder machen Sie einen Screenshot
- Kommen Sie bei Inlandsflügen 90 Minuten vor Abflug am Flughafen an
- Die meisten vietnamesischen Flughäfen verlangen an den Eingangstoren einen QR-Scan oder ein Papierticket

Mit kurzen Flügen, niedrigen Preisen und einer umfassenden Streckenabdeckung sind Inlandsflüge die schnellste und bequemste Möglichkeit, die kulturell und geografisch vielfältigen Regionen Vietnams zu verbinden.

14.1.2 Busse: Budgetfreundlich und reichweitenstark

Vietnams Busnetz ist eines der umfangreichsten und kostengünstigsten in Südostasien und verbindet alle größeren Städte und abgelegenen Dörfer des Landes. Für Reisende mit kleinem Budget bieten Busse unschlagbare Preise und überraschend kurze Fahrpläne. Von klimatisierten Schlafbussen auf Langstrecken über offene Touren bis hin zu öffentlichen Kurzstreckenbussen – dies ist eine der besten Möglichkeiten, das Land zu erkunden, ohne das Budget zu sprengen.

Bustypen und -routen

In Vietnam gibt es drei Haupttypen von Bussen:

1. Öffentliche Nahverkehrsbusse – Verkehren innerhalb von Städten oder zwischen benachbarten Städten. Ideal für kurze Fahrten wie von Hanoi nach Ha Dong oder von Da Nang nach Hoi An.

2. Intercity-Schlafbusse – Fernstrecken wie Hanoi nach Hue oder Ho-Chi-Minh-Stadt nach Da Lat. Diese fahren oft über Nacht.

3. Offene Tourbusse – Speziell für Touristen. Diese Busse bieten flexible Hop-on-Hop-off-Verbindungen zwischen den wichtigsten Touristenstädten, einschließlich Haltestellen in Hue, Da Nang, Hoi An, Nha Trang und Mui Ne.

Beliebte Routen:

- Hanoi → Sapa (über Nacht): 6–8 Stunden
- Hanoi → Ninh Binh: 2–2,5 Stunden
- Hoi An → Da Nang: 45 Minuten
- Ho-Chi-Minh-Stadt → Mui Ne: 4–5 Stunden
- Da Nang → Hue: 3 Stunden über den Hai Van Pass

Frequenz und Zeitplan

- Die meisten wichtigen Überlandbuslinien verkehren täglich. Auf stark frequentierten Korridoren wie Hanoi–Ninh Binh, Da

Nang–Hoi An und HCMC–Can Tho verkehren die Busse von morgens bis abends stündlich.

- Bei Nachtzugverbindungen (z. B. Hanoi nach Hue, Ho-Chi-Minh-Stadt nach Nha Trang) beginnen die Abfahrten normalerweise um 17:00 Uhr und dauern bis 22:30 Uhr, mit Ankunft am nächsten Morgen.
- Kurzstreckenbusse in städtischen Gebieten wie Hanoi und Saigon fahren von 5:00 bis 21:30 Uhr alle 10–15 Minuten.

Preise

Im Vergleich zu Bahn- und Flugtickets sind die Busfahrpreise äußerst günstig.

Route	**Reisezeit**	**Durchschnittspreis (USD)**
Hanoi → Sapa	6–8 Stunden (Schläfer)	12–18 $
Hanoi → Ninh Binh	2,5 Stunden	5–7 $
Da Nang → Hoi An	45 Minuten	2–3 $
HCMC → Mui Ne	5 Stunden	8–12 $
Da Nang → Hue	3 Stunden	5–7 $

Einige Unternehmen wie The Sinh Tourist, Futa Bus Lines und Sapa Express bieten Premium-Services mit WLAN an Bord, Liegesitzen, Wasser und Snacks ohne Aufpreis an.

Ticketverkauf und Buchung

Wo gibt es Tickets:

- Online-Plattformen: 12Go Asia (www.12go.asia), Baolau (www.baolau.com) oder direkt auf den Websites der Betreiber.

- Busbahnhöfe: Beispiel: Bahnhof My Dinh (Hanoi), Bahnhof Mien Dong (HCMC), zentraler Busbahnhof Da Nang.
- Reisebüros und Hotels/Hostels: Sie helfen oft bei der Buchung von offenen Reisebussen mit bequemer Abholung vom Hotel.

Empfohlene Betreiber:

- Futa (Phuong Trang): Das Beste in Südvietnam; sauber, pünktlich und mit solidem Kundenservice.
- The Sinh Tourist: Ideal für offene Tourbuchungen mit touristisch orientierten Stopps und englischsprachigem Personal.
- Sapa Express: Premium-Option für nördliche Routen.

Tipp: Buchen Sie an Wochenenden oder Feiertagen mindestens 24 Stunden im Voraus und während der Tet-Zeit (Neujahrsfest nach dem Mondkalender), wenn die Nachfrage sprunghaft ansteigt, 3–5 Tage im Voraus.

Entscheiden Sie sich für mehr Komfort auf längeren Fahrten für Schlafbusse mit 34–40 Betten und nehmen Sie immer Socken, Ohrstöpsel und Wasser mit – in einigen Nachtbussen läuft Musik oder es gibt helle Lichter.

14.1.3 Taxis: Für kurze Stadtfahrten

Für Touristen in Vietnam sind Taxis eine bequeme Möglichkeit, sich in der Stadt fortzubewegen – insbesondere, wenn öffentliche Verkehrsmittel nicht erreichbar sind oder man der Mittagshitze oder starkem Regen entgehen möchte. Um Betrug und überhöhte Preise zu vermeiden, ist es jedoch wichtig zu wissen, welchen Taxis man vertrauen kann, welche Routen die besten sind und wie die Preisgestaltung funktioniert. Hier finden Sie alles, was Sie für eine sichere Taxifahrt durch Vietnam benötigen.

Seriöse Taxiunternehmen

Nicht alle Taxis in Vietnam sind gleich. Manche nutzen manipulierte Taxameter oder geben sich als seriöse Anbieter aus. Um Betrügereien zu vermeiden, nutzen Sie nur diese vertrauenswürdigen nationalen Marken:

Mai Linh Taxi (grüne Autos):

- Website: www.mailinh.vn
- Hotline: 1055
- Ist in allen größeren Städten tätig, darunter Hanoi, Ho-Chi-Minh-Stadt, Da Nang, Hue und Nha Trang.

Vinasun Taxi (weiße Autos mit roten und grünen Streifen):

- Vorwiegend im Süden zu finden – besonders zuverlässig in Ho-Chi-Minh-Stadt, Can Tho und den Städten des Mekongdeltas.

Vermeiden Sie Taxis ohne Markennamen oder solche, die vor Flughäfen und großen Touristenattraktionen angehalten werden.

Gängige Routen und Preise

Taxis verfügen über Taxameter, und die Fahrpreise variieren je nach Unternehmen und Stadt leicht. Nachfolgend finden Sie einige gängige Stadtrouten und ihre durchschnittlichen Kosten:

Hanoi:

- Altstadt zum Westsee (6 km): ~3–4 USD
- Altstadt zum Flughafen Noi Bai (35 km): ~12–15 USD (Festpreis oft verfügbar)

Ho-Chi-Minh-Stadt:

- Bezirk 1 zum Ben-Thanh-Markt (2 km): ~2 USD
- Distrikt 1 zum Flughafen Tan Son Nhat (8 km): ~7–9 USD

Da Nang:

- Vom Flughafen Da Nang zum Strand My Khe (6 km): ca. 4–5 USD
- Da Nang zu den Marmorbergen (11 km): ~6–7 USD

Die meisten Taxis berechnen folgende Grundtarife:

- Erste 0,5–1 km: 12.000–15.000 VND (ca. 0,50–0,65 USD)
- Jeder weitere Kilometer: 10.000–14.000 VND (ca. 0,40–0,55 USD)

Nach 22:00 Uhr können die Nachttarife um 10–15 % höher sein.

Häufigkeit und Verfügbarkeit

Taxis gibt es in touristisch geprägten Gebieten wie Hanois Hoan Kiem, dem ersten Bezirk von Ho-Chi-Minh-Stadt und entlang der Strandstraßen in Da Nang und Nha Trang in Hülle und Fülle. Zwischen 6:00 und 22:00 Uhr kann man problemlos ein Taxi auf der Straße heranwinken. Bei starkem Regen oder während der Tet-Feiertage ist die Verfügbarkeit jedoch geringer.

Damit Sie auf Nummer sicher gehen können, bitten Sie Ihr Hotel oder Restaurant, ein Taxi eines vertrauenswürdigen Anbieters zu rufen, oder nutzen Sie eine Mitfahr-App wie Grab, mit der Sie lizenzierte Taxis mit Festpreisen und GPS-Tracking buchen können.

Ticketausstellung und Zahlung

Vietnamesische Taxis geben im Gegensatz zu Zügen oder Bussen keine Papiertickets aus. Der Fahrpreis wird auf einem digitalen Taxameter angezeigt und ist am Ende der Fahrt zu bezahlen. Immer:

- Überprüfen Sie, ob das Messgerät eingeschaltet ist, bevor das Auto losfährt
- Bezahlen Sie in bar (VND); die meisten Taxis akzeptieren keine Kreditkarten

- Tragen Sie kleine Scheine (50.000 VND oder weniger) bei sich, um Wechselgeldprobleme zu vermeiden
- Grab-Nutzer können eine Karte verknüpfen oder bar bezahlen; die App zeigt Ihnen den Fahrpreis im Voraus an.

Trinkgeld wird nicht erwartet, eine leichte Aufrundung des Fahrpreises ist jedoch willkommen.

14.1.4 Ride-Hailing-Apps: Die intelligenteste Option für den urbanen Raum

Für Touristen, die sich in Vietnams geschäftigen Städten und Dörfern zurechtfinden, sind Mitfahr-Apps die mit Abstand sicherste, effizienteste und benutzerfreundlichste Transportmöglichkeit. Vietnams Straßen sind bekanntermaßen hektisch, mit unvorhersehbaren Verkehrsmustern, eingeschränktem öffentlichen Nahverkehr in manchen Gegenden und einer Sprachbarriere, die die Nutzung von Taxis oder Bussen erschweren kann. Mitfahrplattformen lösen all diese Probleme, indem sie es Reisenden ermöglichen, mit nur wenigen Fingertipps Motorrad- oder Autofahrten zu buchen, oft zu einem Bruchteil der Kosten eines herkömmlichen Taxis.

Die besten Mitfahr-Apps in Vietnam

1. Greifen

Grab ist Vietnams meistgenutzte Mitfahr-App und in allen größeren Städten verfügbar – Hanoi, Ho-Chi-Minh-Stadt, Da Nang, Nha Trang, Hue, Can Tho und weiteren. Die App bietet folgende Dienste:

- GrabBike (Motorradtaxi): Motorradtaxi. Schnell, günstig und perfekt für Alleinreisende.
- GrabCar: Private 4- oder 7-Sitzer-Autos, ideal für Familien oder Reisende mit Gepäck.
- GrabTaxi: Taxis mit Taxameter, die über die App gebucht werden, um das Feilschen auf der Straße zu vermeiden.
- GrabFood & GrabExpress: Essenslieferung und Kurierdienste.

Verfügbar für Android und iOS

Zahlung: Bargeld, Kredit-/Debitkarte oder verknüpftes E-Wallet

Website: www.grab.com/vn

Routen, Abdeckung und Planung

Grab deckt alle wichtigen Bezirke und Stadtteile ab. Sie können Grab von und nach:

- Flughäfen (z. B. Tan Son Nhat in HCMC nach Distrikt 1: ~6 USD)
- Bahnhöfe, Einkaufszentren, historische Stätten und Hotels
- Langstreckenfahrten innerhalb der Provinz (z. B. Da Nang nach Hoi An: ~12–15 USD mit GrabCar)

Grab ist in Großstädten rund um die Uhr in Betrieb. In kleineren Städten oder ländlichen Gebieten kann der Service nach 22:00 Uhr eingeschränkt sein, und die Verfügbarkeit von Fahrrädern kann bei starkem Regen oder wichtigen Feiertagen wie Tet eingeschränkt sein.

Häufigkeit und Zuverlässigkeit

Im Gegensatz zu öffentlichen Bussen, die nach festen Fahrplänen fahren, sind Grab-Dienste auf Abruf verfügbar. Außerhalb der Stoßzeiten (9:00–16:00 Uhr) sind Fahrten oft innerhalb von 2–5 Minuten verfügbar. In den Stoßzeiten (7:00–9:00 Uhr und 17:00–19:00 Uhr) kann es zu längeren Wartezeiten und leicht höheren Fahrpreisen kommen.

Tipp: Nutzen Sie die Funktion „Fahrt planen“ (nur GrabCar), um Flughafentransfers oder Fahrten am frühen Morgen im Voraus zu buchen.

Preis- und Tariftransparenz

Grab verwendet dynamische Preise, die sich nach Tageszeit, Nachfrage und Wetter richten. Beispieltarife:

- GrabBike (Altstadt von Hanoi zum Hoan-Kiem-See): ~1,20 USD
- GrabCar (Bezirk 1 zum Flughafen Tan Son Nhat, HCMC): ~6–8 USD
- GrabBike (Da Nang zu den Marmorbergen): ~2,50 USD
- GrabCar (Zitadelle von Hue zur Thien-Mu-Pagode): ~3,50 USD

Alle Preise werden im Voraus angegeben. Es gibt keine versteckten Gebühren oder Verhandlungen. Trinkgelder sind optional, werden aber gerne entgegengenommen.

Ticketverkauf und Buchung

- Öffnen Sie die App und geben Sie den Abhol- und Rückgabeort ein.
- Fahrzeugtyp bestätigen (Fahrrad, Auto, Taxi)
- Fahrpreisschätzung und voraussichtliche Ankunftszeit des Fahrers anzeigen
- Zahlungsmethode wählen (Bargeld oder Karte)
- Buchen Sie und warten Sie auf Ihren Fahrer

Quittungen werden per E-Mail verschickt oder sind in der App zur Kostenverfolgung oder Hotelkostenerstattung zugänglich.

Profi-Tipp:

- Schalten Sie GPS ein und legen Sie Ihren Abholort manuell fest, wenn Sie sich in einem überfüllten Gebiet befinden. Überprüfen Sie vor dem Einsteigen immer das Nummernschild und den Namen des Fahrers.
- Mitfahr-Apps sind in Vietnam nicht nur praktisch, sondern unverzichtbar für eine stressfreie Mobilität in der Stadt.

14.1.5 Boote und Fähren: Inseln und Flussdeltas

Für Reisende, die Vietnams verstreute Archipele und üppige Flusssysteme erkunden, sind Boote und Fähren nicht nur landschaftlich reizvolle Umwege – sie sind oft das wichtigste und praktischste Transportmittel. Von der Überquerung der labyrinthartigen Wasserstraßen des Mekong bis hin zu vorgelagerten Inseln wie Phu Quoc und Cat Ba ist die Kenntnis der Routen, Fahrpläne, Ticketverfahren und Preise für eine reibungslose Reise unerlässlich.

Fährverbindungen zu den wichtigsten Inseln Vietnams

1. Ha Tien / Rach Gia zur Insel Phu Quoc (Südwestküste)

- Betreiber: Superdong Fast Ferry
- Adresse des Piers: Fährterminal Ha Tien – 11 Tran Hau, Ha Tien, Kien Giang
- Frequenz: 2–3 mal täglich pro Linie

Routen:

- Ha Tien → Bai Vong Pier (Phu Quoc): 90 Minuten
- Rach Gia → Bai Vong Pier: 2,5–3 Stunden

Zeitplanbeispiel (Ha Tien):

- Abfahrten: 7:30 Uhr, 13:00 Uhr
- Rückgabe: 9:45 Uhr, 15:30 Uhr

Preise:

- Ha Tien-Route: ~10–12 USD
- Rach Gia-Route: ~15–18 USD

Buchung:

- Online: www.superdong.com.vn
- Am Pier oder über lokale Hotels/Reisebüros

Reisetipp: Buchen Sie an Feiertagen (insbesondere Tet) frühzeitig. Bringen Sie zum Check-in einen gültigen Ausweis oder Reisepass mit.

2. Hai Phong zur Insel Cat Ba (Norden)

- Betreiber: Cat Ba Express, Superdong, Tragflügelbootlinien
- Frequenz: 3–5 Fahrten täglich
- Pier-Adresse: Got Ferry Terminal – Tran Chau, Bezirk Cat Hai, Hai Phong

Routen:

- Hai Phong → Cat Ba (über Got Pier und Ben Beo Pier)
- Alternative: Hai Phong → Cai Vieng Pier (für den Zugang zum nördlichen Cat Ba)

Zeitplanbeispiel:

- Erste Abfahrt: 9:00 Uhr
- Letzte Rückkehr: 16:00 Uhr

Preise:

- ~7–10 USD einfache Fahrt
- Kombiticket (Bus + Boot ab Hanoi): ~15–20 USD

Buchung:

- catbaexpress.com oder direkt bei Got Pier
- Ticketschalter in der Altstadt von Hanoi bieten kombinierte Pakete an

Fähren im Mekong-Delta

3. Can Tho nach Cai Be / Vinh Long (Touren zum schwimmenden Markt)

- Tourtyp: Privates Holzboot oder Gemeinschaftsboot
- Dauer: 3–5 Stunden

- Frequenz: Täglich
- Adresse zum Einsteigen: Ninh Kieu Wharf – Hai Ba Trung Street, Ninh Kieu District, Can Tho

Preise:

- Privates Boot (1–4 Personen): ~25–35 USD
- Gruppenreisen: ~10–15 USD/Person

Buchung:

- Am Ninh Kieu Wharf (Can Tho)
- Über Hotels oder lokale Reisebüros

Zeitplan:

- Die meisten Touren beginnen vor 6:30 Uhr, um die Aktivitäten des schwimmenden Marktes mitzuerleben

4. Chau Doc nach Phnom Penh (Internationaler Bootsservice)

- Anbieter: Mekong Explore, Hang Chau Speedboat
- Route: Chau Doc (Vietnam) → Phnom Penh (Kambodscha)
- Dauer: 5 Stunden
- Preis: ~25–35 USD
- Fahrplan: Eine Fahrt täglich (Abfahrt normalerweise um 7:30 Uhr)
- Buchung: Hotelschalter, Reisebüros.
- Adresse des Piers: Victoria Chau Doc Hotel Jetty – 1 Le Loi, Chau Doc

Grenztipp: Nehmen Sie Ihren Reisepass, Ihr kambodschanisches Visum (oder prüfen Sie, ob ein Visum bei der Ankunft ausgestellt wird) und zusätzliche Passfotos mit.

Ticketing und allgemeine Tipps

- Buchen Sie in der Hochsaison oder an Wochenenden im Voraus
- Kommen Sie mindestens 30–45 Minuten vor Abfahrt an

- Tragen Sie Ihren Reisepass oder Lichtbildausweis bei sich – erforderlich für den Check-in
- Packen Sie bei Inselausflügen bei Bedarf Medikamente gegen Reisekrankheit ein
- Aufgrund der Wetter- oder Gezeitenbedingungen ist mit kleineren Verzögerungen zu rechnen, insbesondere in der Sturmsaison (Juni–Oktober).

14.1.6 Autovermietungen: Nicht empfehlenswert für Touristen

Ein Auto in Vietnam zu mieten, mag für Reisende, die an die Unabhängigkeit der Straße gewöhnt sind, verlockend erscheinen, doch für die meisten Besucher ist es weder praktisch noch ratsam. Aufgrund rechtlicher Hürden, des Verhaltens im Straßenverkehr und der ungewohnten Verkehrskultur wird Touristen dringend davon abgeraten, in Vietnam ein Auto zu mieten und selbst zu fahren.

Rechtliche und lizenzrechtliche Fragen

Touristen dürfen in Vietnam mit einem normalen ausländischen Führerschein nicht legal Auto fahren. Selbst ein internationaler Führerschein (IDP) wird nicht überall akzeptiert, es sei denn, er wird in einen temporären vietnamesischen Führerschein umgewandelt. Dieser Vorgang dauert mehrere Tage, erfordert offizielle Dokumente und erfordert in der Regel die Unterstützung einer vietnamesischen Behörde.

Wenn Sie ohne einen gültigen lokalen oder umgeschriebenen Führerschein fahren, erlischt Ihre Reiseversicherung. Sollten Sie in einen Unfall verwickelt sein, kann Ihnen – unabhängig von der Schuldfrage – eine zivil- oder strafrechtliche Verantwortung auferlegt werden, Sie müssen mit Geldstrafen rechnen oder Ihr Reisepass kann während des Verfahrens einbehalten werden.

Vietnams Verkehrsumfeld

Vietnams Verkehr ist notorisch chaotisch, insbesondere in Großstädten wie Ho-Chi-Minh-Stadt und Hanoi. Die Straßenverkehrsregeln dienen oft eher als Empfehlung denn als durchsetzbare Gesetze. Vorfahrtsregeln werden selten eingehalten, die Fahrspuren sind minimal, und Kreuzungen werden mit der „Flucht mit dem Strom"-Mentalität angegangen.

Selbst erfahrene Fahrer haben Schwierigkeiten, sich auf dem Land an das spontane Aufeinandertreffen von Autos, Motorrädern, Fußgängern und sogar Vieh anzupassen. Auch in engen Gassen und auf weniger gut ausgebauten Straßen sind GPS-Navigationssysteme unzuverlässig und führen oft ohne Vorwarnung in Sackgassen, auf unbeschilderten Straßen oder in Baustellen.

Parken, Maut und Infrastruktur

Vietnams Städte sind nicht für Touristen mit dem Auto ausgelegt. Selbst für Einheimische ist das Parken eine Herausforderung, da es nur wenige öffentliche Parkplätze gibt und die Beschilderung auf Englisch fehlt. Viele Hotels und Sehenswürdigkeiten bieten keine Parkplätze an, und wenn doch, sind diese oft nur für Motorräder vorgesehen.

Mautstraßen zwischen den Provinzen erfordern Ortskenntnisse, und nicht alle Mautstellen akzeptieren ausländische Zahlungskarten. Elektronische Mautsysteme (VETC, ePass) stehen Touristen ebenfalls nicht zur Verfügung, was zu Engpässen oder der Sperrung der Zufahrt zu Schnellstraßen führen kann.

Bessere Alternativen für Reisende

Anstatt selbst zu fahren, mieten die meisten Touristen ein privates Auto mit lizenziertem Fahrer. Das bietet Sicherheit, Komfort und eine stressfreie Navigation. Diese Dienste lassen sich einfach über Hotels, Reisebüros oder Apps wie DichungTaxi und Klook buchen.

Typische Kosten:

- Hin- und Rückfahrt von Hanoi nach Ninh Binh mit Fahrer: 70–90 USD
- Da Nang nach Hoi An: 20–25 USD
- Saigon-Stadtrundfahrt (4 Stunden): 35–50 USD mit Klimaanlage und englischsprachigem Fahrer

Der All-inclusive-Preis umfasst Kraftstoff, Maut, Parkgebühren und Wartezeit. Die Fahrer kennen die lokalen Strecken und geben während der Fahrt oft hilfreiche Tipps.

Abschließender Rat

Versuchen Sie nicht, in Vietnam ein Auto zu mieten, es sei denn, Sie sind Einwohner mit einem umgeschriebenen vietnamesischen Führerschein, sprechen die Sprache fließend und sind mit der lokalen Verkehrskultur bestens vertraut. Für eine sichere und angenehme Reise entscheiden Sie sich für geführte Transfers oder private Fahrdienste. Diese sind nicht nur bequemer, sondern oft auch günstiger als Mietwagen im Ausland.

14.2 Gesundheits- und Sicherheitstipps

Eine Reise durch Vietnam steckt voller Überraschungen – die meisten davon sind reizvoll, manche können einen aber auch überraschen. Mit seinen geschäftigen Städten, Bergabenteuern, versteckten Nudelrestaurants und dem feuchten Klima lohnt es sich zu wissen, wie man während der Erkundung gesund und sicher bleibt. Nachfolgend finden Sie Ihren reiseerprobten Reiseführer mit praktischen Tipps, echten Erlebnissen und Ratschlägen von Einheimischen und erfahrenen Besuchern.

1. Trinken Sie ausreichend – aber verzichten Sie auf Leitungswasser

Vietnams Leitungswasser ist nicht trinkbar. Selbst Einheimische kochen es vorher ab. Greifen Sie immer zu Flaschenwasser, das überall für etwa 0,30–0,50 US-Dollar erhältlich ist. In Mittel- und Oberklassehotels werden oft täglich kostenlose Flaschen aufs Zimmer gestellt. Benutzen Sie auch zum Zähneputzen Flaschenwasser – besonders bei empfindlichem Magen.

- Kaufen bei: Circle K, VinMart+, FamilyMart (in allen größeren Städten zu finden)
- Geöffnet: Die meisten Geschäfte sind rund um die Uhr geöffnet

2. Street Food lohnt sich – wenn Sie mit Bedacht wählen

Die besten Gerichte Vietnams gibt es an Metallkarren und Holzkohlegrills. Wählen Sie Ihre Stände daher mit Bedacht aus. Halten Sie Ausschau nach Orten mit vielen Einheimischen und idealerweise hohem Umsatz. Wenn es gut riecht und sauber aussieht, ist es das wahrscheinlich auch.

3. Bereiten Sie sich auf Hitze und Feuchtigkeit vor

Das tropische Klima Vietnams kann einen schnell erschöpfen. In Orten wie Ho-Chi-Minh-Stadt oder Hue wird es im Sommer schwül.

- Tragen Sie leichte, atmungsaktive Kleidung
- Tragen Sie alle paar Stunden Sonnenschutzmittel mit Lichtschutzfaktor 30+ auf
- Vermeiden Sie lange Spaziergänge zwischen 12:00 und 14:00 Uhr

Trinken Sie elektrolytauffüllende Getränke wie Number 1 Active oder Kokoswasser (ca. 1 USD).

4. Eine Reiseversicherung ist nicht verhandelbar

Die Gesundheitsversorgung in Großstädten ist gut, aber für Ausländer teuer. Schließen Sie vor Ihrer Reise eine Reiseversicherung ab. Diese sollte Krankenhausaufenthalte, Evakuierungen und idealerweise Motorradunfälle (falls Sie Motorrad fahren möchten) abdecken.

Empfohlene Kliniken:

- FV Hospital Saigon – 6 Nguyen Luong Bang, Distrikt 7, HCMC
- Vinmec International Hanoi – 458 Minh Khai, Hai Ba Trung, Hanoi
- Geöffnet: 24/7
- Beratung: 30–70 USD

5. Vorsicht vor Motorradwahnsinn

Der Verkehr in Vietnam ist chaotisch, funktioniert aber seltsamerweise einwandfrei. Trotzdem kommt es immer wieder zu Fußgängerunfällen.

- Überqueren Sie die Straße langsam und selbstbewusst, rennen Sie nicht und zögern Sie nicht
- Tragen Sie beim Motorradfahren einen Helm – auch bei kurzen Fahrten
- Vermeiden Sie Stoßzeiten: 7:00–8:30 Uhr und 17:00–18:30 Uhr

6. Schutz vor durch Mücken übertragenen Krankheiten

Denguefieber tritt häufiger auf als Malaria, insbesondere während der Regenzeit (Mai–Oktober).

- Verwenden Sie Insektenschutzmittel mit 20–30 % DEET
- Tragen Sie in ländlichen oder bewaldeten Gebieten lange Ärmel
- Schlafen Sie mit Moskitonetzen, wenn Sie in Privatunterkünften oder Bungalows übernachten

7. Tragen Sie ein medizinisches Basisset bei sich

Ein kleiner Beutel kann viel bewirken:

- Paracetamol gegen Kopfschmerzen
- Loperamid oder Aktivkohle bei Magenverstimmungen

- Rehydrationssalze
- Pflaster für Wanderblasen

Apotheken (Nhà Thuốc) gibt es überall und sie sind in der Regel von 7:00 bis 21:00 Uhr geöffnet. Englischkenntnisse sind jedoch möglicherweise eingeschränkt. Bleiben Sie bei den Apothekenketten Pharmacity oder Long Chau, um die Qualität zu gewährleisten.

8. Seien Sie vorsichtig – aber nicht paranoid

Vietnam ist im Allgemeinen sehr sicher. Gewaltverbrechen sind selten. In Touristengebieten kann es jedoch zu geringfügigen Diebstählen wie Handtaschenraub oder Taschendiebstahl kommen.

- Lassen Sie Ihr Telefon nicht baumeln, während Sie auf dem Motorrad sitzen
- Verwenden Sie Umhängetaschen und achten Sie darauf, dass die Reißverschlüsse nach innen zeigen
- Seien Sie vorsichtig bei allzu freundlichen Fremden, die Bareinladungen oder Sonderangebote anbieten

Wenn etwas schief geht, rufen Sie die örtliche Polizei (113) oder den Krankenwagen (115), bitten Sie aber auch einen Einheimischen oder das Hotelpersonal um Hilfe – die Sprachbarriere kann in Notfällen schwierig sein.

14.3 In Verbindung bleiben

Es macht sich eine leise Panik breit, wenn man in einem neuen Land landet, sein Handy scannt und „Kein Empfang" sieht. Doch in Vietnam muss man sich keine Sorgen machen, digital aufgeschmissen zu sein. Hier ist es erfrischend einfach, online zu bleiben – und überraschend günstig. Ob Sie durch die laternenbeleuchteten Gassen von Hoi An schlendern oder mit dem Motorrad durch die nebligen Kurven von Ha Giang fahren, Sie sind mit zuverlässigen mobilen Daten und kostenlosem WLAN versorgt. Nachfolgend finden Sie einen unkomplizierten, persönlichen Leitfaden basierend auf Erfahrung und Ortskenntnis, der Ihnen hilft, online zu bleiben.

1. Kaufen Sie eine lokale SIM-Karte

Wenn Sie in Ihren ersten zehn Minuten in Vietnam unbedingt eine lokale SIM-Karte besorgen sollten, dann ist das der Kauf einer lokalen SIM-Karte. Ich habe meine direkt vor dem Ankunftstor am Flughafen Noi Bai in Hanoi bekommen – unkompliziert, Pass gescannt, Aktivierung in fünf Minuten.

Top-Anbieter:

- Viettel – Beste Abdeckung im ganzen Land, insbesondere im Hochland.
- Vinaphone – Hohe Geschwindigkeiten in Städten und an Küsten.
- Mobifone – Zuverlässige Leistung im urbanen Raum.

Preise:

Für eine Touristen-SIM-Karte mit 5–7 GB pro Tag und 30 Tagen Gültigkeit müssen Sie mit etwa 7–10 US-Dollar rechnen. Unbegrenzte Anrufpakete zu lokalen Nummern sind oft im Preis inbegriffen.

Wo zu kaufen:

- Flughäfen: Alle größeren Terminals haben Kioske (z. B. Tan Son Nhat, Noi Bai, Da Nang).
- Lokale Geschäfte: Viettel Store, 75 Pham Hung, Hanoi; Vinaphone, 121 Ly Tu Trong, HCMC.
- Öffnungszeiten: 8:00 – 21:00 Uhr (Flughafenkioske bleiben normalerweise länger geöffnet).

2. Mobiles Internet und Abdeckung

Vietnams 4G ist schnell. So schnell wie „Netflix im Reisfeld streamen“. Ich habe mit meiner Familie von einem Boot in Ninh Binh aus per FaceTime gesprochen und Drohnenaufnahmen vom Gebirgspass in Sapa ohne Pufferung hochgeladen.

- Geschwindigkeiten in der Stadt: Durchschnittlich 40–50 Mbit/s Download.
- Abgelegene Gebiete (z. B. Ha Giang): Immer noch solide mit Viettel.

Lust auf 5G? Vinaphone führt es in HCMC und Hanoi ein. Fragen Sie einfach nach einer 5G-kompatiblen SIM-Karte.

3. WLAN ist überall

Fast jedes Hotel, Café, jeder Busbahnhof, jedes Restaurant und sogar jeder Smoothie-Stand am Straßenrand bietet kostenloses WLAN. Das Erste, was Sie hören, wenn Sie sich in ein vietnamesisches Café setzen, ist nicht „Hallo", sondern „WLAN-Passwort?"

- Schnellstes öffentliches WLAN: Highlands Coffee, Cong Caphe und The Workshop (27 Ngo Duc Ke, Distrikt 1, HCMC).

Coworking Spaces:

- Toong Co-working (8 Trang Thi, Hanoi): 7 $/Tag
- The Hive Saigon (94 Xuan Thuy, HCMC): 10 $/Tag

Beide bieten Highspeed-Internet (70–100 Mbit/s), großartigen Kaffee und eine ruhige Atmosphäre.

4. eSIM-Optionen

Wenn Sie ein neueres iPhone oder Pixel besitzen, sollten Sie eine eSIM über Airalo oder Gigago erwerben. Ich habe Airalo in Ho-Chi-Minh-Stadt genutzt – 9 $ für 3 GB, gültig für 30 Tage, aktiviert, bevor ich die Einreisebehörde überhaupt verlassen hatte.

Tipp zur Schnelleinrichtung: Laden Sie den eSIM-QR-Code vor dem Flug herunter und installieren Sie ihn, während Sie noch mit WLAN verbunden sind.

5. Letzter Tipp: Powerbanks und SIM-Tools

Haben Sie immer eine tragbare Powerbank in Ihrer Tasche (Ladestationen sind in den Bussen selten) und packen Sie ein SIM-Auswurfwerkzeug oder eine kleine Büroklammer ein. Sie werden überrascht sein, wie viele lokale Händler keine dabei haben, wenn Sie sie brauchen.

14.4 Touristeninformationszentren

Touristeninformationszentren spielen in Vietnam eine überraschend unterschätzte Rolle bei der Reiseplanung. Während Reiseführer und mobile Apps eine grundlegende Navigation ermöglichen, bieten gut positionierte offizielle und halboffizielle Touristenzentren Echtzeit-Anleitungen, aktuelle Karten, kulturelle Termine, Fahrpläne und regionale Reiseinformationen, die online – insbesondere auf Englisch – schwer zu finden sind.

Wer ein lokales Zentrum betritt, findet oft eine handschriftliche Karte, eine Liste seriöser lokaler Reiseveranstalter und Tipps, die man auf TripAdvisor nicht findet. Das macht sie für unabhängige Reisende in diesem dynamischen, dezentralisierten Land unverzichtbar.

1. Touristeninformationszentrum Hanoi

- 28 Hang Dau Street, Bezirk Hoan Kiem, Hanoi
- Täglich: 8:00 – 17:00 Uhr

Versteckt in der Nähe der historischen Long-Bien-Brücke ist dies das Herzstück von Hanois Tourismusförderung. Ich erinnere mich an eine junge Mitarbeiterin namens Mai, die drei Straßenimbisse auf meiner Karte mit den Worten „Meine Favoriten. Kein Touristenpreis" markierte. Sie hatte Recht. In diesem Zentrum erhalten Sie kostenlose Karten der Altstadt, aktuelle Spielzeiten des Wasserpuppentheaters Thang Long und sogar Empfehlungen für ruhige Cafés, wenn es zu heiß wird. Außerdem werden detaillierte Busverbindungen nach Ninh Binh und Sapa angeboten, inklusive der Hinweise, welche Busunternehmen Sie meiden sollten.

2. Touristeninformationszentrum Ho-Chi-Minh-Stadt

- 92-96 Nguyen Hue Street, Bezirk 1, HCMC (Rex Hotel Building)
- Täglich: 8:00 – 18:00 Uhr

Betreten Sie dieses hell erleuchtete Büro und treffen Sie auf gut gekleidete Mitarbeiter, die Ihnen nicht nur eine Broschüre in die Hand drücken, sondern Sie auch fragen, welcher Reisetyp Sie sind. Ob Sie Cocktails auf dem Dach, authentische Kriegsgeschichte oder einen sauberen und sicheren Ort für eine 10-Dollar-Massage suchen – sie markieren es auf der Karte. Es gibt auch einen Concierge-Schalter, der Ihnen bei der Organisation von Tagesausflügen zu den Tunneln von Củ Chi oder dem Mekong-Delta behilflich ist. Und ja, sie sagen Ihnen, welche Taxis Sie am Ben-Thanh-Markt meiden sollten.

3. Da Nang Besucherzentrum

- 100 Bach Dang Street, Bezirk Hai Chau, Da Nang
- Täglich: 7:30 – 18:00 Uhr
- www.tourism.danang.vn

Dieses Zentrum mit Blick auf den Han-Fluss ermöglichte es mir, die Feuershow der Drachenbrücke pünktlich zu sehen (am Wochenende um 21:00 Uhr). Es gibt dort auch Sicherheitshinweise für den Strand, Veranstaltungsflyer für kommende Festivals und eine gedruckte Liste geprüfter Motorradverleihe – die meisten mit Helmen und vollen Tanks. Das Englisch ist fließend, das WLAN zuverlässig, und wenn man nett fragt, verraten sie einem sogar ihren Lieblings-Mi-Quang-Nudelladen in der Nähe (meiner war schließlich in der Hai Phong Straße 1A – ich träume immer noch davon).

4. Tourismusbüro Hoi An

- 78 Le Loi Street, Altstadt von Hoi An
- Täglich: 8:00 – 17:00 Uhr
- www.hoianworldheritage.org.vn

In den laternenbeleuchteten Gassen von Hoi An fühlt man sich schnell wie in einer Filmkulisse. Wer die wahre Geschichte der Stadt erfahren möchte, ist hier genau richtig. Man erklärt einem das Ticketsystem für die Altstadt von Hoi An (120.000 VND für 5 Sehenswürdigkeiten), sagt einem, an welchen Tagen das Vollmondfest stattfindet, und führt einen zu authentischen Schneidern – nicht zu den Massenschneidern. Bei meinem Besuch machte mich ein Mitarbeiter heimlich auf einen Laternenmacherkurs außerhalb des Touristengebiets aufmerksam. Den Abend verbrachte ich damit, bunte Seide unter einem Bambusdach zu falten und dabei mit meiner Gastgeberin Kräutertee zu trinken. Unbezahlbar.

5. Hue Touristenzentrum

- 4 Le Loi Straße, Hue Stadt
- Täglich: 8:00 – 17:30 Uhr

Direkt gegenüber dem Parfümfluss liegt das Büro in Hue, wo Geschichtsliebhaber ihre Erkundungstour starten sollten. Dort erhalten Sie eine detaillierte Übersicht über die Kombitickets für die Zitadelle und das Königsgrab, können sich stundenlanges Verweilen in der Sonne ersparen und erhalten Hinweise auf die schattigsten Spazierwege. Außerdem werden Cafés empfohlen, in denen noch immer alte Hofmusik gespielt wird. Fragen Sie Herrn Thanh, ob er gerade Dienst hat – seine Leidenschaft für das Grab von Kaiser Khai Dinh (und seine Geschichten über Geister in den Palastmauern) überzeugen selbst Skeptiker.

Profi-Tipp: Überprüfen Sie immer den offiziellen Status – manche Büros mit der Bezeichnung „Touristeninformation“ sind tatsächlich provisionsbasierte Reisebüros. Seriöse Zentren werden Sie niemals zu Buchungen drängen und Ihnen auf Anfrage stets unvoreingenommene, handschriftliche Empfehlungen geben.

14.5 Botschaften und Konsulate

Für Reisende aus den USA, Großbritannien, Deutschland, Frankreich und Spanien können genaue Informationen über die Botschaft oder das Konsulat ihres Landes in Vietnam in Notfällen wie verlorenem Reisepass, rechtlichen Problemen oder gesundheitlichen Problemen äußerst hilfreich sein. Diese diplomatischen Vertretungen bieten auch andere wichtige konsularische Dienstleistungen an, darunter Beglaubigungen, Staatsbürgerschaftsdokumente, Notfallreisedokumente und Unterstützung bei Verhaftungen oder Krankenhausaufenthalten.

Nachfolgend finden Sie geprüfte Details, einschließlich Standort, Öffnungszeiten, Kontaktinformationen und die spezifischen Dienstleistungen, die von der Botschaft oder dem Konsulat jedes Landes in Vietnam angeboten werden.

1. Vereinigte Staaten von Amerika

US-Botschaft in Hanoi:

- 7 Lang Ha Street, Bezirk Dong Da, Hanoi
- Montag bis Freitag: 8:00 – 17:00 Uhr (an Wochenenden und Feiertagen in den USA/Venezuela geschlossen)
- https://vn.usembassy.gov

US-Generalkonsulat in Ho-Chi-Minh-Stadt:

- 4 Le Duan Boulevard, Bezirk 1, Ho-Chi-Minh-Stadt
- Montag bis Freitag: 8:00 – 17:00 Uhr

Angebotene Dienstleistungen:

- Passverlängerungen und -ersatz

- Notpässe (werden für die sofortige Reise ausgestellt, in der Regel innerhalb von 24 Stunden)
- Notarielle Dienstleistungen (50 USD pro Dokument)
- Hilfe bei Verhaftung, schwerer Krankheit oder Tod
- Registrierung und Stimmabgabe per Briefwahl
- Geburten- und Staatsbürgerschaftsregistrierung im Ausland (CRBA)
- Unterstützung bei der Sozialversicherung oder beim IRS (nach Vereinbarung)

2. Vereinigtes Königreich

Britische Botschaft in Hanoi:

- 31 Hai Ba Trung Street, Bezirk Hoan Kiem, Hanoi
- https://www.gov.uk/world/vietnam
- Montag bis Freitag: 8:30 – 12:30 Uhr, 13:30 – 16:30 Uhr

Britisches Generalkonsulat in Ho-Chi-Minh-Stadt:

- 25 Le Duan Boulevard, Bezirk 1, Ho-Chi-Minh-Stadt

Angebotene Dienstleistungen:

- Notfallreisedokumente (entsprechend 100 GBP in VND)
- Unterstützung bei medizinischen oder rechtlichen Notfällen
- Notarielle Dienstleistungen und Dokumentenbeglaubigungen
- Konsularische Registrierung (online über das Regierungsportal)
- Keine persönliche Passverlängerung (muss über das HM Passport Office beantragt werden)

Hinweis: Das Konsulat bearbeitet keine Visumanträge. Die Visa-Unterstützung erfolgt über die britischen Visumantragszentren in Hanoi und HCMC.

3. Deutschland

Deutsche Botschaft in Hanoi:

- Tran Phu Straße 29, Bezirk Ba Dinh, Hanoi
- https://vietnam.diplo.de
- Montag bis Freitag: 8:00 – 11:30 Uhr (Di. & Do.: zusätzliches Zeitfenster 13:30 – 14:30 Uhr für besondere Gottesdienste)

Deutsches Generalkonsulat in Ho-Chi-Minh-Stadt:

- 33 Le Duan Boulevard, Bezirk 1, HCMC

Angebotene Dienstleistungen:

- Verlängerung und Ersatz von Reisepässen (81 € für Erwachsene)
- Notfalldokumente bei Verlust/Diebstahl des Reisepasses
- Staatsbürgerschafts- und Personenstandsurkunden (z. B. Geburt, Heirat, Namensänderungen)
- Rechts- und Notariatsdienstleistungen für deutsche Staatsbürger
- Hilfe bei Verhaftungen, schweren Erkrankungen und Rückführungen

Tipp: Die meisten Dienste sind nur nach Terminvereinbarung verfügbar. Außerhalb der Öffnungszeiten ist Notfallhilfe über die Notrufnummer erreichbar.

4. Frankreich

Französische Botschaft in Hanoi:

- 57 Tran Hung Dao Street, Bezirk Hoan Kiem, Hanoi
- https://vn.ambafrance.org
- Montag bis Freitag: 8:00 – 12:30 Uhr, 14:00 – 17:00 Uhr

Französisches Generalkonsulat in Ho-Chi-Minh-Stadt:

- 27 Nguyen Thi Minh Khai Straße, Bezirk 1, HCMC

Angebotene Dienstleistungen:

- Erneuerung des französischen Reisepasses und Notfalldokumente
- Geburts-, Heirats- und Sterberegister für französische Staatsangehörige im Ausland
- Visa-Unterstützung für vietnamesische Antragsteller (Terminvereinbarung erforderlich)
- Wählerregistrierung und Wahlhilfe
- Nothilfe für französische Touristen in Not

Kultureller Hinweis: Frankreich verfügt über eine große französischsprachige Gemeinschaft und bietet über seine Kulturzentren (Institut français) in Hanoi und HCMC Französischkurse, konsularische Veranstaltungen und Partnerschaften an.

5. Spanien

Spanische Botschaft in Hanoi:

- 4 Le Hong Phong Straße, Bezirk Ba Dinh, Hanoi
- https://www.exteriores.gob.es
- Montag bis Freitag: 8:30 – 13:30 Uhr

Angebotene Dienstleistungen:

- Ausstellung und Verlängerung von Reisepässen
- Notfallreisedokumente
- Notarielle Urkunden und Legalisierung von Dokumenten
- Standesamtliche und familiäre Dokumente
- Hilfe bei medizinischen, rechtlichen oder haftbedingten Notfällen

Hinweis: Spanien unterhält in Ho-Chi-Minh-Stadt kein Konsulat. Spanische Staatsbürger im Süden wenden sich bitte an die Botschaft in Hanoi, um konsularische Unterstützung zu erhalten. In Notfällen können Konsularbeamte Kontakt zu den lokalen Behörden in Ho-Chi-Minh-Stadt und den benachbarten Provinzen aufnehmen.

14.6 Hilfreiche Sprach- und Reise-Apps

Für Reisende in Vietnam sind mobile Apps nicht nur praktisch – sie sind oft unverzichtbare Werkzeuge für Kommunikation, Navigation, Transport, Zahlungen und lokale Interaktion. Vietnam ist zwar unglaublich gastfreundlich, doch die Sprachbarriere, die Besonderheiten des Transports und die vielfältigen regionalen Besonderheiten können selbst den erfahrensten Reisenden ohne die richtigen digitalen Tools die Orientierung rauben. Die gute Nachricht? Mit der richtigen Auswahl an Apps wird die Fortbewegung in Vietnam nicht nur machbar, sondern macht auch richtig Spaß.

Sprach- und Übersetzungs-Apps

1. Google Übersetzer

- iOS und Android
- Frei
- translate.google.com

Warum Sie es brauchen:

Vietnamesisch ist eine Tonsprache, und selbst ein kleiner Aussprachefehler kann die Bedeutung eines Wortes völlig verändern. Google Translate ist für die Echtzeitkommunikation unverzichtbar, insbesondere in Restaurants, Märkten, Busbahnhöfen und Krankenhäusern.

Hauptmerkmale:

- Spracheingabe und Konversationsmodus
- Kameraübersetzung für Menüs und Schilder

- Offline-Funktionalität (vietnamesisches Sprachpaket herunterladen)

Profi-Tipp: Nutzen Sie den Konversationsmodus beim Feilschen auf Märkten oder beim Erklären von Allergien im Restaurant. Er ist überraschend präzise, insbesondere wenn beide Parteien langsam sprechen.

2. TFlat Dictionary (Englisch–Vietnamesisch)

- Android
- Kostenlose / Premium-Version ~3 USD
- tflat.vn

Warum Sie es brauchen:

Diese Wörterbuch-App wird häufig von Vietnamesisch-Studenten genutzt und bietet kontextbezogene Erklärungen, Audio-Aussprache und Beispielsätze. Sie ist nützlich für Reisende, die mehr als nur eine Wort-für-Wort-Übersetzung wünschen.

Geeignet für:

- Nachschlagen von Straßenschildern oder Beschriftungen
- Grundlegenden vietnamesischen Wortschatz lernen
- Offline-Nutzung in abgelegenen Gebieten

3. SayHi Übersetzen

- iOS und Android
- Frei
- sayhitranslate.com

Warum Sie es brauchen:

SayHi bietet eine natürlich klingende Sprachübersetzung, ideal für Gespräche mit Einheimischen. Die Benutzeroberfläche ist übersichtlich und die Übersetzungen wirken im gesprochenen Vietnamesisch präziser als bei einigen größeren Apps.

Transport- und Navigations-Apps

4. Grab

- iOS und Android
- Kostenlos (kostenpflichtig)
- grab.com/vn

Warum Sie es brauchen:

Grab ist die vietnamesische Version von Uber und wird für Motorradtaxis, Autofahrten und Essenslieferungen genutzt. Mit Grab entfällt die Notwendigkeit, mit lokalen Fahrern über den Fahrpreis zu verhandeln, und Taxibetrug wird vermieden.

Beliebte Fahrpreise:

- GrabBike (kurze Fahrten): 1–2,50 USD
- GrabCar (Stadtfahrten): 3–6 USD
- Flughafentransfer (z. B. vom Flughafen HCMC zum Distrikt 1): ~10 USD

Hinweis: Die meisten Fahrer sprechen nur eingeschränkt Englisch. Nutzen Sie den In-App-Chat mit automatischer Übersetzungsfunktion für Wegbeschreibungen oder Sonderwünsche.

5. Google Maps

- iOS und Android
- Frei
- maps.google.com

Warum Sie es brauchen:

Präzise Navigation, Öffnungszeiten und Bewertungen in Städten. Google Maps eignet sich in Vietnam gut für Wegbeschreibungen und die Lokalisierung von Restaurants, Cafés, Geldautomaten, Apotheken und Hotels.

Offline-Tipp: Laden Sie Offline-Karten für Gebiete wie Sapa, Hoi An und Phong Nha herunter, in denen das Mobilfunksignal möglicherweise schwach ist.

6. Maps.me

- iOS und Android
- Frei
- maps.me

Warum Sie es brauchen:

Perfekt für die Offline-Navigation in abgelegenen Gebieten wie Ha Giang, Mai Chau oder Pu Luong. Zeigt versteckte Wanderwege, Gästehäuser und malerische Routen, die auf Google Maps nicht zu finden sind.

Unterkunfts- und Buchungs-Apps

7. Agoda

- iOS und Android
- Frei
- agoda.com

Warum Sie es brauchen:

Vietnamesische Hotels bieten auf Agoda oft bessere Angebote als auf anderen Plattformen. Agoda bietet außerdem flexible Stornierungsmöglichkeiten, VND-basierte Zahlungen und lokale Sonderangebote.

Vorteil: Agoda bietet ausschließlich für Mobilgeräte Rabatte von bis zu 20 % auf ausgewählte Hotels.

8. Booking.com

- iOS und Android
- Frei

- booking.com

Warum Sie es brauchen:

Gut geeignet für Reisende, die nach Hotels im westlichen Stil oder Boutique-Unterkünften suchen. Booking.com wird auch wegen der ausführlichen Gästebewertungen in englischer Sprache und der Möglichkeit, keine Vorauszahlung zu leisten, bevorzugt.

Apps für Essen und lokale Erlebnisse

9. Foody / ShopeeFood

- iOS und Android
- Frei
- foody.vn

Warum Sie es brauchen:

Dies ist Vietnams meistgenutzte App für Essenslieferungen und Restaurantsuche. Einheimische nutzen sie, um Mahlzeiten, Snacks und Geheimtipps in ihrer Nachbarschaft zu finden.

Was Sie lieben werden:

- Echte vietnamesische Nutzerbewertungen
- Bilder der Gerichte helfen Ihnen, ohne Sprachprobleme zu bestellen
- Rabattaktionen, insbesondere in Großstädten

10. HappyCow

- iOS und Android
- Kostenlos / 3,99 USD Premium
- happycow.net

Warum Sie es brauchen:

Vegetarier und Veganer finden in buddhistischen Städten wie Hue, Da Lat und Hoi An problemlos pflanzliche Alternativen. Informationen zu Preisen, Öffnungszeiten und Anfahrt.

Zahlungs- und Währungstools

11. XE-Währungsrechner

- iOS und Android
- Frei
- xe.com

Warum Sie es brauchen:

Bei 1 USD = ca. 24.000 VND kann man schnell den Überblick verlieren. Diese App hilft Ihnen, Dong schnell in Ihre Heimatwährung umzurechnen. Sie speichert auch aktuelle Wechselkurse für die Offline-Nutzung.

12. MoMo E-Wallet (für Langzeitreisende)

- iOS und Android
- Frei
- momo.vn

Warum Sie es brauchen:

Bei längeren Aufenthalten in Vietnam wird MoMo häufig für bargeldlose Zahlungen, Rechnungen von Versorgungsleistungen und Überweisungen genutzt. Viele Einheimische bevorzugen es gegenüber Bargeld. Touristen können es mit einer vietnamesischen SIM-Karte und einem Bankkonto nutzen.

Apps zur Buchung lokaler Erlebnisse und Touren

13. Klook

- iOS und Android
- Frei
- klook.com

Warum Sie es brauchen:

Buchen Sie günstige Touren, Transport und Aktivitäten in ganz Vietnam. Sichere Zahlung, sofortige mobile Tickets und keine versteckten Gebühren. Ideal für Last-Minute-Kreuzfahrten in der Halong-Bucht oder Laternenkurse in Hoi An.

14. 12Go Asia

- iOS und Android
- Frei
- 12go.asia

Warum Sie es brauchen:

Die beste Plattform für die Buchung von Zügen, Bussen, Fähren und grenzüberschreitenden Reisen. E-Tickets werden auf den meisten wichtigen Strecken akzeptiert, und die Bewertungen helfen, zuverlässige Anbieter zu finden.

14.7 Empfohlene Reiseleiter

Ein erfahrener Reiseleiter in Vietnam erzählt nicht nur Fakten – er überbrückt kulturelle und sprachliche Barrieren, ermöglicht Erlebnisse abseits der Touristenpfade, hilft bei der Bewältigung logistischer Herausforderungen und wird oft zum unvergesslichsten Teil der Reise. Obwohl unabhängiges Reisen in Vietnam durchaus möglich ist, kann die Beauftragung eines lokalen Reiseleiters oder eines seriösen Reiseveranstalters einen Besuch durch tiefere Einblicke, Insiderwissen und logistische Erleichterungen bereichern – insbesondere in ländlichen Gebieten oder bei komplexen Reiserouten wie Trekking, Motorradtouren oder Besuchen in Dörfern ethnischer Minderheiten.

1. Mr. Linhs Abenteuer – Hanoi

- Adresse: 83 Ma May Street, Hoan Kiem District, Hanoi
- Website: www.mrlinhadventure.com
- Bürozeiten: Täglich, 8:00 – 18:30 Uhr

Angebotene Dienstleistungen:

- Trekking durch Nordvietnam (Ha Giang, Ba Be, Cao Bang)
- Gemeindebasierter Tourismus mit Dörfern ethnischer Minderheiten
- Familientouren und Abenteuer in kleinen Gruppen
- Motorrad- und 4WD-Expeditionen

Warum Touristen es lieben:

Die Reiseleiter von Herrn Linh sind für ihre fundierten regionalen Kenntnisse und ihr kulturelles Einfühlungsvermögen bekannt. Alle Reiseleiter sind in Erster Hilfe ausgebildet, und die Gruppengrößen sind klein (max. 6–10 Personen). Für Alleinreisende, die an gemeinsamen Reisen teilnehmen möchten, bietet Herr Linh regelmäßige Gruppenreisen mit klaren Reiserouten und transparenten Preisen an.

2. Freunde reisen Vietnam – Hanoi

- Adresse: Hang Tre Straße 15A, Bezirk Hoan Kiem, Hanoi
- Website: www.friendstravelvietnam.com
- Bürozeiten: Täglich, 8:30 – 18:00 Uhr

Angebotene Dienstleistungen:

- Nicht-touristische Kreuzfahrten in der Halong-Bucht und Ninh Binh

- Individueller privater Transport (Hanoi nach Sapa, Ha Giang, Mai Chau)
- Ethische Reisepakete mit geprüften Privatunterkünften
- Buchungen am selben Tag mit sofortiger Bestätigung

Warum Touristen es lieben:

Ihre „No Shopping Stop“-Politik und ihr Engagement für ethisches, ehrliches Reisen haben ihnen Lob von Rucksacktouristen und Mittelklassereisenden eingebracht. Ihr englischsprachiges Personal ist freundlich und antwortet über WhatsApp oder Zalo.

3. Vespa-Abenteuer – Ho-Chi-Minh-Stadt, Hanoi, Hoi An

- Ho-Chi-Minh-Büro: 169A De Tham Street, Bezirk 1, HCMC
- Büro in Hanoi: 22E Tong Dan Street, Bezirk Hoan Kiem
- Büro Hoi An: 134 Tran Cao Van Street, Hoi An
- Website: www.vespaadventures.com
- Bürozeiten: Täglich, 7:30 – 22:00 Uhr

Angebotene Dienstleistungen:

- Geführte Stadtrundfahrten auf Oldtimer-Vespas
- Abendliche Streetfood-Safaris
- Entdeckungsfahrten durch die Landschaft
- Private und Gruppenoptionen verfügbar

Warum Touristen es lieben:

Sie fahren als Sozius hinter einem lizenzierten Fahrer mit – ideal für alle, die die Gegend ohne den Stress des Fahrens erkunden möchten. Diese Touren beinhalten Mahlzeiten, Getränke, Helm und Versicherung. Das Personal ist bekannt für seine Geschichten und seinen Humor.

4. Vietnam Unique Tours – Hoi An

- Adresse: 45 Nguyen Phuc Tan Street, Minh An Ward, Hoi An

- Bürozeiten: Täglich, 8:00 – 18:00 Uhr

Angebotene Dienstleistungen:

- Private Touren durch Hoi An, My Son, Hue
- Sonnenaufgangs-Fototouren, Workshops zum Laternenbau
- Kochkurse und Radfahren auf dem Land
- Mehrtägige Pakete für Zentralvietnam

Warum Touristen es lieben:

Sie sind spezialisiert auf kleine Gruppen, handwerkliche und kulturelle Erlebnisse – ideal für Fotografen, Feinschmecker und Kulturreisende. Touristen schätzen die persönliche Note, wie Überraschungsbesuche bei Einheimischen oder nicht aufgeführten Straßenhändlern.

5. Versteckte Hanoi-Kulturtouren

- Adresse: 147 Nghi Tam Street, Bezirk Tay Ho, Hanoi
- Bürozeiten: Montag bis Samstag, 9:00 – 17:00 Uhr

Angebotene Dienstleistungen:

- Traditionelle Kochkurse mit lokalen Köchen
- Kulturelle Spaziergänge durch Hanois Französisches Viertel
- Dorfbesuche außerhalb der Stadt
- Erkundungen des Handwerks- und Textilerbes

Warum Touristen es lieben:

Ideal für Langsamreisende oder wiederkehrende Besucher, die ein differenzierteres Erlebnis wünschen. Die Guides sind Wissenschaftler, Köche und begeisterte Einheimische – keine vorgefertigten Erzähler. Viele Touren bieten intime Einblicke hinter die Kulissen, die bei großen Gruppenausflügen nicht möglich sind.

KAPITEL FÜNFZEHN

REISEROUTEN UND REISEROUTE

15.1 Einwöchiger Reiseplan mit Highlights

Tag 1: Ankunft in Hanoi – Ins Herz der Hauptstadt

Hanoi begrüßt seine Besucher mit einem Gewirr aus Motorrädern, Gebäuden aus der Kolonialzeit und einem pulsierenden Treiben auf den Bürgersteigen. Nach der Ankunft am internationalen Flughafen Noi Bai fahren Sie direkt zu Ihrem Hotel in der Altstadt. Eine Grab-Fahrt kostet etwa 12–15 US-Dollar und dauert etwa 45 Minuten.

Machen Sie das La Siesta Classic Ma May (94 Ma May St., 55 $/Nacht) zu Ihrem Zuhause, einem Boutique-Hotel mit Charakter, zuverlässigem Service und fußläufiger Erreichbarkeit aller wichtigen Sehenswürdigkeiten.

Spazieren Sie am späten Nachmittag am Hoan-Kiem-See entlang. Einheimische treffen sich hier zum Joggen, Tanzen und Kaffeetrinken auf Bänken. Überqueren Sie die leuchtend rote Huc-Brücke zum Ngoc-Son-Tempel (8:00–18:00 Uhr, Eintritt 1,25 $).

Speisen Sie im Bún Chả Hương Liên (Le Van Huu Str. 24), wo Präsident Obama und Anthony Bourdain einst für 6 Dollar zusammen aßen. Bestellen Sie Bún Chả mit frittierten Frühlingsrollen und einem lokalen Hanoi-Bier für etwa 5 Dollar.

Tag 2: Altstadt von Hanoi, Museen und Esskultur

Beginnen Sie mit einem Besuch des Ho-Chi-Minh-Mausoleums (2 Hung Vuong, Ba Dinh; 7:30–10:30 Uhr, Eintritt frei). Kommen Sie frühzeitig, um einen reibungslosen Ablauf zu gewährleisten. Spazieren Sie anschließend zur Einsäulenpagode und den Präsidentengärten hinter dem Mausoleumskomplex.

Das Mittagessen im Pho Gia Truyen (Bat Dan Str. 49, ca. 2,25 $) ist in Hanoi ein Ritual. Rechnen Sie mit einer Warteschlange, aber die Brühe ist reichhaltig und unvergesslich.

Besuchen Sie am Nachmittag das Vietnamesische Frauenmuseum (Ly Thuong Kiet 36, täglich geöffnet von 8:00 bis 17:00 Uhr, 1,75 $). Die sorgfältig kuratierten Ausstellungen erzählen Geschichten über Widerstandskraft von Kriegszeiten bis in die Gegenwart.

Nehmen Sie abends an einer Hanoi Street Food Tour teil (www.hanoistreetfoodtour.com, 25 $ pro Person). Entdecken Sie versteckte Stände und regionale Snacks, die Sie alleine wahrscheinlich nie finden würden. Sie probieren bis zu sieben Gerichte und schlendern durch die geschmackvollsten Gassen der Altstadt.

Tag 3: Halong-Bucht-Kreuzfahrt mit Übernachtung

Buchen Sie eine 2-tägige/1-Nächte-Kreuzfahrt in der Lan-Ha-Bucht, der ruhigeren Alternative zur touristisch geprägten Halong-Bucht. Peony Cruise (www.peonycruise.com, ab 145 US-Dollar pro Person) beinhaltet Hin- und Rücktransfer ab Hanoi, Mahlzeiten, Kajakfahren und eine Übernachtung in einer privaten Kabine.

Starten Sie früh – Abholung gegen 8:00 Uhr. Genießen Sie an Bord eine Kajakfahrt zur Luon-Höhle, ein Bad im Meer, eine Sonnenuntergangsparty und einen Frühlingsrollen-Kochkurs. Die Kalksteinkarste sind so magisch wie versprochen, und das Wasser ist oft ruhig und klar.

Tag 4: Rückkehr nach Hanoi, Flug nach Hue

Nach einem Frühstücksbuffet gehen Sie bis 11:00 Uhr von Bord und kommen gegen 15:00 Uhr wieder in Hanoi an. Nehmen Sie einen kurzen Inlandsflug nach Hue (Vietnam Airlines, VietJet oder Bamboo Airways; Durchschnittspreis 50–70 $).

Checken Sie im Jade Hotel (43 Hung Vuong, Hue, ab 28 $/Nacht) ein. Zum Abendessen empfehlen wir die Ancient Hue Garden Houses (104/47 Kim Long; Menü: 35 $), wo traditionelle Architektur und königliche Küche ein raffiniertes Erlebnis schaffen.

Tag 5: Zitadelle von Huế und Kaisergräber

Besuchen Sie die Kaiserstadt (Đại Nội) frühzeitig (23.12. Le Duan, 8:00–17:30 Uhr, Eintritt 8,50 $). Engagieren Sie am Eingang für etwa 12–15 $ einen englischsprachigen Führer, um historische Einblicke in Vietnams letzte Dynastie zu erhalten.

Machen Sie zum Mittagessen Halt im Hanh Restaurant (11 Pho Duc Chinh), wo Sie Klassiker wie Banh Khoai und Nem Lui für unter 4 $ finden.

Dann buchen Sie eine Grab-Tour mit dem Auto oder Motorrad zum Grab von Khai Dinh und zum Grab von Minh Mang (beide geöffnet von 7:00 bis 17:30 Uhr, jeweils 5 $). Diese Gräber weisen starke Kontraste auf: Das eine ist gotisch und grau, das andere von Seen und Pinien umgeben.

Kehren Sie nach Hue zurück und machen Sie einen gemütlichen Spaziergang am Parfümfluss entlang, den Sie am besten in der Dämmerung genießen können.

Tag 6: Malerischer Transfer nach Hoi An und Spaziergang durch die Altstadt

Mieten Sie einen privaten Wagen oder Shuttle von Hue nach Hoi An über den Hai-Van-Pass (insgesamt ca. 65 $ mit Zwischenstopps; Buchung über www.huetohioanbycar.com). Halten Sie am Lang Co Beach und den Marmorbergen für Fotos.

Checken Sie im Little Riverside Hoi An (09 Phan Boi Chau, ab 90 $/Nacht) direkt am Fluss ein. Verbringen Sie den Nachmittag damit, die Altstadt von Hoi An mit der 5-Dollar-Eintrittskarte zu erkunden, die fünf Sehenswürdigkeiten wie die Japanische Brücke und die Fujian-Versammlungshalle beinhaltet.

Nehmen Sie sich Zeit für das Reaching Out Teahouse (131 Tran Phu), einen ruhigen Ort, an dem die Mitarbeiter sprach- und hörgeschädigt sind, was für eine ruhige und demütigende Erfahrung sorgt.

Lassen Sie sich bei Yaly Couture (47 Nguyen Thai Hoc; Anzüge ab 120 $) vermessen, einem der am besten bewerteten Schneidereien der Stadt.

Probieren Sie zum Abendessen Banh Mi Phuong (2B Phan Chu Trinh), ein chaotisches, aber angesehenes Sandwichgeschäft, das schmackhafte Banh Mi für unter 2 $ anbietet.

Tag 7: Morgen am Strand, Abreise über Da Nang

Mieten Sie ein Fahrrad in Ihrem Hotel oder bei Heaven & Earth Bicycle Tours (61 Ngo Quyen; 2,50 $/Tag) und fahren Sie 15–20 Minuten zum An Bang Beach. Mieten Sie sich eine Liege für 3,50 $, bestellen Sie frischen Saft oder Kaffee und genießen Sie Ihren letzten vietnamesischen Sonnenaufgang.

Essen Sie zu Mittag im The Fisherman Vegan Restaurant (An Bang Beach, Cam An; Mahlzeiten 2,50–5 $), einem Strandcafé mit Sitzsäcken und Meeresbrise.

Buchen Sie für Ihren Hinflug einen Grab-Mietwagen zum internationalen Flughafen Da Nang (13–15 $). Wenn Sie Richtung Süden reisen, gibt es tagsüber Dutzende Flüge nach Ho-Chi-Minh-Stadt für nur 40 $, wenn Sie frühzeitig buchen.

15.2 Zwei Wochen von Nord nach Süd

Tag 1: Ankunft in Hanoi – Die Hauptstadt der Kontraste

Landen Sie am internationalen Flughafen Noi Bai (HAN) und fahren Sie mit einem Grab-Auto (12–15 $) ins Herz der Altstadt. Machen Sie es sich im La Siesta Classic Ma May (94 Ma May, Hoan Kiem | 55 $/Nacht) gemütlich. Vertreten Sie sich die Beine am Hoan-Kiem-See und gönnen Sie sich anschließend eine Schüssel Bún Chả im Hương Liên (24 Lê Văn Hưu) für 4,50 $. Besuchen Sie abends eine Wasserpuppenshow im Thang Long Theater (5 $).

Tag 2: Hanoi Deep Dive – Kultur, Küche und Geschichte

Besuchen Sie das Ho-Chi-Minh-Mausoleum (geöffnet von 7:30 bis 10:30 Uhr), die Einsäulenpagode und die Präsidentengärten. Weiter geht es zum Vietnamesischen Frauenmuseum (1,75 $). Probieren Sie Pho Gia Truyen (49 Bat Dan) für 2,25 $. Beenden Sie den Tag mit einer geführten Streetfood-Tour (25 $) durch das Labyrinth der Altstadt.

Tag 3–4: Halong-Bucht-Kreuzfahrt – In die Karste

Nehmen Sie an einer zweitägigen Kreuzfahrt mit Peony Cruises zur Lan Ha Bay teil (ab 145 $, all-inclusive). Zu den Aktivitäten gehören Kajakfahren, Höhlenbesichtigungen und Kochkurse bei Sonnenuntergang. Am vierten Tag kehren Sie am Nachmittag nach Hanoi zurück.

Tag 5: Flug nach Hue – Kaiserliches Vietnam

Fliegen Sie nach Hue (45–70 $ mit VietJet oder Vietnam Airlines). Übernachten Sie im Jade Hotel (43 Hung Vuong | 28 $/Nacht). Genießen Sie einen Abendspaziergang am Parfümfluss und ein Abendessen in den Ancient Hue Garden Houses (Menü: 35 $).

Tag 6: Erkunden Sie Hues kaiserliche Vergangenheit

Verbringen Sie den Morgen in der Kaiserlichen Zitadelle (8,50 $) und besuchen Sie anschließend die Gräber von Khai Dinh und Minh Mang (jeweils 5 $). Mittagessen im Restaurant Hanh (11 Pho Duc Chinh) mit Spezialitäten wie Nem Lụi für unter 4 $.

Tag 7: Hai-Van-Pass nach Hoi An – malerischer Transfer

Reisen Sie mit dem Privatwagen über den Hai-Van-Pass (65 $) mit Zwischenstopps am Lang Co Beach und den Marmorbergen. Kommen Sie in Hoi An an, checken Sie im Little Riverside Hoi An ein (90 $/Nacht) und genießen Sie einen Abendspaziergang durch die laternenbeleuchtete Altstadt.

Tag 8: Hoi An – Wunder der Altstadt und Schneiderei

Kaufen Sie den Altstadtpass (5 $), besuchen Sie die Japanische Brücke und das Tan Ky Haus und genießen Sie Tee im Reaching Out Teahouse. Lassen Sie sich bei Yaly Couture ein maßgeschneidertes Outfit anfertigen (ab 90 $). Abendessen im Bánh Mì Phượng (unter 2$).

Tag 9: Strandtag oder Kochkurs in Hoi An

Entspannen Sie sich am An Bang Beach auf Liegestühlen (3,50 $) oder nehmen Sie an einem Kochkurs in der Kochschule von Frau Vy teil (ab 35 $). Probieren Sie frische Meeresfrüchte im veganen Restaurant The Fisherman.

Tag 10: Flug nach Ho-Chi-Minh-Stadt – Southern Energy

Nehmen Sie einen Morgenflug von Da Nang nach Ho-Chi-Minh-Stadt (DAD–SGN, ca. 50 $). Übernachten Sie im Hammock Hotel Fine Arts Museum (Nguyen Thai Binh Str. 59-61 | 55 $/Nacht). Besuchen Sie das Kriegsopfermuseum (1,75 $), die Kathedrale Notre-Dame und das Hauptpostamt.

Tag 11: Cu-Chi-Tunnel und Cocktails am Abend

Buchen Sie eine halbtägige Tour zu den Tunneln von Củ Chi (20–25 $) und erkunden Sie Vietnams unterirdisches Netzwerk aus Kriegszeiten. Rückkehr am Nachmittag. Genießen Sie Cocktails bei Sonnenuntergang in der Chill Skybar (AB Tower | Getränke ab 8 $).

Tag 12: Tagesausflug ins Mekongdelta – Wasserleben

Machen Sie eine Tagestour nach Cai Be oder Ben Tre mit einem renommierten Anbieter wie Vietravel (30–40 $). Erleben Sie schwimmende Märkte, Workshops zur Herstellung von Kokosnussbonbons und ein Mittagessen in einem einheimischen Haus.

Tag 13: Freier Tag in Saigon – Märkte und Cafés

Erkunden Sie den Ben-Thanh-Markt und entspannen Sie anschließend in einem versteckten Café wie dem The Workshop Coffee (27 Ngô Đức Kế). Besuchen Sie die Jadekaiser-Pagode und genießen Sie Fusion-Küche im Secret Garden (158 Pasteur | Hauptgerichte 6–10 $).

Tag 14: Abreise oder Zusatzreise nach Phu Quoc oder Kambodscha

Je nach Zeit können Sie Souvenirs kaufen oder eine letzte vietnamesische Massage einlegen (12–15 $/Std.). Abflug vom internationalen Flughafen Tan Son Nhat (SGN) oder Weiterreise nach Phu Quoc oder Siem Reap.

15.3 Reise des Alleinreisenden

Tag 1: Ankunft in Hanoi – Tauchen Sie ein in das bunte Treiben

Basis: Altstadt

Unterkunft: Hanoi Esplendor Hotel and Spa – 18 Hang Thung, Hoan Kiem | Ab 35 $/Nacht | Kostenloses WLAN, Frühstück, Flughafentransfer | www.hanoiesplendorhotel.com

Nach der Ankunft am internationalen Flughafen Noi Bai (HAN) nimmst du ein Grab-Auto ins Stadtzentrum (ca. 12–15 $). Erkunde die Altstadt, das pulsierende Herz Vietnams. Als Alleinreisender kann das Chaos hier anregend, aber nie isolierend wirken. Mach einen Rundgang mit einer GPS-App wie VoiceMap oder melde dich für eine Gruppentour der Backstreet Academy an (18 $), um andere Alleinreisende kennenzulernen.

Abends können Sie in der Ta Hien Beer Street Leute beobachten und Bia Hoi (lokales Fassbier für 0,30 $ pro Glas) genießen. Mischen Sie sich unter die Leute auf dem Bürgersteig, schnappen Sie sich gegrillte Spieße (unter 1 $ pro Stück) und kommen Sie mit Einheimischen oder anderen Reisenden ins Gespräch – in diesen Zentren wird häufig Englisch gesprochen.

Tag 2: Entdecken Sie Hanois Kulturerbe und versteckte Cafés

Beginnen Sie mit einem Besuch im Vietnamesischen Frauenmuseum (36 Lý Thường Kiệt | Geöffnet 8:00–17:00 Uhr | Eintritt: 1,75 $). Die Geschichten von Kriegsheldinnen und Matriarchinnen zeigen, wie stark Familie und Opferbereitschaft das Leben der Vietnamesen prägen.

Dann gönnen Sie sich einen Brunch im The Note Coffee (64 Lương Văn Can). Voller Haftnotizen von Reisenden aus aller Welt ist es einer der einladendsten Orte der Stadt für Alleinreisende. Latte: 2,50 $.

Verbringen Sie den Nachmittag im Literaturtempel (58 Quốc Tử Giám | Eintritt: 1,25 $ | Geöffnet von 8:00 bis 17:00 Uhr), Vietnams erster Universität. Besuchen Sie auch das nahegelegene KOTO Villa Restaurant, ein Sozialunternehmen, das benachteiligte Jugendliche ausbildet (Gerichte ab 4 $).

Abendtipp: Buchen Sie eine Einzelkarte für das Thang Long Wasserpuppentheater (57B Dinh Tien Hoang | 5 $ | Spielzeiten: 17:00 Uhr, 18:30 Uhr, 20:00 Uhr). Spazieren Sie anschließend um den Hoan-Kiem-See. Alleinsein ist hier nichts Ungewöhnliches – es ist meditativ.

Tag 3: Übernachtung in der Halong-Bucht – Allein unter Kalksteinriesen

Reiseveranstalter: Indochina Junk – www.indochina-junk.com | 2T/1N Kreuzfahrt: Ab 185 $ Einzelbelegung | Inklusive Hin- und Rückfahrt, Mahlzeiten, Kajakfahren

Allein auf einer Kreuzfahrt zu sein, klingt einsam, bis man durch neblige Buchten neben Kalksteinkarsten paddelt oder Pho mit einer Gruppe gleichgesinnter Entdecker aus fünf Kontinenten teilt. Entscheiden Sie sich für die Bai Tu Long Bucht, um die überlaufenen Teile von Halong zu meiden.

Zu den Aktivitäten gehören Höhlenerkundungen, Besuche schwimmender Dörfer und eine Kochvorführung bei Sonnenuntergang. Die Zimmer sind privat, und das Personal bemüht sich oft besonders, Alleinreisende bei gemeinsamen Mahlzeiten zusammenzubringen.

Tag 4: Zurück nach Hanoi, Flug nach Hue

Kehren Sie bis 12:00 Uhr von der Kreuzfahrt zurück und fliegen Sie bis 18:00 Uhr nach Hue (Vietnam Airlines oder VietJet | ab 45 $). Nehmen Sie an einer Fahrt zu Ihrer Unterkunft teil.

Übernachtung: Jade Hotel Hue – 43 Hung Vuong | Ab 28 $/Nacht | Familiengeführt, alleinreisende Gäste willkommen, tolles Reisebüro

Abendessen im Family Home Restaurant (Pham Ngu Lao Straße 11). Probieren Sie Bún bò Huế für 2 Dollar. Fragen Sie nach einem Tisch in der Nähe der Küche – Sie werden wahrscheinlich mit anderen Gästen ins Gespräch kommen.

Tag 5: Kaiserliche Farben und Flusslandschaften

Erkunden Sie den Vormittag in der Kaiserstadt (Đại Nội) (Eintritt: 8,50 $ | Geöffnet von 8:00 bis 17:30 Uhr). Leihen Sie sich einen Audioguide (2 $) oder nehmen Sie am englischsprachigen Rundgang am Haupteingang teil (täglich ab 10:00 Uhr, 7 $ pro Person).

Machen Sie am Nachmittag eine Bootsfahrt auf dem Parfümfluss (privat: 10 $, gemeinsam: 3–5 $) zur Thien Mu-Pagode, einem ruhigen Ort, der sich hervorragend zum Nachdenken eignet.

Abendtipp: Besuchen Sie die DMZ Bar, ein Treffpunkt für Alleinreisende. Bestellen Sie ein kaltes Saigon Special und tauschen Sie Ihre Reiseroute mit jemandem aus, der in Ihre Richtung reist.

Tag 6: Transfer nach Hoi An über die Panoramaroute

Buchen Sie einen gemeinsamen Hoi An Express-Minibus (15 $) oder ein Privatauto mit malerischen Zwischenstopps wie dem Hai-Van-Pass und dem Lang Co Beach (insgesamt 65 $ – bitten Sie das Hotel, Sie mit anderen zusammenzubringen).

Unterkunft: Tribee Bana Hostel – 30 Phan Boi Chau | Schlafsäle ab 9 $, Privatzimmer ab 28 $ | Gruppenessen, kostenlose Fahrradtouren

Hoi An ist wie geschaffen für Alleinreisende. Ruhige Gassen, Fahrradwege und unzählige Cafés am Flussufer laden zum Entspannen und für ein Gespräch ein.

Schlendern Sie durch die von Laternen beleuchtete Altstadt und essen Sie im Miss Ly Café (22 Nguyen Hue | Unbedingt probieren: White Rose Dumplings, 2,50 $) zu Abend.

Tag 7: Basteln und Strandleben in Hoi An

Vormittag: Nehmen Sie an einem halbtägigen Kochkurs der Red Bridge Cooking School teil (35 $). Inklusive Marktrundgang, Bootsfahrt und praktischem Kochen – ideal für Solo-Kontakte.

Nachmittag: Fahre mit dem Fahrrad (kostenlos von den meisten Hostels) zum An Bang Beach. Miete dir eine Sonnenliege (3 $), trinke einen Smoothie im Deckhouse und genieße den Sonnenuntergang allein oder in Gesellschaft.

Abendtipp: Meldet euch für den kostenlosen Quizabend oder die regionale Food-Challenge in eurem Hostel an. Auch Nicht-Gäste können oft mitmachen – fragt einfach an der Rezeption nach.

Tag 8: Abreise über Da Nang oder Verlängerung Ihrer Reise

Hoi An ist 45 Minuten vom internationalen Flughafen Da Nang (DAD) entfernt. Der Fahrpreis beträgt 13 $. Wenn Sie alleine weiterreisen, sind Flüge nach Ho-Chi-Minh-Stadt (ab 35 $) schnell. Alternativ können Sie auch über Land Richtung Westen nach Laos oder Kambodscha reisen.

15.4 Familienfreundliches Abenteuer

Tag 1: Ankunft in Hanoi – Straßenleben und Puppenzauber

Basis: Altstadt, Hanoi

Empfohlenes Hotel: Hanoi Tirant Hotel – 38 Gia Ngu Street, Hoan Kiem | Familiensuite ab 90 $ | www.tiranthotel.com

Transporttipp: Buchen Sie über Ihr Hotel einen privaten Transfer vom internationalen Flughafen Noi Bai (18–20 $ pro Auto).

Nachdem Sie sich eingerichtet haben, können Sie am Hoan-Kiem-See spazieren gehen. Kinder füttern gerne Fische und beobachten die Darsteller im Park. Mieten Sie eine Paddelfahrt mit einem Schwanenboot für 3 $ für 30 Minuten (verfügbar von 15:00 bis 20:00 Uhr).

Um 17:00 Uhr geht es zum nahegelegenen Thang Long Wasserpuppentheater (57B Dinh Tien Hoang | 5 $ pro Ticket). Die Puppen tanzen über dem Wasser und erzählen Folklore mit Musik, Raucheffekten und einer Prise Humor, die Kinder fesselt.

Abendessen: New Day Restaurant – 72 Ma May St. | Kinderfreundliches vietnamesisches und westliches Menü | Hauptgerichte von 3–6 $.

Tag 2: Interaktive Geschichte und familienfreundliches Essen

Beginnen Sie mit dem Vietnamesischen Frauenmuseum (36 Ly Thuong Kiet | 8:00–17:00 Uhr | 1,75 $). Dieses unterschätzte Juwel präsentiert Mode, Familientraditionen und Kriegsgeschichten in kinderfreundlichen Ausstellungen mit Knöpfen zum Drücken, Kleidung zum Anprobieren und Filmen mit englischen Untertiteln.

Nach dem Mittagessen können Sie mit dem Cyclo durch die Altstadt fahren. Diese dreirädrigen Fahrradtaxis sind sicher und machen Kindern Spaß. Eine 30-minütige Fahrt kostet etwa 6 Dollar.

Abendvorschlag: Melden Sie sich für einen Familienkochkurs bei der Apron Up Cooking School an – 66 Bat Su St. | www.apronupcookingclass.com | 35 $/Erwachsener, 25 $/Kind | Inklusive Marktrundgang und kinderfreundlichen Aufgaben wie dem Rollen von Frühlingsrollen oder dem Herstellen von Obstdekorationen.

Tag 3: Tageskreuzfahrt in der Halong-Bucht – Abenteuer auf dem Wasser

Transfer: Buchen Sie über Ihr Hotel einen gemeinsamen Limousinenvan (15–20 $/Person, 2,5 Std.) zum Yachthafen Tuan Chau.

Empfohlene Tour: Genesis Day Cruise – Ab 65 $/Erwachsener, 45 $/Kind (einschließlich Mittagessen, Kajakfahren, Schwimmen und Hin- und Rücktransport) | www.genesiscruise.com

Entscheiden Sie sich für eine Tagestour – ein Boot mit Übernachtung ist für kleinere Kinder möglicherweise nicht ideal. Genesis bietet eine familienfreundliche Reiseroute mit sicheren Kajakoptionen, Schwimmwesten für alle Altersgruppen und einer Kochvorführung.

Rückkehr nach Hanoi bis 19:30 Uhr. Leichtes Abendessen im Hotel oder Zimmerservice für einen ruhigeren Abend.

Tag 4: Flug nach Da Nang – Ankunft und Strandzeit in Hoi An

Morgenflug: Hanoi nach Da Nang (1 Std. 20 Min.) | Durchschnittlicher Flugpreis: 50–80 $ pro Erwachsenem

Hoteltransfer: Vorab organisiertes Auto nach Hoi An (~45 Minuten) für 13–15 $

Empfohlener Aufenthalt: Little Riverside Hoi An – 09 Phan Boi Chau | Familienzimmer ab 110 $ | Pool, Kindermenüs, Fahrräder verfügbar | www.littleriversidehoian.com

Checken Sie ein und fahren Sie direkt zum 15 Minuten entfernten An Bang Beach. Familien können schattige Liegen mieten (3,50 $/Tag), frischen Saft oder Kokosnüsse bestellen und die Kinder im ruhigen Wasser planschen lassen. Händler in der Nähe vermieten Sandspielzeug für 1 $.

Abendessen: The Fisherman Vegan Restaurant – An Bang Beach | Hochstühle verfügbar, freundliches Personal, farbenfrohes Essen, das Kinder begeistert | Gerichte ab 3 $.

Tag 5: Altstadt von Hoi An und Laternenherstellung

Beginnen Sie den Tag mit einer gemütlichen Radtour durch die Reisfelder. Ihr Hotel bietet wahrscheinlich kostenlose Fahrräder mit Kindersitzen oder Anhängern an. Fahren Sie zum Gemüsedorf Tra Que (täglich von 8:00 bis 17:00 Uhr geöffnet). Lassen Sie Ihre Kinder mit traditionellen Werkzeugen in der Erde graben und Kräuter gießen.

Nehmen Sie später an einem Workshop zum Laternenbau bei The Lantern Lady – 10 Nguyen Thai Hoc teil | 8–12 $ pro Laterne | Ab 5 Jahren | Kinder lieben es, Stoffe und Formen auszuwählen, während die Eltern beim Zusammenbau helfen.

Abends: Machen Sie eine Laternenbootfahrt auf dem Thu Bon-Fluss (3–5 $ pro Boot). Jedes Kind erhält eine Papierlaterne, die es mit einem Wunsch steigen lassen kann.

Tag 6: My Son-Schutzgebiet und Erkundung der Landschaft

Morgentour: Mieten Sie einen privaten Fahrer (30–40 $ Hin- und Rückfahrt) zum My Son Sanctuary, einer UNESCO-Welterbestätte mit hinduistischen Ruinen im Dschungel. Täglich geöffnet von 6:00 bis 17:00 Uhr | Eintritt: 6 $ pro Erwachsenem, frei für Kinder unter 10 Jahren.

Es gibt eine kurze elektrische Straßenbahnverbindung zum Gelände und täglich findet um 9:30 und 10:30 Uhr eine kulturelle Tanzshow statt – ideal für Kinder mit kurzer Aufmerksamkeitsspanne.

Nachmittag: Halt im Bay Mau Coconut Forest auf dem Rückweg nach Hoi An. Eine Korbbootfahrt durch die Mangroven inklusive Musik, Spinning-Booten und Krabbenfischen | 10 $ pro Erwachsenem, 5 $ pro Kind | 8:00–16:30 Uhr.

Abendessen-Vorschlag: Cargo Club – 107 Nguyen Thai Hoc | Westliche und vietnamesische Gerichte mit Blick auf den Fluss | Buntstifte und Malmatten für Kinder.

Tag 7: Flug nach Ho-Chi-Minh-Stadt und Abreise oder Zoobesuch

Flug: Da Nang nach Ho-Chi-Minh-Stadt (1,5 Stunden) | Morgenflüge ab 50 $ verfügbar

Wenn Ihr Flug aus Vietnam spät startet, können Sie ein paar Stunden im Saigon Zoo und Botanischen Garten verbringen – 2B Nguyen Binh Khiem, Distrikt 1 | 7:00–18:30 Uhr | Eintritt: 0,90 $ pro Erwachsenem, 0,45 $ pro Kind. Es ist einer der ältesten Zoos Asiens, und obwohl die Einrichtungen bescheiden sind, sind die Giraffen und Elefanten bei Kindern ein Hit. Der Spielplatz in der Nähe des Haupteingangs ist schattig und sauber.

Flughafentransfer: Taxi oder Grab von Distrikt 1 zum Flughafen Tan Son Nhat | 30–40 Minuten | 8–10 $

Printed by Amazon Italia Logistica S.r.l.
Torrazza Piemonte (TO), Italy

74574351R00167